KB189449

정보보안 관제 및 운영 자동화 실무 가이드

정보보안 관제 및 운영 자동화 실무 가이드

실무에 즉시 적용할 수 있는 플레이북 활용 사례

최대수 지음

에이콘

에이콘출판의 기틀을 마련하신 故 정완재 선생님 (1935-2004)

지은이 소개

최대수(maxchoi@kakao.com)

전남대학교 일반대학원에서 정보보안 박사학위를 취득했으며, 이글루시큐리티에서 ESM^{Enterprise Security Management, 통합보안 관리} 솔루션 개발 팀장, 삼성SDS에서 정보보안 컨설팅과 보안 솔루션 인증 업무를 담당했고, 삼성그룹 보안 강사로도 활동했다. 팔로알토 네트웍스^{Palo Alto Networks}에서 보안 운영 및 관제 솔루션 전문 엔지니어로 일했으며, 현재는 시스코^{Cisco}(이전 Splunk)에서 보안 솔루션 엔지니어로 재직 중이다. 한국인터넷진흥원^{KISA} 사이버 위협 인텔리전스 네트워크 회원으로 활동 중이며 번역서로는 에이콘출판사에서 펴낸『실전 사이버 인텔리전스』(2020) 등이 있다.

지은이의 말

최근 많은 기업의 정보보안 부서에서 보안 관제 및 운영 자동화 기술 도입을 검토하고 있습니다. 가트너Gartner는 수년 전부터 해당 솔루션을 SOAR^{Security Orchestration, Automation and Response}라는 영역으로 분류해 리서치 가이드를 제공하고, 기업 정보보안 관제 센터에서 핵심 솔루션이 될 것으로 예측하고 있습니다. 뿐만 아니라 최신 사이버 보안 전략인 '제로 트러스트Zero Trust' 구현을 위한 핵심 기반 기술 중 한 가지가 바로 SOAR입니다.

이미 일부 기업은 보안 자동화 기술을 선제적으로 도입, 활용하고 있습니다. 하지만 활용 사례를 구현하는 데 많은 시행착오를 겪고 있는 것이 사실입니다. SOAR라는 솔루션만 도입했다고 바로 활용할 수 있는 것이 아니며 솔루션과 프로세스를 이해하고, 솔루션에 알맞게 구현해야 하기 때문입니다.

아직까지 정보보안 실무자가 참고할 만한 보안 업무 자동화 활용 사례 및 가이드가 매우 부족합니다. 기업의 정보보안 업무 자동화 체계 구현을 위한 방법론과 다양한 활용 사례가 있다면 큰 도움이 될 것입니다.

특히 활용 사례(유스 케이스)는 기업 내부의 보안 관제 업무 프로세스여서 공개된 자료가 매우 부족합니다. 이 책은 솔루션 제조사가 제공하는 공개 자료를 기반으로 구체화해 유형별 활용 사례를 제시합니다. 이와 함께 정보보안 자동화 개념, 구축 방법론, 유형별 활용 사례와 이후 확장할 수 있는 가이드를 모두 제공합니다. 특히 유형별 활용 사례는 여러 보안 업무에서 즉시 사용할 수 있는 좋은 소스입니다. 활용 사례를 응용해 각 업종별 환경에 맞는 보안 관제 프로세스 자동화로 구현하는데 도움이 될 것으로 확신합니다.

마지막으로 이 책이 나오기까지 애써 주신 에이콘출판사 관계자 여러분께 감사의 말씀을 드립니다. 집필하는 동안 사랑과 인내로 함께 힘써 준 사랑하는 아내와 민호, 설이에게 고마움의 인사를 전합니다. 감사합니다.

차례

3장   자동화 플레이북 활용 사례   59

4장   정보보안 관제 자동화 운영 방안   267

들어가며

정보보안 업무 자동화에 대한 기초부터 활용 사례까지 체계적으로 설명하는 책이다. 정보보안 업무에 자동화가 필요한 이유부터 개념과 구축 방법론까지 보안 운영자, 보안 분석가, 보안 팀장, CISO 모두 이해할 수 있도록 설명했다.

자동화 솔루션 구축 워크플로우는 자동화 구현을 위한 좋은 참고 자료로 활용할 수 있다. 실무자가 프로젝트를 준비하고 구현하기 위해 필요한 내용도 확인할 수 있다. 실제 구현 사례로서 유형별 자동화 사례는 플레이북 구현을 위한 설계 과정부터 구현까지의 전 과정을 설명한다. 정보보안 업무별로 구분하고, 클라우드 관제 업무까지 포함해 제공한다. 구현 이후 안정적 운영 방안에 대해서도 알아보며, 플레이북 변경 사항이 발생했을 때에도 체계적으로 운영하는 방법을 알려준다. 마지막으로 제로 트러스트, IT 운영 및 생성형 AI 활용 등 확장 영역에 대해서도 살펴본다. 이러한 전 과정을 통해 자동화된 통합보안 운영 환경을 구현할 수 있는 체계화된 기술 지식을 얻게 될 것이다.

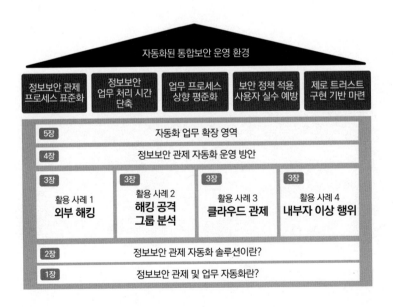

이 책에서 다루는 내용

- 정보보안 관제와 운영 업무 자동화의 필요성 및 효과

- 보안 관제 자동화 솔루션에 필요한 기능 및 구축 워크플로우 제시

- 다양한 보안 관제 프로세스별로 디지털화된 플레이북 구성 활용 사례

- 사전 준비부터 활용 사례 구현, 이후 운영 및 확장까지 전체 과정을 전달하는 실무 가이드

- 정보보안 실무자부터 보안 전략과 방향성을 수립하는 CISO까지 모두에게 필요한 가이드

이 책의 대상 독자

- 정보보안 업무 프로세스와 자동화 구현에 대해 기초를 쌓고 싶은 정보보안 전공자와 학생

- 보안 관제 자동화 구현 방법론과 구현 사례를 알고자 하는 보안 분석가 및 보안 운영자

- 기업의 정보보안 솔루션 도입 전략과 방향성을 제시하고 로드맵을 수립할 때 지식을 얻고자 하는 보안 관리자 및 CISO

CHAPTER

01

정보보안 관제 및 업무 자동화란?

1.1. 정보보안 관제 및 운영 업무에 자동화가 왜 필요한가?

정보보안 조직은 외부의 해킹 공격을 막아내고 내부 중요 정보와 고객 정보의 유출을 막고, 정보보안 규정 준수를 모니터링하기 위해 많은 업무를 수행한다. 이 책은 정보보안 조직 중에서 특히 정보보안 관제 센터$^{SOC, Security Operation Center}$(또는 통합보안 관제 센터)에 업무 자동화가 왜 필요하고 어떤 업무들을 자동화에 적용할 수 있는지 실제 사례로 설명하고자 한다. 우선 정보보안 관제 센터가 하는 일과 조직 구성에 대한 이해가 필요하다. 각 구성원이 어떤 업무들을 수행하는지 이해해야만 업무 효율화에 자동화를 어떻게 적용할지 쉽게 이해할 수 있다.

정보보안 관제 센터는 SOC라고도 부른다. 조직에서 내외부의 사이버 공격으로부터 내부 정보 자산을 보호하고 예방하기 위해 구성된 조직이다. MITRE$^{MITRE Corporation}$에서는 정보보안 관제 센터를 주로 사이버 보안 사고를 탐지해 분석, 대응, 보고 및 방어하도록 조직돼 있고, 정보보안 분석가로 이뤄진 팀으로 설명하고 있다. 컴퓨터 네트워크에 비인가된 행위를 방어하기 위해 모니터링, 탐지, 분석(예: 위협 동향 및 패턴 분석), 대응 및 복원 활동을 포함한다. 조금 딱딱한 설명이지만 말만 들어도 뭔가 전문적인 분석과 조치를 취하는 보안 전문가의 손길이 많이 필요할 것으로 느껴진다.

MITRE의 정의에 의하면 정보보안 관제 센터는 다음의 이름을 포함한다.

- Computer Security Incident Response Team[CSIRT]: 컴퓨터 보안 사고 대응 팀
- Computer Incident Response Team[CIRT]: 컴퓨터 사고 대응 팀
- Computer Incident Response Center (or Capability)[CIRC]: 컴퓨터 사고 대응 센터
- Computer Security Incident Response Center (or Capability)[CSIRC]: 컴퓨터 보안 사고 대응 센터
- Security Operations Center[SOC]: 보안 운영 센터
- Cybersecurity Operations Center[CSOC]: 사이버 보안 운영 센터

업무 범위에서 조금 차이가 있을 수 있지만 모두 정보보안 관제 센터와 유사한 명칭이다.

1.1.1. 정보보안 관제 센터의 주요 업무

구체적으로 정보보안 관제 센터에서 어떤 일을 하는지 살펴보자. 먼저 조직 구성을 살펴보면 규모 또는 형태에 따라 차이가 있지만 일반적으로 그림 1-1과 같이 구성할 수 있다. 전체 조직 규모에 따라 정보보안 관제 센터를 더 세분화하거나 단순화하기도 한다. MITRE에서 펴낸 「세계적 수준의 사이버 보안 관제 센터의 11가지 전략」[1] 보고서에 상세한 내용이 설명돼 있으니 정보보안 관제 센터 조직 구성에 대해 좀 더 알아보고 싶은 독자는 보고서를 참고하길 바란다. 해당 보고서는 2014년에 10가지 전략이 발표됐고, 2022년 새로운 개정판이 출시됐다. 그림 1-1 '정보보안 관제 센터의 일반적인 조직 구성 및 주요 업무'와 같이 센터장이 조직 전체를 총괄 관리하며, 1선 분석가[Tier 1 Analyst] 또는 초동 분석이라고 부르는 분석가가 있다. 1선 분석가는보안 시스템에서 탐지한 경보를 먼저 분석하게 된다. 다음 2선 분석가[Tier 2 Analyst] 또는 심층 분석가라고 부

---

1 https://www.mitre.org/sites/default/files/2022-04/11-strategies-of-a-world-class-cybersecurity-operations-center.pdf

르는 분석가가 있으며, 1선 분석으로만 명확히 판단이 안 돼 심층적인 분석이 필요한 경우 2선 분석으로 에스컬레이션된다. 이외에 사이버 보안 동향과 위협 인텔리전스 정보 등을 수집, 분석하는 분석가가 있으며, 조직 규모에 따라 2선 분석가가 함께 업무를 병행하는 경우도 있다. 정보보안 관제 센터 관리자는 업무와 관련된 IT 인프라 및 솔루션 전반에 대해 관리를 담당한다. 그밖에 엔지니어링 인력을 배치해 분석 및 업무에 필요한 스크립트 등을 개발하고 지원한다. 조직마다 유사하게 인력을 배치해 이러한 기본 업무를 수행하고 조직을 운영하고 있다.

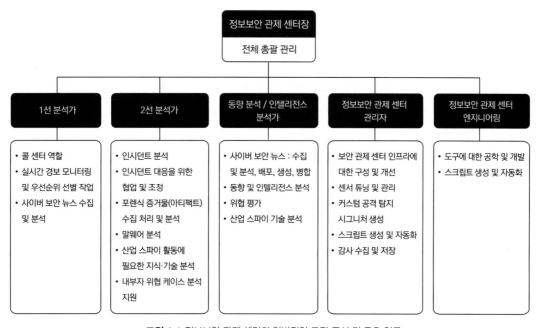

그림 1.1 정보보안 관제 센터의 일반적인 조직 구성 및 주요 업무

MITRE 보고서에서 설명하는 정보보안 관제 센터 업무를 요약하면 다음과 같다. 정보보안 관제 센터는 2~3명의 소규모 조직부터 수십, 수백 명의 대규모 조직, 국가 사이버 안보 센터에 이르기까지 다양하다. 일반적인 중간 규모의 정보보안 관제 센터는 다음의 업무를 수행한다.

1. 사전 예방을 통한 사이버 보안 사고 예방 업무

   - 지속적인 위협 분석
   - 취약점을 찾고 패치하기 위한 네트워크 및 호스트 스캐닝
   - 적절한 대응책을 찾아내고 적용
   - 보안 정책 및 아키텍처에 대해 조언 및 컨설팅

2. 연관된 보안 데이터 소스에서 실시간 및 히스토리 분석을 수행해, 잠재적 침입 모니터링 탐지 및 분석(위협 사냥 업무)

3. 확인된 사건에 대해 적시에 적절한 대응책을 적용하도록 자원을 할당하고 조정

4. 사이버 보안 상태, 인시던트 및 악의적인 행위 경향Trend에 대해 인지해 보고

5. 침입 탐지 시스템IDS, Intrusion Detection System 및 데이터 수집/분석 시스템과 같은 컴퓨터 네트워크 방어CND, Computer Network Defense 기술 엔지니어링 및 운영

이러한 무수한 업무 가운데 가장 많은 시간이 소요되는 것은 방대한 보안 관련 데이터에서 탐지한 인시던트를 조사 분석하고 대응하는 업무이다.

다양한 보안 시스템, 특히 침입 탐지 시스템은 잠재적이고 악의적인 위협 이벤트를 탐지한다. 최근에는 위협 인텔리전스 정보와 결합해 매일 수백에서 수십만 경보 이벤트를 탐지하며, 보안 분석가는 수동으로 하나씩 확인한다. 이로 인해 보안 분석가는 매일매일 반복적으로 확인해야 하는 단순 업무들을 대부분의 업무 시간에 할애하고 있다.

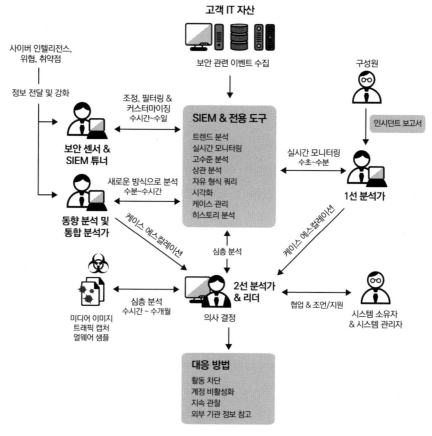

고객 IT 자산

보안 관련 이벤트 수집

사이버 인텔리전스,
위협, 취약점

정보 전달 및 강화

구성원

인시던트 보고서

조정, 필터링 &
커스터마이징
수시간~수일

보안 센서 &
SIEM 튜너

새로운 방식으로 분석
수분~수시간

동향 분석 및
통합 분석가

SIEM & 전용 도구

트렌드 분석
실시간 모니터링
고수준 분석
상관 분석
자유 형식 쿼리
시각화
케이스 관리
히스토리 분석

실시간 모니터링
수초~수분

1선 분석가

케이스 에스컬레이션

심층 분석

케이스 에스컬레이션

미디어 이미지
트래픽 캡처
멀웨어 샘플

심층 분석
수시간 ~ 수개월

**2선 분석가
& 리더**

의사 결정

협업 & 조언/지원

시스템 소유자
& 시스템 관리자

대응 방법

활동 차단
계정 비활성화
지속 관찰
외부 기관 정보 참고

그림 1-2 정보보안 관제 센터 역할 및 인시던트 처리 흐름
(출처: MITRE 「세계적 수준의 사이버 보안 관제 센터의 열 가지 전략」을 참고해 재구성)

그림 1-2는 정보보안 관제 센터에서 탐지한 인시던트를 보안 분석가와 협업해 에스컬 레이션하는 업무 흐름을 뜻한다. 모든 업무는 정해진 보안 관제 업무 프로세스에 의해 절차적으로 수행된다. 특히 SIEM^Security Information and Event Management 솔루션과 전용 도구 (사용자 행위 분석, 머신러닝 분석 등)에서 탐지한 경보 이벤트를 실시간 모니터링해 처리하 는 업무는 수초에서 수분 단위로 발생한다. 1선 분석가는 이러한 경보를 모두 확인해 처리하거나 에스컬레이션해야 한다. 현실에서는 사람이 반복적인 업무를 매일매일 시 간에 쫓겨 수행하다 보니, 여러 부작용을 겪게 된다(단순 반복 업무, 업무 과다로 인한 번아 웃burn-out 등). 결과적으로 생산성 및 분석 품질도 분석가의 상태에 크게 의존하게 돼 결

과의 품질에 편차가 클 수밖에 없다. 휴먼 에러 및 분석가의 역량에 따라 놓치거나 제대로 분석하지 못하는 경보가 있으면 안 되지만 실제는 분석가의 수동 분석과 역량에 모두 의존하고 있다.

지금까지 정보보안 관제 센터에서 하는 일을 살펴봤다. 이제 업무에 자동화가 도움을 줄 수 있는 부분을 알아보자. 기업은 다양하고 지속적인 해킹 공격들을 잘 탐지하기 위해 최신의 보안 시스템을 적극적으로 도입해 보안을 강화하고 있다. 그 결과로 분석해야 할 공격 신호인 탐지 경보들은 더욱 많이 증가하게 됐다. 여기서 중요한 부분은 탐지 이후의 과정이다. 탐지한 공격 신호 중에는 잘못 탐지한 경보도 많이 섞여 있기 때문이다. 진짜 공격과 잘못 탐지한 공격을 걸러내고, 긴급하게 대응이 필요한 공격들은 우선순위화하고 시급성이 높은 공격부터 공격 과정을 분석하고 더 이상 공격이 진행되지 않도록 방어하고 보고해야 한다. 그러나 현실은 분석가가 수동으로 업무를 수행하다 보니 탐지 경보의 수가 증가하면 업무량도 비례해 함께 늘어나게 된다. 국내 OO 기업의 경우 실제 분석가의 업무 시간 중 90% 이상을 발생한 경보를 처리하는 데 할당하고 있다. 한 건당 처리 시간이 평균 45분 정도 소요됐다고 하며 한정된 인력으로 탐지 경보를 모두 처리하지 못하고 우선순위가 높은 경보 즉, 심각도가 높은 경보만 처리하는 실정이었다.

그림 1-3 현재 정보보안 관제 센터가 지니고 있는 문제점

에디 알머Edy Almer는 그의 기고문에서 〈보안 분야의 인재들이 정보보안 관제 센터에서 오래 근무하지 못하는 이유〉를 몇 가지로 설명하고 있다.

1. 정보보안 관제 특징은 업무가 단조롭다는 것이다.

2. 쳇바퀴처럼 실수 없이 빠르게 처리해야 되다 보니, 사람이 쉽게 지쳐 번아웃되기 쉽다.

3. 보안 분석가들에게 교육 등 경영진의 지원이 부족하다.

4. 급여가 높지 않고, 성과에 대한 보상이 적다.

5. 보안 분석가들의 역량을 높일 수 있는 훈련 기회가 적다.

이러한 이유로 보안 분석가들이 정보보안 관제 분야에 오래 근무하지 못하고 쉽게 이직하거나 다른 업종으로 전환하기도 한다. SANS에서는 매년 정보보안 관제 센터 담당자들의 설문 결과 보고서를 발표한다. 2023년 보고서 내용 중 한 가지를 보자. 정보보안 관제 센터 직원들의 평균 근속 연수를 조사했다. 1~3년 사이에 이직하는 경우가 가장 많았다. 이 비율은 2021년부터 거의 변화가 없다. 즉, 이러한 보고서를 작성한 지 수년이 됐으나 여전히 보안 분야의 인재들이 오래 근무하지 못하고 있다.

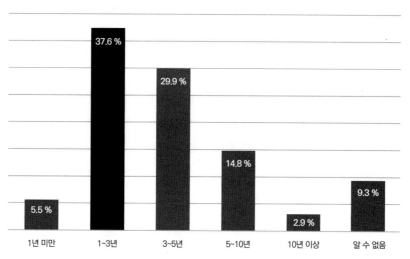

그림 1-4 현재 정보보안 관제 센터의 문제점(출처: SANS 2023 SOC Survey 보고서 그림 재구성)

이러한 현실을 해결할 수 있는 기술적 방안으로 보안 관제 업무 자동화를 활용하는 것이다. 이는 단순히 기술적 차원의 접근이 아닌 전략적인 정보보안의 접근 방법이며, 많은 문제를 해결할 수 있는 중요한 시작점이 될 수 있다. 정보보안 관제 센터 업무 자동화는 다음과 같은 큰 효과를 얻을 수 있다.

첫 번째, 많은 수동 업무를 자동화해 보안 위협에 대응 속도를 단축시킬 수 있다. 매일 반복하는 업무 대부분을 자동화해 빠르게 처리할 수 있다. 사람은 기계가 아니기 때문에 단순 반복적인 일을 지속하게 되면 피로감을 쉽게 느끼게 되는데 이 부분을 자동화로 해결할 수 있다. 또한 동일한 품질로 처리할 수 있고 사람의 실수Human Error를 방지할 수 있다. 결과적으로 단순 업무를 자동화로 수행하게 된다면 많은 시간을 확보할 수 있고, 그동안 분석하지 못했던 탐지 경보도 모두 조사할 수 있으며, 분석가는 역량을 강화할 수 있는 시간을 확보할 수 있다. 보안 분석가는 자신의 훈련 기회를 얻고 역량을 강화하게 되면 보안 시스템으로 탐지할 수 없는 즉, 놓치고 있던 위협들을 찾아내는 위협 사냥에 시간을 더 투자할 수 있다.

두 번째, 그동안 분석하지 못했던 경보들을 모두 분석할 수 있다. 사람이 하루에 분석할 수 있는 업무의 한계 때문에 우선순위가 높은 경보만 분석했다면 이제 우선순위의 상, 중, 하 모두 전수 검사할 수 있다. 탐지한 경보를 모두 분석하고 대응할 수 있으며, 분석가는 역량을 강화할 수 있고, 많은 사이버 위협을 선제적으로 찾아내고 대응할 수 있어 조직의 보안을 강화할 수 있다.

세 번째, 보안 관제 업무 프로세스를 가시화하며 재정립할 수 있고 분석가들의 역량을 상향 평준화할 수 있다. 보안 관제 자동화 프로젝트를 진행하다 보면 굉장히 놀랄 만한 일들이 많다. 이미 수년 동안 보안 관제 업무를 수행하고 있지만 상세한 업무 기준(판단 기준)까지 100% 문서화된 경우는 드물다. 분석가의 판단이 필요한 경우, 보안 분석가의 역량 또는 그 당시 상황에 의해 판단이 달라지는 경우가 있다. 그래서 보안 관제 업무 프로세스에 대한 조사 및 표준화, 문서화 과정이 사전에 필요하다. 이 과정을 통해 부족한 프로세스를 새롭게 정립할 수 있는 기회가 된다. 보안 관제 업무 프로세스는 항상 개선이 필요하다. 즉, 새로운 보안 시스템이 도입되거나 동일 영역의 제품이라도 신규 시스템으로 변경되기도 한다. 그럴 때마다 보안 관제 업무는 솔루션의 새로운 기능을 적극 활용해 업무를 강화해야 한다. 만약 이미 보안 관제 업무가 가시성 있게 표준화되고 자동화돼 있다면, 새로운 기능을 프로세스에 반영하는 것은 매우 쉽다. 또한 보안 관제 프로세스가 가시화돼 있다면, 신입 분석가들도 업무에 쉽게 적응하고 학습할 수 있다. 보안 분석가들도 역량 강화와 업무 순환을 적절히 배분해 보안 관제 품질 및 분석 역량을 상향 평준화할 수 있다.

더불어 보안 관리자나 정보보호 최고책임자CISO, Chief Information Security Officer는 보안 관제 실무까지 모두 관리하기 어렵기 때문에 자동화라는 과정은 매우 필요하다. 사실 많은 기업이 전혀 자동화가 안 돼 있진 않다. 일부 업무를 스크립트로 작성해 처리하기도 한다. 그러나 이는 한정된 단위 기능에 대한 자동화일 뿐이며, 체계적으로 표준화한 구조가 아니다. 담당자가 퇴사하거나 업무 프로세스가 변경될 경우 관리가 어렵고, 체계화된 업데이트 관리도 힘들다.

자동화가 필요한 이유를 요약하면 다음과 같다.

- 보안 위협에 대한 대응 속도 단축
  - 분석가 판단이 필요한 판단 근거 수집에 대한 전처리 업무 자동화
  - 이를 통해 판단/처리에 대한 자동화

- 휴먼 에러 등 프로세스 미준수 제거
  - 사람이 관여하는 업무 처리를 최소화
  - 기존 연동 사각지대에 있는 보안 장비를 모두 연동해 오류 없이 정해진 업무 자동화

- 보안 관제 프로세스 가시화로 인해, 분석 및 대응 방법에 대한 노하우 축적 관리
  - 보안 관제 업무 프로세스를 명확히 디지털화된 플레이북으로 구성
  - 업무 매뉴얼에 활용 및 체계화된 버전 관리

기업 정보보안 관제 업무 담당자들의 이야기

정보보안 교육 기관 SANS는 매년 정보보안 관제 센터 담당자의 설문 조사 및 분석 결과 보고서를 공개한다. "전체 조직에서 정보보안 관제 센터를 최대한 활용하기 위한 측면에서 가장 큰 어려운 점은 무엇인가?"

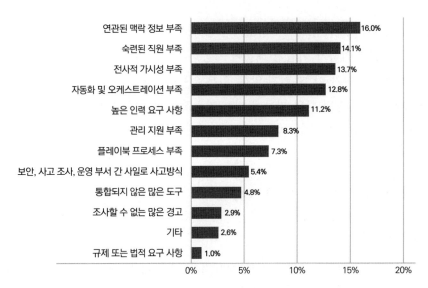

그림 1-5 정보보안 관제 센터 역량 활용의 장애물
(출처: SANS 2023 SOC Survey 보고서 그림 재구성)

제일 많은 답변을 받은 다섯 가지를 살펴보면 ① 연관된 맥락 정보 부족 ② 숙련된 직원 부족 ③ 전사적 가시성 부족 ④ 자동화 및 오케스트레이션 부족 ⑤ 높은 인력 요구 사항 모두 11% 이상을 차지해 전체 응답의 65% 이상을 나타내고 있다. 정보보안 관제 센터에서 보안 관제 및 운영 업무 수행 시 숙련된 기술로 연관된 정보와 맥락 정보를 잘 찾아 활용하고 가시성을 갖는 데 어려움을 느끼고 있다. 또한 자동화 및 오케스트레이션 기능이 부족함을 답하고 있다. 이러한 이유를 해석해본다면 다음과 같은 이유 때문일 것이다. 단순 반복적인 업무에 많은 시간을 사용하다 보니, 정작 중요한 지능적인 위협을 전문적으로 분석할 수 있는 숙련된 인력 부족의 힘든 현실을 나타낸다. 또한 보안 시스템과 연동해 관제 업무를 조율(오케스트레이션)하는 자동화에 대한 필요성을 나타내고 있다. 보안 분석가는 인시던트 분석을 위해, 다수 시스템에 접속해 이벤트와 정

보를 조회하고 분석해야 하며, 대응 조치를 취하기 위해 보안 시스템에 직접 접속해 정책을 적용하는 수동 업무에 많은 시간을 소요한다.

어떤 업무를 자동화할 수 있을까?

그렇다면 정보보안 관제 센터에서 어떠한 업무를 자동화할 수 있을까?

첫 번째는 매일 반복적으로 많은 시간 동안 수행하는 업무들을 자동화하면 큰 효과를 얻을 수 있다. 몇 가지 사례를 살펴보자.

- 보안 담당자 A는 매일 2시간 이상을 내부 직원이 신고한 스팸 메일을 처리하는 데 시간을 할애한다. 스팸 메일로 신고 받은 메일의 내용에서 링크나 첨부파일 등을 점검하고, 스팸 메일이 맞다고 판단되면 담당자에게 통보하고 아직 메일을 열지 않은 사용자들이 있다면 알림 메일을 보내고 삭제 조치를 취한다. 또한 과거에도 동일한 스팸 메일이 있었는지도 확인한다.

- 보안 업무 담당자 B는 매일 상위 기관에서 통보해주는 IP, URL 등 위협 차단 목록을 수신해 보안 장비에 입력해 정책에 적용하고, 차단 및 탐지가 정상 동작하는지 확인하고 보고한다. 보안 장비 유형도 다양하고 동일 유형의 보안 장비라도 여러 회사 제품을 사용하고 장비 수량도 많다 보니 매일 2시간 이상은 같은 일을 반복하게 된다. 가끔 사람의 실수로 정상적인 IP, URL이 보안 장비에 차단 정책으로 적용돼 서비스에 문제를 일으킨 경우도 여러 번 있었다. 그래서 매우 신중하고 조심스럽게 작업을 수행한다. 즉, 이 업무는 시간이 많이 소요되고 휴먼 에러가 발생할 가능성이 있다.

위와 같은 방식으로 내부의 업무를 정리해본다면, 굉장히 많은 단순 반복적인 일들을 매일, 매주 또는 매월 진행하고 있으며 자동화 대상 목록을 작성할 수 있다. 이 책에서는 유형별로 사례를 제시하고 자동화 결과까지도 제시한다. 위와 같이 업무 전체를 자동화하는 경우도 가능하지만, 자동화 업무 도중에 판단과 입력이 필요한 수동 업무를 결합해 자동화 업무를 적절하게 구성할 수 있다. 그밖에도 보고서 작업 및 알림 업무에도 효과를 볼 수 있다.

- **보고서 작성 및 보고 (발송) 자동화**: 인시던트 처리 업무가 완료되면, 보고서 작성 및 보고 업무가 수반된다. 보고서 템플릿에 분석/조치 내용을 입력해 보고하고 기록을 남긴다. 심지어 어떠한 경우는 분석 시간보다 완료 이후 보고를 위해 더 많은 시간을 소요하기도 한다. 그래서 보고서 템플릿에 분석 내용 및 조치 이력을 자동으로 채워 넣어 보고서를 완성하고 일간, 주간, 월간 등의 정기 보고서도 템플릿에 데이터를 자동으로 입력해 완료할 수 있다면 굉장히 많은 시간을 절약할 수 있다.

- **담당자 알림 및 결과 수신 자동화**: 인시던트를 분석하고 처리하는 과정에서 담당자에게 정보를 입력 받아 의사 결정을 하거나 처리를 마무리하게 된다. 이때 분석가는 이메일, 문자 메시지, 유선 전화 등으로 담당자에게 직접 확인하게 되는데, 상황에 따라 많은 시간이 소요되기도 한다. 알림 및 수신을 자동화한다면 업무를 빠르게 처리할 수 있다.

- **위협 사냥 자동화**: 새로운 취약점이 발견되면 위협 인텔리전스 및 위협 사냥 분석가는 관련 침해지표 정보를 수집한다. 즉, 보안 전문 회사의 블로그, GitHub 등에서 분석 내용을 수집하고, 운영 중인 분석 시스템이나 탐지 시스템에 적용해 취약 유무와 공격 유무 등을 점검하게 된다. 새로운 취약점이 발견됐을 때 위협 사냥을 수행할 수 있는 플레이북을 만들어 활용한다면 분석가는 빠르고 정확하게 대응할 수 있다.

보안 업무 자동화의 범위와 방향성을 다시 한번 요약하면 다음과 같다.

- 매일 단순하면서도 반복적으로 수행하는 업무
- 100% 자동화는 어렵지만 사람의 판단이 필요한 부분과 결합해 자동화할 수 있는 부분 업무
- 분석 인력 및 리소스의 한계 때문에 하고 싶었으나 못했던 업무(위협 사냥 등)

이외에도 IT 보안 범위를 넘어서 운영 업무와 OT^{Operational Technology} 영역에 대한 보안 관제 자동화까지 확대가 가능하다.

1.2. 자동화를 통해 어떤 효과를 얻을 수 있는가?

정보보안 관제 업무는 기업 내부적인 업무 프로세스이다 보니 대부분 기업이 자동화에 대한 효과 및 구체적인 정보를 공개하지 않는다. 당연히 업무 프로세스 자체도 공개하지 않는다. 업무 프로세스를 알게 되면 관련 분석 업무나 연관된 시스템까지도 유추해 볼 수 있기 때문에 대외비로 취급한다. 그래서 공개된 자료를 기반으로 사례를 정리했다. 이 책에서 설명하는 다양한 사례들은 실제 업무에 활용 가능하도록 일반화해 정리했다. 즉 특정 기업의 정보나 연관된 특수한 사례가 아닌 많은 기업이 이미 수행하고 있는 일반적인 업무 프로세스를 토대로 했다. 그러나 다양한 형태로 자동화가 활용될 수 있는 예시로는 부족함이 없다고 생각한다. 이 책의 활용 사례를 참고하면서 인사이트를 얻어 실제 기업 환경에 특화된 자동화 플레이북을 구현할 수 있을 것이다.

국내 ○○ 기업 보안 관제 센터의 보안 자동화 사례

지난 2020년 REAL 2020 행사에서 ○○ 보안 관제 센터는 SOAR 솔루션을 도입해 자동화를 통해 보안 관제 프로세스를 어떻게 혁신했고 효과를 얻었는지 설명하고 있다. (출처: REAL 2020, "폭증하는 보안 위협, 그 해결책은 무엇인가? 자동화로 최적화된 보안 관제 프로세스 혁신, https://www.youtube.com/watch?v=-eTrMzzPXXc)

○○ 기업은 2001년부터 정보보안 관제 서비스를 그룹사에 제공하고 있다. 2000년대 후반에 들어 보안 위협이 증가하면서 보안 솔루션의 로그가 급격히 증가하게 됐고 하루에 170억 건의 보안 이벤트가 탐지되고 있으며 SIEM 솔루션에서 하루에 2만여 건의 이벤트를 탐지했다. 한정된 보안 관제 인력으로 경보를 모두 처리해야만 하는 실정이었다. 보안 관제 분석가들은 수집 → 탐지 → 경보 → 분석 → 조치/대응으로 이뤄진 프로세스에서 반복적인 수동 업무가 많고 보안 장비도 다양하다 보니 늘어나는 경보 이벤트 수만큼 처리를 감당하기가 힘들어졌다. 보안 분석가를 충원해도 되지만 보안 인력이 부족하고 경력자들은 인건비 또한 높아져 채용이 쉽지 않았다.

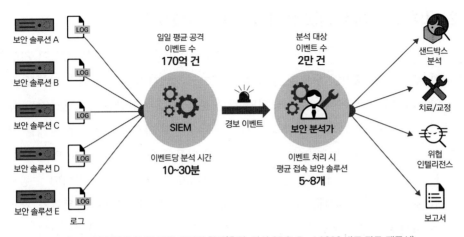

그림 1-6 기업의 정보보안 관제 센터의 현실(출처: 삼성 SDS, Real 2020 발표 자료 재구성)

실제 ○○ 보안 관제 센터의 내부 숙련된 보안 분석가들은 경보 이벤트 1건당 10~30분 정도 소요하면서 빠르게 분석했지만 넘쳐나는 경보를 모두 감당하기는 어려웠다. 또한 자동화를 통해 분석하고 실제 영향을 끼친 공격이 확인되면, 담당자에게 알리는 등 조치를 자동으로 수행해 복잡한 업무를 순식간에 해결할 수 있었다. 국내에서 프로젝트를 처음 수행하면서 많은 시행착오를 겪었다고 한다. 결과적으로는 이벤트 분석 시간을 기존 10~30분에서 1~5분 이내로 단축해 약 90% 이상 효율화했고 이벤트 처리 시에도 평균 5~8개 보안 솔루션을 접속해야 했는데 이제는 SOAR로 연동이 돼 80%의 효율화를 달성했다. 보안 분석가는 SOAR 솔루션에만 접속해 업무를 수행한다.

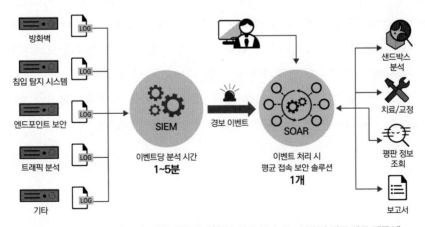

그림 1-7 기업의 보안 관제 자동화를 통한 효과(출처: 삼성 SDS, Real 2020 발표 자료 재구성)

해외 ○○ 보안 관제 센터의 보안 자동화 사례

해외 ○○ 보안 솔루션 제조사는 자체 보안 관제 센터를 구축해 운영하고 있다. 규모로 보면 전 직원 수가 1만여 명이 되고 단말 수는 18만 5천여 호스트를 보유하고 있다. 또한 5만 5천여 클라우드 자산이 있고 전 세계 13개 데이터 센터에서 서비스를 운영하고 있다. 전체 글로벌 고객 수도 8만 5천여 고객 수를 보유하고 있다. 자체적으로 고객 및 자사 정보를 보호하고 외부 해킹 공격의 위협으로부터 서비스를 보호하고 있다. 약 1개월 동안 발생한 탐지 경보 이벤트를 분석하면서 절약한 시간을 계산했다. 자동화를 통해 경보 1건당 약 34분을 절약할 수 있었고 1개월 동안 총 1,463시간을 절약할 수 있었다. 이를 근무 시간으로 환산하면 약 9명의 보안 분석가 역할을 자동화로 해결한 셈이다.

자동화 솔루션을 활용하여 최대 9명의 분석가 업무를 자동화함

자동화 유형	개수	절약된 분석가 시간
경보 알림 강화	1,090	635.8시간(34분/건)
경보 알림 중복 제거	7,783	648.6시간(5분/건)
사용자에게 자세한 정보 문의 (이메일/Slack)	308	128.3시간(24분/건)
IT 팀으로 이미지 재생성 요청 (서비스 나우 티켓 개설)	5	2.1시간(25분/건)
비밀번호 재설정 조정	4	1.7시간(25분/건)
GCP 복구 업데이트	33	16.5시간(30분/건)
기타 작업*	*	29.8시간

1개월 동안 절약한 시간

1,463 시간 절약

자동화로 약 9명의 분석가 업무를 자동화

※FTE(Full Time Equivalent) : 전일 종사 노동자 수

그림 1-8 기업의 보안 관제 자동화를 통한 효과 사례

이외에도 코로나19로 인해 정보보안 관제 센터 분석가들도 재택 근무를 하게 됐다. 그림 1-9는 재택 근무와 사무실 근무 시 자동화 솔루션 활용 시간을 비교한 것이다.

SOC를 포함한 모든 사람이 재택 근무(WFH)

보안 관제 센터 성과 지표	사무실 근무	재택 근무
MTTD 평균 탐지 시간	10초*	10초*
MTTR 평균 대응 시간	4분 우선순위가 높은 P1/P2	1분 우선순위가 높은 P1/P2
	8시간 42분 우선순위가 낮은 P3+	8시간 41분 우선순위가 낮은 P3+
MTTC 평균 처리 완료 시간	22시간 46분	1일 3시간 53분

탐지 경보의 분석 우선순위를 결정하는 보안 분석가의 업무량이 변화하면서 일부 개선됨

포맷 작업 등 노트북 이미지를 다시 생성하는 문제로 인해 재택 근무 시 조금 더 시간 소요됨

MTTD: Mean Time To Detection
MTTR: Mean Time To Response
MTTC: Mean Time To Close
WFH : Work From Home

그림 1-9 보안 관제 자동화 적용 후, 사무실 근무와 재택 근무 시 소요 시간 비교

평균 탐지 시간은 사무실 근무나 재택 근무는 동일했다. 이 부분은 자동화 영역이 아니며 탐지 시스템이 작동하기 때문에 차이가 없이 동일하다. 그러나 평균 대응 시간은 재택 근무 시에 오히려 줄었다. 즉, 우선순위를 구분해서 처리하도록 하는 일을 좀 더 정교화해 정제하다 보니 더 효과를 거둘 수 있었다고 한다. 자동화할 수 있는 일을 더욱 정교하게 정의해 구성하니 보안 관제 센터 분석가의 업무량을 감소시킬 수 있었다. 이후 원격 근무 시 평균 처리 완료 시간은 좀 더 증가했다. 평균 처리 완료 시간이 늘어난 이유는 노트북 등 이미지를 다시 재생성해야 하는 업무의 경우, 사무실이었다면 대면으로 확인하면서 필요한 작업을 즉시 완료했을 것이지만 직접 대면이 필요한 부분 때문에 재택 근무 시에 시간이 증가했다. ○○ 기업은 정보보안 관제 업무를 자동화로 구현한 상태에서, 코로나19와 같은 엄청난 외부 환경의 상태에서 변화가 발생했지만 사무실 근무와 거의 동일하게 처리가 가능했고 큰 효과를 얻을 수 있었다.

국내 ○○ 은행 보안 관제 센터의 보안 자동화 사례

○○ 은행은 지능형 통합보안 관제 및 자동화 솔루션을 구축해 수년 동안 안정적으로 운영하고 있다. 15개 계열사로 구성돼 있는 금융 그룹에 대해 정보보안 관제 센터를 운영하고 있다. 현재는 96종의 자동화 플레이북을 구현해 9개 유형의 정보보안 관제 대응

업무에 자동화를 적용하고 있다. 그림 1-10은 기업에서 활용 중인 플레이북 유형이다.

○○ 은행이 보안 관제 프로세스에 자동화를 적용해 효과를 거둔 두 가지 영역은 다음과 같다.

- 정보보안 관제 자동화를 통해 차단 정책 적용 대상 확대
- 자동 차단 정책 적용을 통해 단순 업무 시간 감소

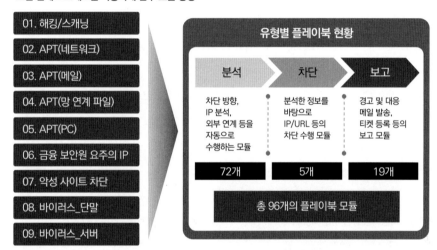

그림 1-10 기업에서 활용 중인 플레이북 유형
(출처: 2023년 Splunk .conf Go 서울 행사 – 지능형 통합보안 관제 및 자동화 구축 사례 발표)

○○ 은행의 정보보안 관제 센터의 보안 분석가들은 상당히 숙련된 인력들을 보유하고 있어서, 경보 이벤트 1건당 탐지 후 차단 적용까지 약 3분 정도 소요됐다. 자동화 플레이북을 적용해 1분 이내로 단축할 수 있었고 건당 약 2분 정도 절감해 전체 계열사 기준으로 환산했을 때 하루 약 4시간을 절감할 수 있었다.

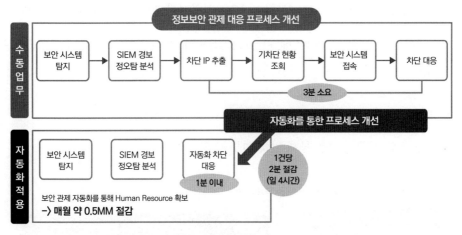

그림 1-11 보안 관제 자동화를 적용해 차단 정책 적용 시간 단축

또한 보안 장비에 차단 정책을 설정하는 범위를 확대했고 업무 자동화의 범위를 확대했다. 금융 기관의 경우 금융 보안원에서 차단이 필요한 IP, URL 등의 정보를 제공하며 이러한 정보를 보안 시스템에 적용하는 데 많은 시간이 필요했는데 자동화로 시간을 단축할 수 있었고 사람의 실수 또한 방지할 수 있었다.

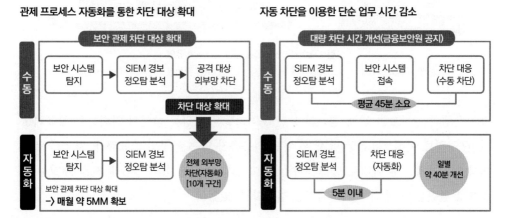

그림 1-12 보안 관제 자동화를 적용해 차단 대상 확대 및 시간 단축

1.3. 정보보안 관제 자동화 솔루션은 어떤 기능이 필요할까?

보안 관제 업무 자동화를 구현할 때 반드시 필요한 기능들을 정리할 필요가 있다. 대부분 SOAR 솔루션 제조사들은 핵심 기능을 모두 제공한다. 다음 표 1-1 '보안 관제 자동화 솔루션 기능 목록'은 특정 솔루션에 한정된 기능이 아니고, 일반적으로 갖춰야 할 주요 핵심 기능을 정리했다. 정보보안 관제 센터의 분석가, 엔지니어링 팀은 이러한 솔루션 기능을 활용해 조직에 맞는 보안 관제 자동화를 구현할 수 있다.

표 1-1 보안 관제 자동화 솔루션 기능 목록

번호	구분	기능
1	오케스트레이션 (플레이북)	시각화된 플레이북 편집기를 제공해 사용자가 플레이북을 생성하고 수정할 수 있는가? ※ 플레이북: 보안 분석 및 대응 업무들을 정의한 일련의 작업 흐름
2		기본 제공하는 플레이북이 있고 사용자가 수정해서 활용할 수 있는가?
3		플레이북 작성 시, 시각화 편집기에서 자동화 함수를 선택해 플레이북을 구성할 수 있는가?
4		플레이북 작성 시 다른 서브 플레이북 호출해 활용할 수 있도록 구성할 수 있는가? ※ 서브 플레이북: 자주 반복되는 태스크들로 구성, 다른 플레이북에서 활용
5		인시던트의 유형별로 구분한 플레이북을 생성하고 자동으로 실행되도록 연결 설정할 수 있는가?
6		스케줄링 기능을 제공해 특정 플레이북을 주기적 또는 특정 시간에 실행되도록 할 수 있는가?
7		플레이북을 구성하는 각 태스크별로 실행된 결과를 확인할 수 있는가?
8	자동화 연동 (Script & Integration)	타 솔루션의 경보 및 이벤트를 수집/조회하기 위한 연동(Integration) 모듈을 제공하는가?
9		타 솔루션에 정책 적용(예: 방화벽 차단 정책 등)을 위한 연동 모듈을 제공하는가?
10		사용자가 파이썬 등 스크립트 언어를 활용해, 연동 모듈 및 자동화 함수를 개발해 추가할 수 있는 기능을 제공하는가?
11		자동화로 연동한 경보 이벤트가 인디케이터(IP, URL, Hash 등)를 포함한다면 자동으로 추출하고 인디케이터를 체계적으로 관리할 수 있도록 기능을 제공하는가?
12		SOAR 솔루션에서 REST API를 제공해, SOAR 솔루션에 UI 접근 없이 API로 기능을 활용할 수 있는가?(예: 인시던트 조회, 위협 인텔리전스 조회 등)

번호	구분	기능
13	인시던트	인시던트 유형을 설정하고, 수집 데이터 (예: SIEM 경보)에서 인시던트 유형을 자동으로 분류할 수 있는가? (즉, 이벤트의 특정 필드 값의 내용을 기반으로 자동으로 분류)
14		인시던트 유형별로 별도의 플레이북을 지정해 자동으로 인시던트를 처리하도록 할 수 있는가?
15		인시던트에 대해 SLA(Service Level Agreement) 시간을 지정할 수 있는가?(예: 웹 해킹 유형은 1시간 내 처리 등)
16		인시던트 자동 처리를 위해 플레이북의 처리 시간을 SLA로 측정, 관리할 수 있는가?
17		분석가가 인시던트 분석을 위해 다양한 자동화 스크립트/명령어를 수행하고 결과를 확인할 수 있는가?(예: VirusTotal에 IP 평판 조회 등)
18	협업 기능 (Collaboration)	분석가들은 인시던트 처리 시에 처리 내용을 실시간 확인할 수 있고 분석가 간에 협업하기 위해 인시던트별로 통합 분석 공간을 제공하는가?
19		인시던트 관련 침해지표(IoC, Indicator of Compromise) 및 유사한 인시던트를 시각적으로 조사하고 분석할 수 있는 화면 제공
20		기존 인시던트와의 유사성에 따라 분류된 사건을 확인할 수 있는 화면 제공
21	SIEM과 통합	인시던트 처리 중 분석한 인디케이터(예: IP, URL, Hash 등)와 수집한 위협 인텔리전스 피드 데이터를 함께 통합 관리할 수 있는 기능을 제공하는가?
22	위협 인텔리전스 관리 기능	수집한 인디케이터별로 평판 정보와 평판 소스의 신뢰도 등에 따른 스코어링 규칙을 적용해 평판 점수 현행화 기능을 제공하는가?
23		인디케이터 평판 정보 이력이 모두 저장돼 있어 연관된 인시던트를 함께 확인할 수 있는 기능을 제공하는가?
24	대시보드 및 보고서	솔루션에서 사전 정의된 대시보드와 보고서 템플릿을 제공하는가?(예: 위젯 라이브러리 등)
25		사용자별 맞춤형 대시보드 생성 기능을 제공하는가? 또는 SIEM으로 통합해 대시보드를 생성하고 관리할 수 있는가?
26		스케줄링 기능으로 보고서를 자동 생성해 담당자에게 이메일로 자동 전달할 수 있는가?
27	콘텐츠	신규 플레이북, 연동 모듈, 자동화 스크립트, 대시보드 등을 제공하는가?
28	단일화된 보안 운영 환경 제공 (Unified SecOps)	SOAR의 처리 결과를 SIEM에 모두 저장 가능한가? 즉, 보안 관제 분석가는 단일 화면으로 SIEM, SOAR 기능을 통합해 활용할 수 있도록 확장 가능한가?

1.4. 이 책의 구성

지금까지 1장에서 정보보안 관제 및 운영 자동화가 무엇인지 알아봤다. 이러한 자동화가 정보보안 관제 센터에 왜 필요한지, 어떤 효과를 얻을 수 있는지, 자동화 구현을 위해서는 어떠한 기능이 필요한지 살펴봤다. 정보보안 관제 업무의 자동화는 자동화 솔루션만 도입해 완료되는 프로젝트가 아니다. 보안 관제 업무 프로세스를 시스템상에 녹여 넣어야 된다. 자동화가 구현돼 보안 시스템 간에 유기적으로 작동하기 위해서 여러 시스템과 연계가 잘 이뤄져야 하고, 가장 중요한 업무 프로세스를 디지털화된 플레이북으로 구현해야 한다. 단순 솔루션 구축이 아니고 업무 프로세스를 시스템에 녹여 구현하는 프로젝트이다 보니 보안 분석가들이 실제 활용할 수 있는 다양한 유스 케이스가 매우 필요하다.

그래서 보안 관제 자동화 솔루션을 실무에서 어떻게 활용하고 운영하며 어떤 방향성으로 확장해 가야 할지 가이드가 부족함을 느껴서 이 책을 집필하게 됐다. 실제 정보보안 관제 센터의 업무는 조금 더 복잡하고, 조직의 환경에 맞도록 커스터마이징돼 있다. 이 책에서는 많은 부분을 일반화했다. 인터넷에 공개된 부분과 기업에서 외부에 발표한 자료들을 활용했다. 위협 탐지 룰은 Splunk SIEM에서 제공하는 상관 분석 룰들을 활용했으며, SOAR 플레이북은 인터넷에 공개돼 있는 Splunk 및 여러 보안 회사의 SOAR 플레이북을 참고해 구성했다. 즉, 이 책에서 설명하는 유스 케이스는 공개된 자료를 기반으로 일반화해 작성했다.

정보보안 관제 자동화는 솔루션만 구축해서 바로 활용할 수 있는 성격이 아니다. 즉, 사전에 업무 프로세스에 대해 정의가 명확히 돼야 하고, 솔루션의 기능을 활용해 자동화를 구현해야 한다. 그러다 보니 보안 관제 프로세스 컨설팅과 보안 솔루션 프로젝트의 특성을 모두 가지고 있다. 이 책은 이러한 특성에 맞춰 참고할 수 있도록 구성했다.

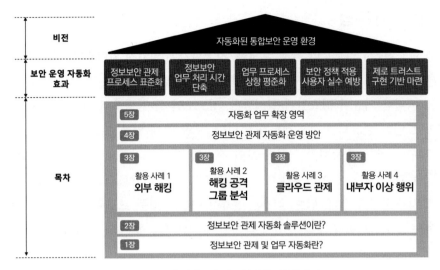

그림 1-13 이 책의 구성 및 보안 운영 자동화 효과

전체 목차는 그림 1-13과 같이 구성했다. 2장은 SOAR 보안 관제 자동화 솔루션에 필요한 기술과 구성 요소에 대해 알아보고 SOAR 구축 프로젝트를 성공적으로 완료하기 위한 프로젝트 구축 워크플로우에 대해 설명한다. 3장은 자동화 플레이북 구현 유스 케이스에 대해 알아본다. 보안 분석가 및 담당자들이 제일 많이 궁금해하는 부분이 유스 케이스이다. 플레이북을 어떻게 구현하고 어떻게 활용하는지 의문을 갖는다. 이에 각 유형별로 구분해 설명했다.

4장은 프로젝트 완료 이후 정보보안 자동화 솔루션 운영 방안에 대해 설명한다. 보안 관제 프로세스가 변경되거나 신규 보안 솔루션이 도입돼 보안 관제 업무에 함께 활용할 경우 플레이북 변경이 발생한다. 이러한 경우 어떻게 관리해야 하는지 배우고 운영 점검 내용에 관해 익힌다. 마지막으로 5장은 보안 관제 자동화 업무 확장 방안에 대해서 설명한다. 최근 정보보안의 방향은 제로 트러스트 개념으로 확장돼 더욱 강화되고 있다. 더욱 많은 보안 솔루션과 시스템으로 더 많은 영역에 보안이 강화되며 복잡해지고 있다. 사람이 수동으로 관리하는 데는 더욱 한계가 있다. 제로 트러스트 자동화 엔진으로서 확장 방안을 설명한다. 통합보안 관제 센터의 방향은 통합보안 운영Unified Security Operation으로 진화하고 있으며 어떻게 구성될 수 있는지 밝힌다.

정보보안 관제 자동화 솔루션이란?

2장에서 설명할 내용은 정보보안 관제 자동화 솔루션이 무엇이며 정보보안 관제 자동화 구축 프로젝트 워크플로우는 각 단계별로 어떻게 준비하고 수행해야 하는지 구체적으로 설명한다.

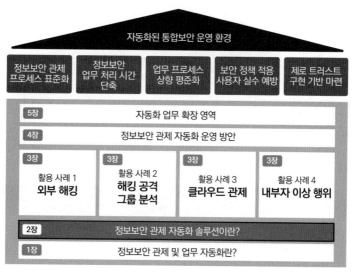

그림 2-1 정보보안 관제 자동화 솔루션 및 구축 워크플로우

2.1. SOAR 솔루션이란 무엇인가?

미국의 정보 기술 연구 및 자문 회사 가트너Gartner는 2017년부터 SOARSecurity Orchestration, Automation and Response라는 용어를 사용하고 있다. 보안 관제 및 보안 운영 자동화를 위한 기술 및 솔루션 영역을 의미한다. SOAR는 단일 시스템 또는 단일 플랫폼 안에서 다양한 업무와 도구 간의 작업을 조정, 실행 및 자동화하는 데 도움을 주는 솔루션을 말한다. 보안 조직은 사이버 공격에 신속하게 대응할 뿐만 아니라 향후 발생할 수 있는 보안 사고를 관찰하고 빠르게 대응하고 방지할 수 있도록 돕는다. 즉, 전반적인 보안 운영 태세의 개선을 돕는다. 그림으로 표현하면 그림 2-2와 같다. 이미 다양한 보안 장비 및 보안 솔루션을 사용해 보안 위협을 탐지하고 위협을 통제하고 있다. 각 보안 장비는 로그와 이벤트를 발생시키며, 이들 로그와 이벤트를 정보보안 관제 시스템에 통합 저장하고 분석해 위협 탐지 정보인 경보 이벤트를 생성한다. 보안 분석가는 경보 이벤트를 분석하고, 위협에 대응 조치를 취한다. SOAR 솔루션은 탐지 이벤트를 입력 받아서, 보안 분석가가 수동으로 조사/분석, 대응/조치했던 업무들을 자동으로 처리해주는 시스템이다. SOAR 솔루션은 스스로 위협을 탐지하는 보안 시스템은 아니다.

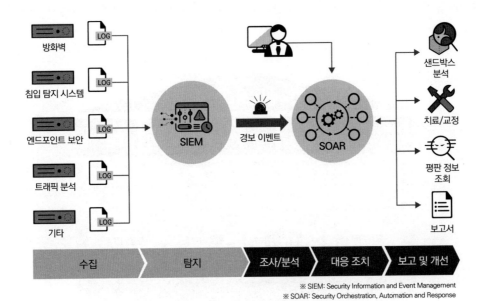

※ SIEM: Security Information and Event Management
※ SOAR: Security Orchestration, Automation and Response

그림 2-2 SOAR 솔루션의 기능 범위

SOAR 솔루션을 알아보기 전에 SOAR 솔루션과 SIEM^{Security Information & Event Management} 솔루션을 명확히 구분할 필요가 있다. 본질적으로 두 솔루션의 역할이 명확히 다르다. 둘 다 보안 문제를 탐지하고 데이터를 수집하고, 보안 담당자가 문제를 해결하는 데 사용할 수 있는 알림을 처리하기 때문에 혼동하는 경우가 있다. 그러나 그 둘 사이에는 중요한 차이점이 있다. SIEM 솔루션은 각종 이벤트를 수집하고 탐지 룰을 기반으로 위협을 탐지하는 시스템이다. 그에 반해 SOAR는 탐지한 이벤트를 입력 받아 조사 분석하고 대응 업무까지 자동으로 처리하는 자동화 시스템이다. 다음 표 2-1에서 두 가지 솔루션을 설명한다.

표 2-1 SIEM과 SOAR 비교

구분	SIEM	SOAR
주요 기능	로그를 분석해 위협 이벤트 탐지 (탐지 솔루션)	탐지 이후 이벤트를 자동으로 분석 대응 (분석 및 대응 솔루션)
주요 모듈	대용량 로그 수집 기술 상관 분석 룰	보안 시스템 연계(API로 명령 수행) 보안 관제 자동화 플레이북 워크플로우 엔진
핵심 콘텐츠	상관 분석 룰	보안 관제 플레이북
솔루션 연계 데이터	로그 수집 (대용량 빅데이터 플랫폼)	경보 수집, 대응 조치
업무 단계	수집/탐지	분석/대응

2.2. SOAR 솔루션에 필요한 기술 요소는?

2.2.1. SOAR 핵심 기능

가트너가 정의한 포괄적인 SOAR 솔루션은 ① 위협 및 취약성 관리 ② 보안 인시던트 대응 ③ 보안 운영 업무 자동화, 이 세 가지 주요 소프트웨어 기능으로 구성돼 작동하도록 설계됐다고 말한다. 오케스트레이션^{Orchestration}과 자동화^{Automation}가 나오는데, 오케스트레이션은 위협 및 취약성 관리를 통해 사이버 위협을 대응하고 프로세스를 개선하는 데 도움이 되는 기술을 다루며 자동화는 보안 운영 업무 내에서 오케스트레이션이 가능하게 해주는 기술을 말한다.

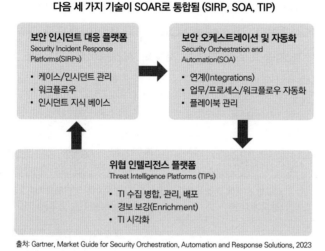

다음 세 가지 기술이 SOAR로 통합됨 (SIRP, SOA, TIP)

보안 인시던트 대응 플랫폼
Security Incident Response Platforms(SIRPs)

- 케이스/인시던트 관리
- 워크플로우
- 인시던트 지식 베이스

보안 오케스트레이션 및 자동화
Security Orchestration and Automation(SOA)

- 연계(Integrations)
- 업무/프로세스/워크플로우 자동화
- 플레이북 관리

위협 인텔리전스 플랫폼
Threat Intelligence Platforms (TIPs)

- TI 수집 병합, 관리, 배포
- 경보 보강(Enrichment)
- TI 시각화

출처: Gartner, Market Guide for Security Orchestration, Automation and Response Solutions, 2023

그림 2-3 SOAR 솔루션 구성 기술

SOAR는 다음 세 가지 기능을 통합한 솔루션이다.

- 보안 오케스트레이션 및 자동화

- 보안 인시던트 대응 플랫폼

- 위협 인텔리전스 플랫폼

첫 번째, 보안 오케스트레이션SOA, Security Orchestration and Automation은 다양한 보안 솔루션들을 연동해 보안 관제 업무에 관련 있는 솔루션 간 작업을 자동화한다. 그래서 ① 보안 분석가(사람) ② 업무 프로세스 ③ 보안 기술을 통합해 자동화함으로써 보안 업무를 개선한다. 결과적으로 사람 중심의 수동 업무를 기계 중심의 자동화로 구현한다.

두 번째, 보안 인시던트 대응 플랫폼SIRP, Security Incident Response Platforms 은 보안 침해사고 발생 시 대응하는 시스템이다. 즉, 분석하고 처리해야 할 정보들을 수립된 대응 정책에 따라 확인하고 즉시 대응하고 자동 처리하는 기능을 구현한다.

- SIEM 및 다양한 경보 소스에서 경보와 보안 이벤트를 수집
- 보안 분석가는 보안 침해사고 발생 기간 동안 발견한 이벤트, 연관된 로그, IOC[1] 등을 '인시던트 케이스'로 관리 시스템에 생성함
- 악의적인 행위 판별을 위해 분석 자료를 바이러스 토탈VirusTotal 같은 평판 정보와 비교

세 번째, 위협 인텔리전스 플랫폼TIP, Threat Intelligence Platforms은 내외부 위협 정보를 실시간으로 수집하고 상관 분석하는 프로세스를 자동화해 분석가들이 사이버 공격에 대한 분석과 대응을 빨리 처리할 수 있도록 지원하는 플랫폼이다. 더불어 분석 과정에서 찾아낸 인텔리전스 정보를 통합 관리할 수 있는 플랫폼이다. 가트너에서 말하는 SOAR 세 가지 영역의 기술과 네 가지 필수 기술 컴포넌트를 매핑해 표현하면 그림 2-4와 같다.

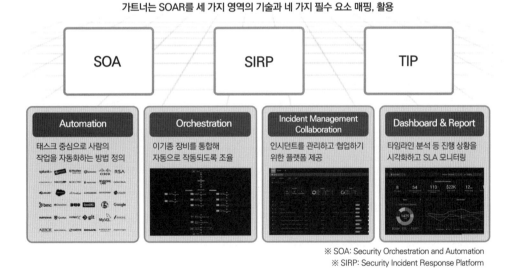

가트너는 SOAR를 세 가지 영역의 기술과 네 가지 필수 요소 매핑, 활용

※ SOA: Security Orchestration and Automation
※ SIRP: Security Incident Response Platform
※ TIP: Threat Intelligence Platform

그림 2-4 SOAR 솔루션 필수 컴포넌트

---

1   Indicator Of Compromise의 약어로, 침해 지표를 말한다.

SOAR 솔루션은 정보보안 관제 센터 및 보안 운영 분야에서 중추적인 역할을 수행하게 된다. 많은 보안 제조사에서 SOAR 솔루션을 인수하기도 하고 직접 개발하기도 한다. 표 2-2는 제조사^{Vendor}와 솔루션 목록을 정리했다.

표 2-2 시장에서 제공하는 SOAR 솔루션 목록

제조사	제품명	제조사	제품명
Anomali	ThreatStream	Rapid7	InsightConnect
Cyware	Virtual Cyber Fusion Center	Revelstoke	Revelstoke SOAR
D3 Security	D3 Smart SOAR	ReliaQuest (EclectcIQ)	EclecticIQ Platform
Devo	Devo SOAR Platform	ServiceNow	Security Operations
Fortinet	FortiSOAR	SIRP Labs	SIRP SOAR Platform
Google Cloud	Chronicle SOAR	Splunk	Splunk SOAR
IBM	IBM Security QRadar SOAR	Sumo Logic	Cloud SOAR
Logsign	Logsign SOAR	Swimlane	Swimlane Turbine
Microsoft	Microsoft Sentinel	ThreatConnect	Intelligence-Powered Security Operations(IPSO)
NSFOCUS	ISOP(Intelligent Security Operation Platform)	ThreatQuotient	ThreatQ TDR Orchestrator
Open Text(CyberRes)	ArcSight SOAR	Tines	Tines
Palo Alto Networks	Cortex XSOAR	Torq	Torq Hyperautomation
QAX	QAX SOAR		

출처: Gartner, Market Guide for Security Orchestration, Automation and Response Solutions, 2023

이 책에서는 저자가 검증하고 테스트한 Splunk사의 SOAR를 기반으로 설명할 예정이다.

2.2.2. 플레이북 구성

플레이북은 보안 관제 업무 프로세스를 디지털화한 것으로서 자동화 처리 로직으로 구성된다. 시각화된 플레이북 편집기VPE, Visual Playbook Editor를 제공해 사용자는 드래그 앤 드롭Drag&Drop 방식으로 플레이북을 구성한다.

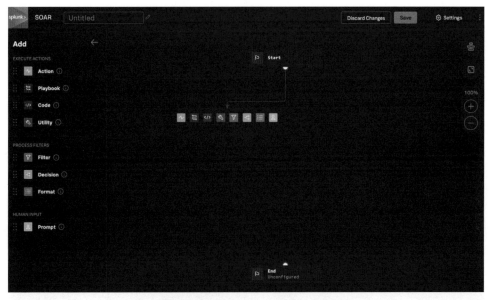

그림 2-5 SOAR 솔루션 – 시각화 플레이북 편집기

시각화 플레이북 편집기는 다양한 작업들을 구성할 수 있다. 이러한 기능을 적절히 조합해 업무 프로세스를 구현한다. 주요 작업 유형은 다음과 같이 구분할 수 있다.

- 정보를 수집하거나 보안 시스템에 정책을 적용하는 액션Action 기능
- 다른 플레이북을 가져와서 재사용할 수 있는 기능, 즉, 프로그램 작성 시 함수를 호출해 사용하는 방식

- 자주 사용하는 기능을 미리 만들어 놓고 불러 사용하는 유틸리티 기능

- 사용자가 커스텀 코드를 작성해 사용하는 기능

- 태스크의 결과에 따라 분기하는 기능

- 사용자의 응답을 받을 수 있도록 하는 기능

플레이북은 내부적으로 YAML 등의 파일 형식으로 구성돼 있고, 스크립트 소스 코드도 포함한다. SOAR 솔루션을 개발하는 제조사마다 저장 형식은 차이가 있지만, 전체적인 구성은 유사하다. 사용자는 직접 플레이북 소스 코드를 수정하거나 커스텀 코드를 추가할 수도 있다. 대부분 솔루션은 파이썬 스크립트를 지원한다. 플레이북 편집기에서 디버깅 기능도 제공한다.

그림 2-6 SOAR 솔루션 – 플레이북 소스 코드 편집 화면

플레이북은 파이썬 스크립트를 포함해 구성돼 있다. 사용자는 이 플레이북 소스 코드를 직접 편집할 수도 있다. 플레이북이 정상적으로 작동하는지 확인하기 위해 디버그 코드를 삽입해 처리 결과를 출력하고 디버깅할 수 있다.

2.2.3. 워크북

워크북Workbook은 보안 관제 프로세스를 구성해 처리한 이력, 첨부파일, 관련 증거 코멘트를 관리할 수 있다. 워크북은 '작업 일지'로 해석할 수 있다. 플레이북으로 자동화해 처리한 결과를 워크북에 자동으로 업데이트하면 사용자는 워크북에서 업무 흐름과 처리 이력을 쉽게 확인할 수 있다. 플레이북을 해석하면 각본, 대본, 전술 등으로 해석할 수 있다. 즉, 자동화에서 플레이북이란 실제 업무를 자동으로 처리하는 로직이라고 할 수 있고 워크북과 비교하면 다음과 같다. SOAR 제조사에 따라 두 가지 개념을 구분하는 경우도 있고 혼용해 사용하는 경우도 있다.

플레이북	워크북
보안 관제에 대한 자동화된 처리 로직	보안 관제 업무에 대한 작업 일지

대부분의 사고 대응 계획은 미국 국립표준기술연구소NIST, National Institute of Standards and Technology의 SPSpecial Publication 800-61 컴퓨터 보안 인시던트 처리 가이드에서 설명하는 프로세스를 사용하거나 일부 변형해 사용한다. 보안 관제 업무 프로세스 유형별로 구분해 사용할 수 있다. 예를 들면 악성 코드 공격 대응 프로세스, 웹 애플리케이션 공격 대응 프로세스 등으로 워크북과 플레이북을 구성하고 계획을 수립해 이력 관리하고 자동화를 구현할 수 있다. 다음 그림 2-7은 NIST SP 800-61에서 설명하는 인시던트 처리 프로세스를 단계별로 워크북에 설정한 화면이다.

NIST 800-61   *Default Workbook*   [Edit]

Detection   ⌄
Phase SLA: -

TASK NAME	SLA	ACTIONS	PLAYBOOKS	OWNER
▸ Determine if an incident has occurred				
▸ Analyze precursors and indicators				
▸ Look for correlating information				
▸ Perform research				
▸ Confirmed incident				

Analysis and Containment   ⌄
Phase SLA: -

TASK NAME	SLA	ACTIONS	PLAYBOOKS	OWNER
▸ Determine functional impact				
▸ Determine information impact				
▸ Determine recoverability effort				
▸ Prioritize incident				
▸ Report incident				
▸ Contain incident				

Eradicate   ⌄
Phase SLA: -

TASK NAME	SLA	ACTIONS	PLAYBOOKS	OWNER
▸ Identify and mitigate all vulnerabilities				
▸ Removal of malicious content				
▸ Verify no other hosts are affected				

Recovery   ⌄
Phase SLA: -

TASK NAME	SLA	ACTIONS	PLAYBOOKS	OWNER
▸ Restore affected systems				
▸ Validate restoration				
▸ Implement additional monitoring				

Post Incident Activity   ⌄
Phase SLA: -

TASK NAME	SLA	ACTIONS	PLAYBOOKS	OWNER
▸ Create a follow up report				
▸ Lessons learned				

그림 2-7 NIST SP 800-61 워크북 예시

2.2.4. SIEM 솔루션과 유연한 연동

SOAR 솔루션은 탐지 시스템이 아니다. SIEM 솔루션에서 탐지한 경보 이벤트를 입력 받아서, 사람이 수동으로 처리했던 업무들을 자동화하는 대응 시스템이다. 즉, 자동화 프로그램이다. 그렇다면 가장 기본이 SIEM 솔루션 및 여러 보안 시스템과 연계해야 한다. SOAR 솔루션은 앱 형태로 연동 모듈을 제공하거나 사용자가 연동 모듈을 쉽게 구현할 수 있다. 그림 2-8은 Splunk 앱스토어(https://splunkbase.splunk.com/)에서 SOAR 앱을 조회한 화면이다. 이미 많은 연동 모듈이 구현돼 제공된다. 사용자는 다운로드해서 추가하면 된다. 마찬가지로 SOAR 솔루션 내에서도 앱을 다운로드해서 사용할 수 있다.

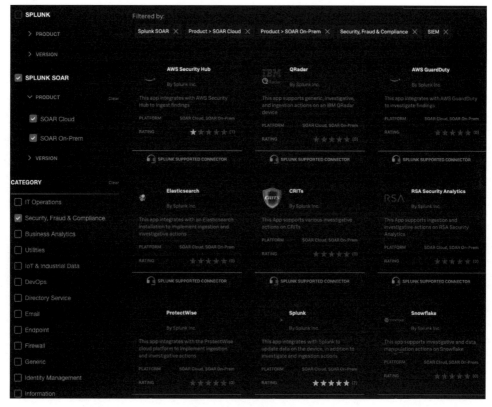

그림 2-8 SOAR 솔루션 – 연동 앱

그림 2-9는 연결 정보가 등록된 앱 목록 화면 예시이다. 즉, 연결 설정을 구성하면 플레이북 작성 시 해당 제품의 API를 활용한 액션 기능을 사용할 수 있다. 예를 들어, Splunk SIEM과 연결이 되면 검색을 수행해 정보를 읽어올 수 있다.

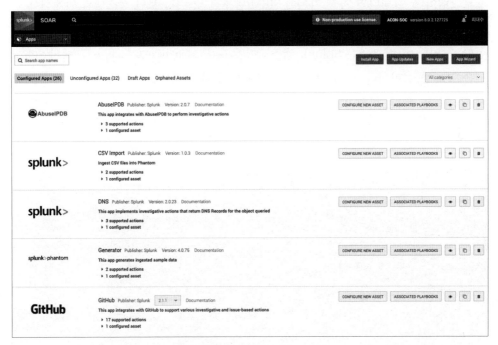

그림 2-9 SOAR 솔루션 – 설정된 앱 목록

2.2.5. 콘텐츠(유스 케이스)

다음 중요한 콘텐츠 유스 케이스는 플레이북이다. Splunk 등 각 SOAR 제조사들은 내부 연구 개발 조직에서 플레이북을 개발, 제공하고 있다. 그림 2-10은 현재 추가로 제공하고 있는 플레이북 콘텐츠이다.

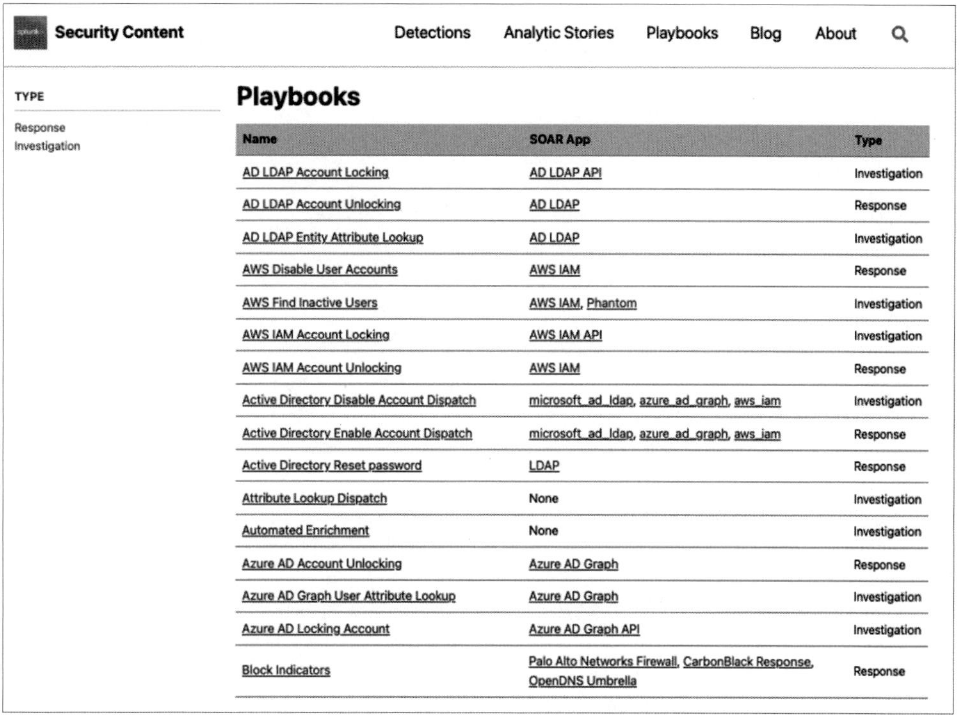
Security Content | Detections | Analytic Stories | Playbooks | Blog | About

TYPE

Response
Investigation

Playbooks

Name	SOAR App	Type
AD LDAP Account Locking	AD LDAP API	Investigation
AD LDAP Account Unlocking	AD LDAP	Response
AD LDAP Entity Attribute Lookup	AD LDAP	Investigation
AWS Disable User Accounts	AWS IAM	Response
AWS Find Inactive Users	AWS IAM, Phantom	Investigation
AWS IAM Account Locking	AWS IAM API	Investigation
AWS IAM Account Unlocking	AWS IAM	Response
Active Directory Disable Account Dispatch	microsoft_ad_ldap, azure_ad_graph, aws_iam	Investigation
Active Directory Enable Account Dispatch	microsoft_ad_ldap, azure_ad_graph, aws_iam	Response
Active Directory Reset password	LDAP	Response
Attribute Lookup Dispatch	None	Investigation
Automated Enrichment	None	Investigation
Azure AD Account Unlocking	Azure AD Graph	Response
Azure AD Graph User Attribute Lookup	Azure AD Graph	Investigation
Azure AD Locking Account	Azure AD Graph API	Investigation
Block Indicators	Palo Alto Networks Firewall, CarbonBlack Response, OpenDNS Umbrella	Response

그림 2-10 SOAR 솔루션 – 플레이북 콘텐츠

플레이북 콘텐츠 예시로, 그림 2-11은 Log4j 취약점이 발견됐을 당시 제조사에서 활용할 수 있는 플레이북을 제공했다. SOAR 솔루션의 필요한 기능 중 한 가지는 추가적인 플레이북 콘텐츠 제공 여부이다. 기업마다 사용하는 보안 솔루션도 다르고, 보안 관제 업무 환경도 달라서 플레이북을 그대로 사용할 수는 없고, 기업에서 사용하는 보안 솔루션에 연동 설정을 하고 플레이북을 일부 수정해 사용할 수 있다. 만약 이러한 콘텐츠가 없다면 보안 분석가는 처음부터 플레이북을 작성해야 하기 때문에 많은 시간이 필요하다. SOAR 프로젝트를 성공적으로 완료하기 위해서는 이러한 플레이북 콘텐츠를 참고해 기업 환경에 맞는 플레이북을 빠르게 작성할 수 있어야 한다.

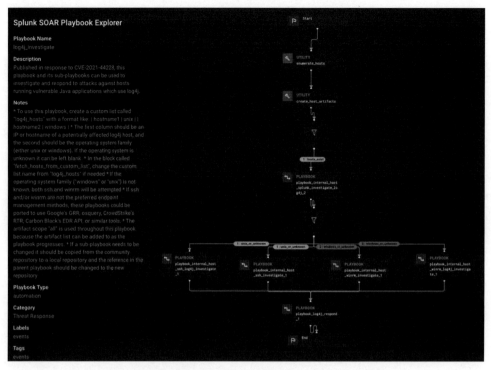

그림 2-11 SOAR 솔루션 – 플레이북 콘텐츠 예시(Log4j 조사 플레이북)

2.3. SOAR 구축 프로젝트 방법론

보안 관제 운영 자동화란 단순히 솔루션을 서버에 설치하고 프로그램을 시작한다고 해서 바로 운영할 수 있는 시스템이 아니다. 정보보안 관제 센터에서 수행했던 업무 프로세스를 시스템에 워크플로우로 잘 구성하고 여러 보안 시스템과 잘 연결해야 한다. 그래서 자동화 프로젝트의 특성을 고려한 체계화된 방법이 필요하다. 보안 관제 자동화 프로젝트를 성공적으로 구현하기 위해 그동안 경험을 바탕으로 실제적인 구축 업무 절차와 단계별 수행 업무를 체계화했다. 현재는 보안 관제 자동화 프로젝트 방법론에 대한 명확한 표준이 있는 것은 아니어서 프로젝트에서 경험한 수행 노하우를 기반으로 방법론을 정리했다. 보안 관제 자동화 구축 프로젝트는 소프트웨어 개발 프로젝트는 아니지만, 자동화 스크립트 개발 및 플레이북 콘텐츠 관리가 포함돼 있어, 솔루션 구축 방법론과 소프트웨어 개발 방법론 두 가지 방법론의 특성을 모두 갖고 있다. 그래서 구축/구현뿐만 아니라 운영까지 고려한 두 가지 구조적 방법론을 테일러링한 방법론이 필요하다. 이 책에서 제시하는 방법론은 소프트웨어 공학의 구조적 방법론 기반으로 총 5단계, 18개 주요 태스크로 구성했다. 각 태스크별로 수행해야 할 업무, 고려해야 할 항목들을 식별했다. 특히 SOAR 프로젝트는 사전 준비와 현황 분석을 얼마나 잘 준비하는가에 따라 프로젝트의 성패가 달렸다고 해도 과언이 아니다. 프로젝트 준비 단계에서 구현해야 할 업무 프로세스를 구체적으로 정리하고 연동 대상 식별 및 기술적 연동 지원 여부를 사전에 파악한다면 프로젝트 기간 및 리소스를 대폭 감소시킬 수 있다. 단계별 수행 태스크를 살펴보자.

단계	단계별 주요 태스크			
Phase 1 사전 준비 단계	1.1 자동화 목표 • 왜 프로젝트를 수행하는가? • 달성하고자 하는 목표를 명확히 함	1.2 자동화 업무 범위 • 무엇을 구현해야 하는가? • 명확한 플레이북 구현 범위	1.3 프로젝트 수행 방향 정의 • 어떻게 프로젝트를 수행하는가? • 프로젝트 구성원, R&R 정의 (프로젝트 담당자/SOC 담당자 /구현 엔지니어)	
Phase 2 현황 조사 및 분석	2.1 보안 관제 운영 환경 • 보안 관제 업무 조직 파악 • 보안 관제 운영 시스템 파악	2.2 보안 관제 프로세스 현황 • 보안 관제 상세 업무 프로세스 파악 • 업무 프로세스별 처리 현황	2.3 연동 솔루션 현황 • 상세 업무 프로세스별 연동 시스템 파악 • 연동 시스템별 API 제공 현황 파악	2.4 자동화 업무 분석 • 구현해야 할 연동 대상 식별 (커스텀 연동) • 플레이북 구현 우선순위 정의
Phase 3 설계	3.1 인프라 구성 설계 • 하드웨어 구성 설계 • 소프트웨어 설치 구성 설계	3.2 유스 케이스 정의 • 유스 케이스 정의서 작성 • 대시보드/보고서 정의	3.3 인시던트 유형 정의 • 인시던트 유형 및 필드 정규화 규칙 • 전처리/후처리 규칙 정의	3.4 공통 업무 모듈 정의 • 반복 업무에 대한 서브 플레이북 정의
Phase 4 구현 및 적용	4.1 설치/정책 설정 /테스트 • 설치 및 기본 운영 정책 설정 • 적용 테스트	4.2 연동 모듈/스크립트 • 커스텀 연동 모듈 개발 • 자동화 스크립트 개발	4.3 플레이북 구현 • 유스 케이스 기반 플레이북 구현/디버깅 • 단위 테스트	4.4 대시보드/보고서 구현 • 유형별 UI 구현 • 대시보드 구현 • 보고서 구현
Phase 5 운영	5.1 개발/업데이트 운영 프로세스 • 콘텐츠(플레이북/스크립트 등)에 대한 운영 환경 적용 프로세스 정의	5.2 경보 이벤트 유형 추가 • 신규 업무 발생 시, 인시던트 추가 및 플레이북 개발 절차 프로세스 정의	5.3 운영 점검 및 최적화 • 운영 관점 상태 점검 및 알림 대응 조치 프로세스 • 최적화 튜닝 가이드	

그림 2-12 SOAR 솔루션 구축 단계별 주요 태스크

2.3.1. Phase 1: 사전 준비 단계

프로젝트를 준비하는 단계는 프로젝트를 통해 달성하고자 하는 목표와 범위를 명확히 설정하는 것이 중요하다. 프로젝트 종료 후에 목표 달성 여부를 확인하기 위해서는 정량적 수행 목표를 세우는 것이 중요하다. 예를 들면 보안 관제 업무 프로세스 10종에 대한 자동화 플레이북 구현 완료, 보안 관제 업무 프로세스 자동화 구현으로 업무 시간 단축(40분에서 5분)이 좋은 예이다.

위와 같이 정량적이고 범위를 명확히 하기 위해서는 AS-IS 보안 관제 업무 현황을 정확히 파악해야 한다. 그래서 준비 단계에서 프로젝트 담당자는 보안 관제 담당자와 워크숍 등을 통해 주요 업무에 대한 현황 파악 및 유스 케이스(업무 프로세스)를 미리 정리해 준비할 필요가 있다. 다음 세 가지 세부 태스크로 구분했다.

자동화 목표

보안 관제 업무 자동화 프로젝트를 통해서 달성하고자 하는 목표를 정의한다(예: 보안 관제 업무 체계의 표준화 및 자동화 처리를 통한 위협 분석 및 대응 시간 단축과 분석 역량 강화).

자동화 업무 범위

한 번의 프로젝트를 통해서 보안 관제 및 보안 운영 업무 모두 자동화할 수는 없다. 가트너도 제일 많이 반복적이고 시간이 많이 소요되는 일들을 범위로 산정하라고 가이드하고 있다. 또한 반드시 사람이 수행해야만 하는 업무도 있고 보안 시스템에서 연동 인터페이스를 제공하지 않아 구현할 수 없는 경우도 있다. 프로젝트는 한정된 리소스(예산, 투입 인력), 기간으로 진행되기 때문에 적정한 업무 범위 산정이 중요하다. 보안 분석가와 보안 담당자가 가장 효과를 얻을 수 있는 업무 범위를 목표로 설정하는 것이 중요하다. 다시 말해 평상시 가장 많이 반복적으로 수행하는 업무, 단순하면서 매일 반복적으로 하는 귀찮은 일도 중요한 범위이다(예: 피싱 이메일 처리 플레이북, 악성 코드 공격 대응 플레이북 등).

프로젝트 수행 방향 정의

자동화 프로젝트는 단순한 솔루션 구축 프로젝트가 아니고 프로세스 컨설팅과도 연관돼 있고, 연동 개발 프로젝트도 일부 포함된다. 먼저 보안 관제 업무 프로세스를 이해해야 하고, 자동화 솔루션과 여러 단위 솔루션 간 연동이 정상적으로 작동하도록 구현해야 한다. 보안 관제 분석가, 보안 솔루션 운영 담당자, 개발자가 프로젝트 팀과 긴밀한 협력 체계 구축이 매우 중요하다. 그래서 프로젝트 팀이 유관 부서 담당자들과 서로 협업할 수 있는 방향으로 정의돼야 한다. 조직이 굉장히 크다면 협의체, 워크숍 등을 통해서 방향성을 공유하고 협업이 원활이 이뤄질 수 있도록 하고, 사전에 역할 분담과 책임을 정의해 프로젝트가 성공적으로 완료될 수 있도록 한다.

2.3.2. Phase 2: 현황 조사 및 분석

프로젝트를 착수하게 되면 먼저는 AS-IS 분석을 수행한다. 현재 운영 중인 보안 관제 센터의 조직, 주요 운영 시스템, 보안 관제 업무 프로세스, 연동 솔루션 현황을 조사한다. 보안 관제 업무 프로세스의 세부 내용을 파악하고, 프로젝트 완료 후 성과와 목표 달성 여부를 측정하기 위해 현행 업무 소요 시간 등을 반드시 파악해야 한다.

보안 관제 운영 환경

먼저 보안 관제 업무 조직을 파악한다. 1선 분석가 0명, 2선 분석가 0명 즉, 보안 분석가 인원 수, 보고 운영 체계이다. 별도 케이스 관리 시스템을 사용하는지 파악하는 것도 중요하다. 구축 시 보안 분석가들에 대해 시스템에 계정을 등록하고, 업무에 따라 위임하거나 근무 시간에 따라 담당지 지정 등을 자동화할 수 있다. 자동화 구현을 위한 운영 환경 정보 파악이 필요하다.

보안 관제 프로세스 현황

보안 관제 업무 프로세스에 대한 상세 프로세스 파악이 필요하다. 총 00종의 관제 업무 프로세스가 있고, 각 프로세스별 처리 건수 등 현황을 파악한다. 설계 단계에서 유스 케이스 정의로 연결되는 과정으로 중요도가 높은 업무, 매일 단순 반복적으로 수행되는 업무를 먼저 자동화 대상으로 선정한다.

연동 솔루션 현황

보안 관제 센터에서 보안 관제 업무에 사용하는 솔루션 현황을 파악한다. 어떤 시스템이 어떤 업무 프로세스에 사용되고, 분석 업무에 사용되는지, 아니면 차단 대응에 사용되는지 현황을 파악한다. 아울러 자동화 솔루션과 연동하기 위해서 API 등 연동 방법을 제공하는지 파악이 필요하다. 예를 들어 현재는 보안 관제 업무에 활용하지 않는 보안 솔루션의 특정 기능이 있고, 만약 API를 제공해 자동화할 수 있다면 보안 분석 및 대응을 자동화해 더욱 강화할 수도 있다.

자동화 업무 분석

프로젝트 범위로 선정한 업무 프로세스를 분석해 플레이북 구현 우선순위를 지정한다. 각 우선순위에 맞도록 플레이북 구현에 필요한 연동 목록을 분석하고, 현재는 연동 앱이 없어서, 커스텀 개발이 필요한 연동 대상을 식별한다.

2.3.3. Phase 3: 설계

Phase 1과 Phase 2에서 조사한 분석 정보를 기반으로 구체적인 설계를 진행한다. 안정적인 운영과 성능을 제공할 수 있도록 아키텍처를 구성하고, 플레이북 구현을 위한 설계도에 해당되는 유스 케이스 정의서를 작성한다. 결과물을 어떻게 표현할지 대시보드 구성(안)도 정의한다. 이외에 플레이북에서 공통적이면서 반복적으로 사용되는 프로세스는 모듈화해 서브 플레이북으로 구성하기 위해 설계한다.

인프라 구성 설계

자동화 솔루션을 안정적으로 운영하고 성능을 제공하는 하드웨어 아키텍처 구성을 설계한다. 단일 서버 형태로 구성할 수도 있고, 기능을 여러 서버로 분산해 구성하는 형태일 수도 있다. 경보 이벤트 처리량을 고려해 인프라 구성을 설계한다. 또는 별도의 하드웨어 없이, 클라우드 서비스로 제공하는 SaaS 형태로 구성할 수도 있다.

유스 케이스 정의

프로젝트 범위에 해당되는 보안 관제 업무 프로세스를 상세화해 유스 케이스 정의서로 작성한다. 유스 케이스란 일반적으로 소프트웨어 공학에서 사용되는 용어로 소프트웨어 개발 프로젝트에서 요구사항을 명확하게 정리하기 위해 활용 시나리오를 정의하는 작업을 말한다. 보안 관제 자동화 프로젝트에서도 유사하다. 보안 관제 업무 프로세스를 디지털화된 플레이북으로 구현하기 위해서 보안 관제 업무 시나리오를 명확하게 정리하는 작업이다. 문서 양식을 제공하고 있으며 양식을 활용해 구체적인 내용을 정리한다.

경보 이벤트(인시던트) 유형 정의

보안 관제 자동화 솔루션은 경보 이벤트유형별로 매핑된 플레이북이 연결돼 자동으로 실행된다. 경보 이벤트의 유형은 중요한 유형 분류 기준 역할을 한다. 새로운 보안 관제 업무 프로세스를 추가하고자 할 때 경보 이벤트 유형을 정의한다(예: 악성 코드 공격 탐지 유형, 웹 애플리케이션 공격 탐지 유형, 디도스DDoS 공격 탐지 유형 등).

공통 업무 모듈 정의

경보 이벤트 유형은 다르지만, 자동화 플레이북이 실행될 때 공통적으로 수행되는 업무들이 있다. 시작 단계에서 보안 분석가를 배정하는 업무, 경보 이벤트에 대해 상태값을 '처리 중'으로 변경하는 작업, 자동화 업무 완료 후 마지막 단계에서 보고서를 작성하고 이메일 발송하는 업무들은 공통적으로 수행되기 때문에 공통 업무 모듈로 작성할 수 있다. 설계 단계에서 이러한 업무들을 모아서 서브 플레이북으로 설계한다.

2.3.4. Phase 4: 구현 및 적용

이제 플레이북을 실제 구성하는 단계이며, 보안 시스템 또는 업무 시스템 등과 연동을 진행하고, 연동 앱이 없는 경우 커스텀 연동 모듈을 개발한다.

설치, 정책 설정, 테스트

현황 조사 분석과 설계 단계에서 정의한 내용들을 구현한다. 보안 분석가 계정을 SOAR 솔루션에 등록하고 역할별로 권한을 부여한다. 경보 이벤트(인시던트) 유형을 정의하고 플레이북에 해당 유형을 연결한다. 대시보드 및 보고서에 정보를 표현하기 위해 필드를 설정한다.

연동 모듈, 커스텀 스크립트 구현

자동화 구현을 위해 연동 모듈의 접속 정보(계정, API 토큰 값) 등을 설정하고 테스트한다. 추가로 필요한 연동 모듈을 개발하고 테스트한다. 자동화 스크립트도 개발해 플레이북에 활용한다.

플레이북 구현

경보 이벤트(인시던트) 유형별로 자동화 처리를 위한 플레이북을 구현한다. 플레이북 구현 시 디버그 코드를 남기도록 해 설계대로 구현됐는지 확인할 수 있다. 또한 시각화 플레이북 에디터를 이용해 구현한다. 플레이북 유지 관리와 디버깅을 용이하게 하기 위해 서브 플레이북 형태로 모듈화해 작성한다. 유스 케이스 정의서에 일치하도록 작성하고 변경에 대한 업데이트도 유스 케이스 정의서를 통해 관리한다.

대시보드, 워크북, 보고서 구현

플레이북을 통해 처리가 완료되면, 분석한 내용에 대해 보안 분석가가 쉽고 명확하게 파악할 수 있어야 한다. 분석 내용과 필요한 처리 결과 내용은 대시보드 또는 워크북에 자동으로 입력돼 표현할 수 있다. 플레이북의 처리 결과를 SIEM 솔루션에 모두 저장해 SIEM 솔루션 대시보드에서 종합적으로 처리 결과까지 확인할 수 있도록 구성하는 방안이 효과적이다.

2.3.5. Phase 5: 운영

보안 운영 및 관제 자동화 프로젝트가 완료된 이후, 테스트 및 시범 운영 단계로 진행된다.

보안 관제 프로세스는 지속적으로 개선돼야 하고, 새로운 유형의 경보 이벤트가 생성되거나, 새로운 보안 솔루션이 도입되면 보안 관제 프로세스도 이를 반영해 개선이 필요하다. 프로젝트 완료 이후 운영 단계에서 어떻게 플레이북을 관리하는지 운영 프로세스에 대해 정의한다. 주기적으로 자동화 시스템의 운영 상황을 점검하고 최적화한다.

개발 업데이트 운영 프로세스

신규 플레이북과 커스텀 스크립트를 개발 및 테스트를 수행하기 위해 개발 서버를 사전에 구성해 테스트를 수행한다. 검증이 완료된 이후에 플레이북과 커스텀 스크립트는 로컬 리포지터리 또는 Git 리포지터리에 저장해 관리한다. 이후 운영 서버에 신규 콘텐츠를 업로드하거나 Git 리포지터리에서 다운로드해 자동화 시스템에 반영한다.

경보 이벤트 유형 추가

신규 유형의 플레이북 개발은 유스 케이스 정의서 양식에 맞춰 업무 흐름을 작성한다. 이때 경보 이벤트 유형의 이름도 양식에 작성한다. 즉, 새로운 보안 관제 업무 프로세스 반영이 필요할 때, 경보 이벤트(인시던트) 유형을 정의하고, 이후 신규 플레이북은 유스 케이스 정의서를 참고해 작성한다. 그리고 경보 이벤트 유형과 플레이북 간 매핑을 설정한다. 플레이북의 자동 실행 여부 또한 설정한다. 플레이북은 자동 또는 수동으로 실행할 수 있다.

운영 점검 및 최적화

안정적으로 시스템이 운영되는지 정기적인 점검 항목에 대해 정의한다. 자동화 시스템에서 발생하는 주요 알림에 대한 트러블 슈팅 가이드를 작성한다. 제조사에서 제공하는 성능 점검 및 튜닝 옵션에 대해 정리하고 반영한다. 신규 버전의 제품이 릴리스되면 업데이트 일정을 수립한다. 테스트 서버에서 업데이트 테스트를 진행하고, 문제없이 동작하면 운영 서버에 반영한다.

CHAPTER

03

자동화 플레이북 활용 사례

이제 좀 더 구체적으로 정보보안 관제 업무에 활용할 수 있는 자동화 활용 사례를 알아보자. 3장은 SOAR 플레이북 유스 케이스에 대해 구체적으로 설명한다. 3장을 통해서 보안 관제 업무를 실제 플레이북으로 구현하게 되면 결과물이 어떻게 나오는지, 그리고 사전에 무엇을 어떻게 준비해야 하는지 이해할 수 있다. 정보보안 관제 프로세스유형별로 구분해 유스 케이스를 정리했다. 이외에도 많은 보안 운영 업무에 확장할 수있다. 3장을 통해서 독자 여러분이 보안 관제 자동화에 대한 통찰을 얻어서 다양하게활용할 수 있는 아이디어를 발굴할 수 있기를 기대한다.

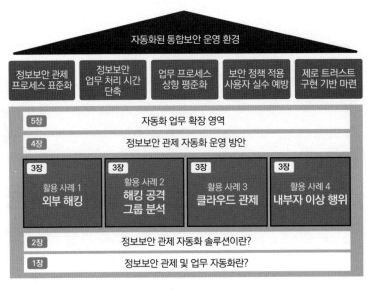

그림 3-1 정보보안 관제 자동화 활용 사례

이 책은 보안 관제 및 보안 운영 업무를 크게 네 가지로 분류했다. 그중 제일 많은 사례를 외부 해킹 공격 관점에서 자동화할 수 있도록 네 가지 구체적인 사례를 정리했다. 그리고 해킹 공격 그룹들의 공격을 탐지하고 대응하기 위해 MITRE 공격 프레임워크를 활용하고 점수 기반으로 탐지하는데 이를 자동화해 대응할 수 있는 해킹 공격 그룹 분석 사례를 정리했다. 최근 업무 환경이 데이터 센터 중심의 온프레미스에서 클라우드 환경으로 많이 바뀌고 있다. 이러한 환경에 적용할 수 있는 AWS 클라우드 위협 탐지 대응 사례도 정리했다. 마지막으로 정보 유출 탐지에 대응할 수 있는 사례를 추가해 총 네 가지 유형별로 자동화 활용 사례를 설명한다.

표 3-1 유형별 플레이북 활용 사례

번호	유형	사례
1	외부 해킹 공격 관점 대응	• 악성 코드 공격 대응 업무 • 스팸 메일 탐지 대응 업무 • 웹 애플리케이션 공격 대응 업무 • KISA 보안 공지 및 취약점 정보 모니터링
2	해킹 공격 그룹 분석	• 해킹 그룹 위험도 점수 기반 탐지 대응 업무
3	클라우드 관제	• AWS 클라우드 위협 탐지 대응 업무
4	내부자 이상 행위	• 내부 정보 유출 이상 징후 탐지 대응 업무

이외에도 보안 운영 및 장애 분석 업무로도 확장 가능하다. 이제 첫 번째 활용 사례로 악성 코드 공격 대응 업무 프로세스를 살펴보자.

3.1. 악성 코드 공격 대응 업무 프로세스

3.1.1. 악성 코드 공격 개요

악성 코드^{Malware, Malicious Software}는 사용자의 의사와 관계없이 PC, 서버 등에 설치돼 시스템을 파괴하거나 정보 유출 등의 악의적인 활동을 수행하도록 의도적으로 만들어진 소프트웨어를 말한다. 즉, 악의적인 소프트웨어를 총칭한다. 최근 악성 코드 공격은 기업 및 개인을 대상으로 광범위하게 이뤄지고 있고 보안 관제 시스템에서 가장 많이 탐지되는 공격 중 한 가지이다. 악성 코드 공격 탐지 이벤트가 발생하면, 정보보안 관제 센터는 공격 내용을 빠르게 확인하고, 공격의 진위와 진행 상황을 조사한다. 조사 결과에 따라 빠르고 정확한 대책을 적용해 내부 확산 및 정보 유출 등의 추가 피해를 방지해야 한다. 그림 3-2는 SK 쉴더스에서 발표한 「2023 보안 위협 전망 보고서」[1]의 내용 중에서 2022년에 발생한 유형별 침해사고 발생 통계를 기록한 것이다. 유형별 발생 통

---

1   https://www.skshieldus.com/download/files/download.do?o_fname=EQST%20Annual%20Report%202023%20
%EB%B3%B4%EC%95%88%20EC%9C%84%ED%98%91%20%EC%A0%84%EB%A7%9D%20%EB%B3%B4%EA%B3
%A0%EC%84%9C.pdf&r_fname=20221208172222247.pdf

계 기록을 보면 악성 코드 감염이 32%로 가장 높은 비중을 차지하고 있다. 정보보안 관제 센터에서 가장 많은 경보 이벤트를 탐지하고 분석하는 사례 중 하나가 악성 코드 공격 대응이다.

첫 번째 자동화 활용 사례 주제로 악성 코드 공격 대응 업무를 살펴보자.

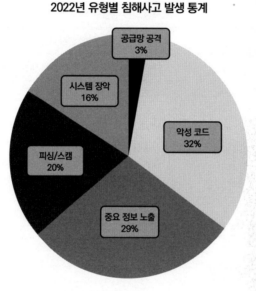

2022년 유형별 침해사고 발생 통계

그림 3-2 2022년 유형별 침해사고 발생 통계(출처: 「SK 쉴더스 2023 보안 위협 전망 보고서」)

3.1.2. 주요 업무 내용 및 대응 소요 시간

악성 코드 공격을 탐지한 경보 이벤트는 공격 이름, 공격을 식별할 수 있는 패턴 정보 Signature, 악성 코드의 이름 및 파일 해시 정보 등을 포함한다. 통합보안 관제 시스템SIEM, Security Information and Event Management에서 그림 3-3과 같은 탐지 경보 이벤트를 발생시키며, 보안 분석가가 쉽게 현황을 파악할 수 있도록 주요 정보를 요약해 표현하게 된다.

그림 3-3 악성 코드 공격 탐지 경보 이벤트(예: Splunk SIEM 솔루션 화면)

공격 탐지 경보 이벤트가 발생하면 보안 분석가는 탐지 경보의 진위 여부를 파악하기 위한 관련된 정보를 추가로 검색하고 수집한다. 공격자 IP 정보가 있다면 공격자 IP에 대한 국가 정보 및 기존에 공격을 했던 공격자(또는 블랙리스트)에 해당되는지 정보를 수집한다. 공격 대상 IP(피해 IP)에 대한 정보(사용자 이름, 부서 이름), 공격 이름에 대한 상세 설명, 과거의 공격 이력 등을 수집한다. 보안 분석가는 이렇게 수집한 정보를 기반으로 1차 판단을 수행한다. 또한 내부에서 PC나 서버가 외부로 전파하는 악성 코드 공격이 발생하는 경우에도 동일한 방식으로 정보를 수집해 분석한다. 만약 1차 분석 과정에서 보안 분석가가 공격 여부를 명확하게 판단하기 어렵다면, 추가 분석 단계로 넘어간다. 공격에 사용된 악성 파일을 다운로드해 악성 코드 분석 시스템에 업로드해 파일을 분석하는 수동 분석 과정을 진행하거나 보안 분석을 지원해주는 보안 서비스 회사와 계약이 돼 있다면 관련 파일을 전달해 추가 분석을 요청할 수도 있다.

공격 탐지 경보 이벤트 분석 및 조치에 소요되는 시간

경보 이벤트에 대한 정보 조사 그리고 추가 분석에 소요되는 시간에 따라서 전체 분석 시간 및 조치 시간은 달라질 수 있다. 실제 보안 분석가들의 업무 시간을 조사한 보고서에 의하면 경보 이벤트 1건을 분석하고 조치하는 데 대략 15~60분 정도 소요됐다고 한다. 물론 실제 정보보안 관제 센터마다 보안 관제 정책과 대응 방법이 다를 수 있어서 시간 차이는 있을 수 있다. 또한 보안 관제 업무 프로세스의 복잡도, 업종 특성에 따라 프로세스가 다를 수 있고, 보안 분석가들의 역량에 차이가 있을 수 있기 때문이다.

자동화를 활용한 기대 효과

이미 많은 기업이 자동화를 통해 효과를 거두고 있다. 실제 자동화를 적용한 기업의 업무 단축 시간은 경보 이벤트 1건당 5분 안에 완료했다. 일반적인 경보 이벤트 처리를 1분 안으로 처리 시간을 단축한 경우도 많았다. 추가 분석이 필요한 경우는 약 5~10분 이내에 완료됐다. 이렇게 보안 관제 업무를 자동화하면서 경험이 축적된 보안 관제 센터는 점점 업무를 효율화/고도화해 시간을 더욱 단축할 수 있다. 다음과 같이 효과를 거둔 사례들을 찾아볼 수 있다.

- 자동화를 통한 악성 코드 공격 대응 시간을 약 50% 이상 단축할 수 있었고 매일 1,000건 이상의 경보 이벤트를 빠르게 대응해 약 4MM^{2}의 시간과 비용을 절약할 수 있었다.

- (사례) 현재 보안 분석가 인력 규모로는 악성 코드 공격 탐지 이벤트를 모두 조사할 수가 없었고, 중요도가 높은High 수준의 탐지 이벤트만 조사하고 대응했는데, 자동화 적용 후 중요도가 중간 또는 낮은Medium or Low 수준의 탐지 이벤트까지 처리 범위를 넓힐 수 있었다. 결과적으로 정보보안 관제 범위의 기본 정책을 모든 이벤트 전수 조사로 변경했다. 기존에는 인력의 한계로 조사할 수 없었던 우선순위가 낮은 경보까지 모두 추가해 분석하고 조사할 수 있게 됐다.

- 보안 시스템에 차단 정책을 입력할 때 IP 정보를 잘못 입력해 업무에 지장을 초래할 수 있는 휴먼 에러를 방지할 수 있었다. 기존에는 분기별로 1~2건 이상씩 조치를 잘못 취해 서비스 장애가 발생했고 업무에 심각한 영향을 끼쳤는데, 자동화로 구현한 이후에 보안 시스템 차단 정책 입력에 휴먼 에러를 제거했다(연간 3건 이상 발생, 장애 발생 시 평균 1~8시간 복구 시간 예방 효과).

---

2   MM은 맨먼스(M/M, Man Month)로 부르며 일반적으로 프로젝트에 투입되는 월 인원을 나타내는 숫자를 말한다. 즉, 4맨먼스는 한 달 동안 4명이 필요하다는 의미이다.

3.1.3. 악성 코드 공격 탐지 및 분석 흐름도

본격적으로 악성 코드 공격 대응 업무 프로세스를 살펴보자. 기업들은 다양한 정보보안 시스템을 설치해 사이버 위협을 탐지하고 있다. 그림 3-4와 같이 다양한 보안 시스템에서 발생하는 로그와 경보 이벤트를 ① SIEM 솔루션을 활용해 통합하고 로그와 경보 이벤트 간의 연관성을 분석해 새로운 경보 이벤트로 생성한다. 경보 이벤트가 생성되면 보안 분석가는 연관된 여러 보안 시스템(① SIEM ② 침입 탐지 시스템 ③ 백신/EDRᴱⁿᵈᵖᵒⁱⁿᵗ Detection Response ④ 웹 프록시 등)에서 정보를 추가로 검색하고 수집한다. 피해 대상 내부 시스템 정보도 조사한다. 공격자와 파일 해시 등에 대한 평판 정보를 수집해 종합적으로 분석하고 통합보안 관제 시스템 또는 내부 티켓팅 시스템에 케이스를 생성해 정보를 입력하고 처리 이력을 관리한다. 이메일 및 문자 메시지 등으로 담당자에게 알리는 활동도 수행한다.

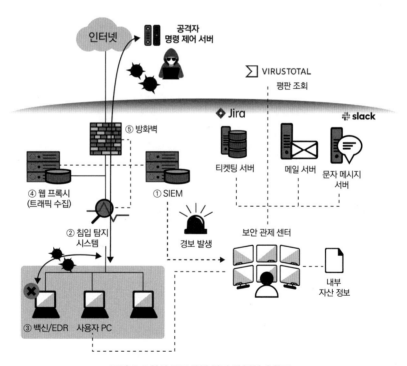

그림 3-4 악성 코드 공격 탐지 및 분석 흐름도

위에서 사용된 보안 시스템/솔루션을 아래에 간략히 설명했다.

- SIEM: 보안 정보 및 이벤트 관리 솔루션으로 정보보안 관제 센터에서 이기종의 로그와 이벤트를 통합해 저장한다. 위협을 탐지하기 위한 상관 분석 룰을 생성 및 관리해 보안 위협 경보 이벤트를 생성한다. 대시보드, 보고서를 제공해 보안 관제 센터의 핵심적인 기능을 수행한다.

- 방화벽Firewall: 건축 용어에서 방화벽이란 화재로 인한 피해를 줄여줄 수 있는 물건을 의미한다. 즉, 화재 확산을 막아주는 구조물이다. IT에서도 미리 정의된 보안 규칙에 의해서 네트워크 트래픽을 모니터링하고 차단, 통제하는 솔루션이다.

- 침입 탐지 시스템Intrusion Detection System: 네트워크 트래픽을 모니터링하고 분석해 수상하거나 악의적인 트래픽을 탐지하는 솔루션이다.

- 백신/EDR: 백신이란 원래 사람이나 동물이 감염, 바이러스, 질병과 싸울 수 있도록 준비해주는 것을 말하는데, 컴퓨터에서도 백신이란 악성 코드를 실시간 검사해 사용자의 컴퓨터가 악성 코드에 감염되지 않도록 차단하거나 치료하는 프로그램을 말한다. EDR은 엔드포인트의 보안을 강화하고 사이버 공격에 대응하기 위해 엔드포인트의 행위 이력을 모두 기록하고 대응까지 하는 솔루션을 말한다.

- 웹 프록시: 프록시Proxy는 '대리'의 의미로, 인터넷과 관련해 내부 네트워크에서 인터넷에 접속할 때 빠른 접근과 안전한 통신을 위해 사용하는 중계 솔루션을 말한다. 즉, 내부 사용자는 웹 프록시를 통해 인터넷에 접속하기 때문에 웹 접속 기록을 모두 기록할 수 있고, 유해 사이트 및 비업무 사이트 등을 차단할 수 있다.

- 지라Jira: 아틀라시안Atlassian사에서 개발한 이슈 트래킹Issue Tracking 시스템으로 프로젝트나 업무에서 발생하는 이슈를 관리한다. 이슈는 업무(작업 내용), 문제점, 개선 사항 등을 목록으로 정리하고 우선순위도 부여해 진행 과정을 추적하는 시스템이다.

- 슬랙Slack: 업무에서 협업할 수 있는 메시징 도구이다. 즉, 기업용 메시징 앱이다. 카카오톡처럼 대화하거나 실시간 알림 및 파일 공유 등을 할 수 있다.

위와 같은 보안 솔루션, 시스템, 도구들이 정보보안 관제 센터에서 사용될 수 있다. 특히 Jira, Slack 외에도 유사 기능을 수행하는 다른 솔루션이 있다. Jira, Slack을 국내외 많은 기업이 사용하고 있어서 이 책은 이슈 트래킹(티켓팅) 시스템과 메시징 도구 예시로서 사용했다. 그러므로 실제 기업에서 사용하는 이슈 트래킹과 메시징 도구는 다를 수 있다.

SIEM 솔루션은 악성 코드 공격을 탐지할 수 있는 다양한 상관 분석 탐지 정책Correlation Rule을 제공한다. 이러한 탐지 정책을 활용해 경보 이벤트를 생성한다. 정보보안 관제 센터는 탐지 정책을 튜닝하고 사용자 정의custom 정책을 추가해 관리한다. 표 3-2와 같은 SIEM 탐지 정책들을 활용해 악성 코드 공격을 탐지하고 이후 대응 업무 프로세스를 수행한다. 표 3-2는 Splunk사의 SIEM 정책을 참고했다.

표 3-2 악성 코드 공격 탐지 정책 룰 예시(Splunk사 SIEM 참고)

번호	SIEM 상관 분석 탐지 정책 예시	설명
1	ESCU – Windows Processes Killed by Industroyer2 Malware – Rule	악성 코드가 종료시키는 프로세스들을 확인해 공격을 탐지함 ※ Industroyer2는 에너지 시설의 Windows 시스템을 대상으로 공격
2	High Or Critical Priority Host with Malware Detected	특정 PC나 서버에 악성 코드 탐지 이벤트가 증가하는 경우 탐지 우선순위가 '높음'이거나 '심각'일 경우, 경보 이벤트를 생성함
3	Host Not Updating Malware Signatures	특정 PC나 서버에 설치된 보안 솔루션의 악성 코드 탐지 패턴이 업데이트되지 않는 경우 탐지 악성 코드에 감염돼 공격 패턴에 대한 갱신 기능을 중지시켰을 수 있음
4	Host With a Recurring Malware Infection	특정 PC나 서버에서 악성 코드 감염이 지속적으로 반복해서 탐지되는 경우, 경보 이벤트를 생성함
5	Host With Old Infection or Potential Re-Infection	특정 PC나 서버에서 오래된 악성 코드가 감염된다면 경보 이벤트를 생성함(재감염일 가능성이 있음)
6	ESCU – Clop Ransomware Known Service Name – Rule	클롭 랜섬웨어가 생성하는 서비스 이름들이 PC나 서버에서 높은 권한으로 실행되는지 확인해 경보 이벤트를 생성함 ※ 클롭 랜섬웨어란 기업의 중앙 관리 서버(AD 서버)의 관리자 계정을 탈취하고 OS 정보, 권한, 사용자 이름, 컴퓨터 이름 등 기본 정보를 획득해 내부 시스템을 암호화하고 대가를 요구함

번호	SIEM 상관 분석 탐지 정책 예시	설명
7	ESCU – Common Ransomware Extensions – Rule	랜섬웨어가 사용하는 확장자가 있는지 확인해 경보 이벤트 생성
8	ESCU – Common Ransomware Notes – Rule	랜섬웨어 노트로 일반적으로 사용되는 파일 이름이 있는지 확인해 경보 이벤트 생성
9	ESCU – Known Services Killed by Ransomware – Rule	랜섬웨어가 파일을 암호화하기 전에 랜섬웨어가 알려진 서비스를 종료시키는 경우, 경보 이벤트를 생성함
10	ESCU – Ransomware Notes bulk creation – Rule	감염된 컴퓨터에 랜섬웨어 노트(파일 유형 예: .txt, .html, .hta) 파일이 대량으로 생성된 경우, 경보 이벤트를 생성함

> ESCU는 Enterprise Security Content Update의 약자로, Splunk SIEM에서 탐지 정책을 지속적으로 업데이트해주는 콘텐츠를 의미한다.

표 3-2의 예로 설명한 악성 코드 상관 분석 탐지 정책으로 위협 이벤트가 탐지되면, 분석 및 대응을 위해 보안 분석가의 수동 업무 프로세스가 시작된다. 이제 이 책의 목적인 수동 업무 프로세스를 자동화하기 위해 구체적으로 보안 관제 프로세스 즉, 업무 흐름을 정리해보자.

3.1.4. 주요 업무 흐름

많은 기업이 공통적으로 수행하는 악성 코드 공격 탐지에 대한 업무 흐름을 그림 3-5에 일반화해 도식화했다. 기업마다 보안 관제 프로세스가 동일하지 않고 차이가 있다. 조직마다 운영 중인 보안 시스템과 운영 환경이 다르고, 그동안 축적한 보안 관제 노하우가 다르기 때문에 보안 관제 프로세스 역시 차이가 있다.

> 상세한 보안 관제 프로세스가 궁금한 분은 한국인터넷진흥원의 가이드라인이나 기업/기관의 침해 대응 업무 매뉴얼을 참고하기 바란다.

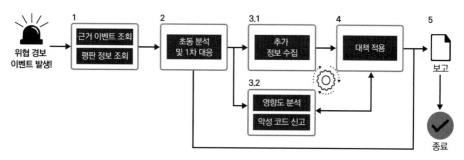

그림 3-5 악성 코드 공격 대응 – 주요 보안 관제 업무 흐름도

악성 코드 보안 관제 주요 업무는 그림 3-5와 같이 경보 이벤트 발생부터 보고서 작성까지 총 5단계로 구분할 수 있다. ①단계는 정보 수집 및 평판 조회 단계이며, ②단계는 초동 분석 및 1차 조치 단계, ③단계는 추가 정보 수집 및 심층 분석 단계이다. ④단계는 대책을 적용하는 대응 단계이며, 마지막 ⑤단계는 종료 단계이다. 마지막 종료 단계는 ④단계와 통합할 수도 있다. 이 책은 이해를 돕기 위해 구분해 설명했다. ②단계인 1차 조치 단계는 수집 및 분석한 결과에 따라 몇 가지 상황으로 분기해 서로 다른 업무 처리를 수행하게 된다. 특히 ③ 심층 분석 단계에서는 보안 분석가의 의사 결정이 필요하다. 즉, 조사 내용 및 분석 결과를 보안 분석가가 면밀히 살펴보고 선택할 수 있는 옵션(값 입력)이 필요하다. 위협 경보 이벤트를 수집하고 ①단계부터 ⑤단계까지의 전체 업무 소요 시간을 측정해 SLA^{Service Level Agreement} 기준 시간 내에 완료했는지 모니터링한다.

> SLA란 서비스 수준 협약으로 해석할 수 있으며, 경보 이벤트를 처리하는 데 필요한 작업 시간을 정해놓고, 기한 내에 처리될 수 있도록 하는 것이다. 성과를 측정하는 기준으로 사용된다. 정보보안 관제 업무를 자동화하게 되면 얼마나 많은 시간을 절약하는지 확인하기 위해 소요 시간을 측정한다.

예를 들어 "악성 코드 공격 위협 탐지 이벤트는 1시간 내에 분석 및 완료 조치가 돼야 한다"로 정의돼 있다면, SLA는 1시간으로 정의할 수 있다. 또한 SLA는 위협 경보의 등급에 따라 유연하게 정의할 수도 있다(예: High 등급: 1시간 이내, Medium 등급: 2시간 이내, Low 등급 3시간 이내). 이제 각 단계별로 구체적인 업무 흐름을 상세하게 정의해 우리가 목표로 하는 자동화 플레이북 구현을 위한 기초 자료로 구성해보자.

3.1.5. 상세 업무 흐름도

그림 3-6은 단계별 업무 내용을 상세화했다. 사람 아이콘이 그려진 업무^{Task}는 분석가의 판단이 필요한 업무이다. 즉, 분석가의 판단에 의해 조건 분기가 이뤄져 판단에 따라 다른 업무를 수행하도록 구성된다.

다음 그림을 보면 전체 흐름이 한눈에 파악될 것이다. 하지만 플레이북으로 구현하기에는 아직 정보가 부족하다. 플레이북으로 구현하기 위해서 유스 케이스 정의서를 작성해 각 세부 단계별로 자동화 처리 로직과 내용을 상세히 기술해야 한다. 그림 3-6에 대한 설명은 뒷부분에 나오는 플레이북 유스 케이스 정의서에서 상세히 설명하겠다.

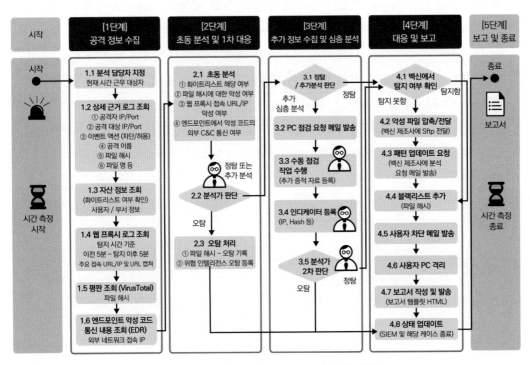

그림 3-6 악성 코드 공격 대응 – 상세 보안 관제 업무 흐름도

3.1.6. 시스템 연동 목록

업무 흐름을 상세하게 정의한 이후, SOAR 솔루션에 연동하기 위한 대상 시스템들과 필요한 자동화 행위가 무엇인지 구체적으로 정리한다. 대상 시스템 정보와 필요한 동작Action을 정의하고, 시스템에서 기술적으로 어떤 연동 방식을 사용하는지 파악해야 한다. 연동 작업을 수행할 때 중요도가 높은 순으로 우선순위를 파악해야 한다. 연동 대상의 우선순위를 파악해야 하는 이유는 자동화 구현을 위해 반드시 연동돼야만 하는 필수 시스템을 파악해 먼저 작업을 시작하기 위함이다. 만약 반드시 연동이 돼야만 자동화 구현이 되는 필수 시스템에서 연동 방식이 지원되지 않는다면 대상 시스템 제조사에서 연동 인터페이스 API를 개발하거나 또는 다른 방식을 협의해 자동화 연동을 구현해야 하기 때문이다.

표 3-3 연동 대상 시스템 및 연동 방식 조사

번호	유형	대상 시스템 예시 (버전)	연동 방식	필요 동작(Action)	우선순위 (예)
1	SIEM	Splunk Enterprise 9.1 Splunk ES 7.x	API	(1) 경보 이벤트 수집 (2) 로그 검색 (3) 인시던트 상태 업데이트	상
2	Firewall Web Proxy	CISCO 방화벽 또는 Symantec Bluecoat 등	API	(1) 트래픽 정보 수집	상
3	평판 조회	바이러스 토탈(VirusTotal)	API	(1) 평판 정보 조회 IP, URL, File Hash	상
4	EDR	백신 EDR 등	API	(1) 악성 코드 의심 통신 (2) PC 격리 명령	상
5	이메일	네이버 이메일	SMTP	이메일 송수신	중
6	파일 서버	ftp 서버	scp/sftp	악성 샘플 압축 전달	하
7	케이스 관리	Jira	API	케이스 관리 등록	하
8	메시지	Slack	API	메시지 알림	하

특히 대상 시스템의 버전 정보도 정확히 파악해야 한다. 국내 제품의 경우 대상 시스템의 버전에 따라 제공하는 연동 모듈(API)이 다른 경우가 있었다. 만약 대상 시스템에서 연동 방법이나 필요 동작에 대한 API 가이드(문서)를 제공하지 않는다면, 개발 로드맵에 반영이 돼 있는지 확인하거나, 제조사에 개발을 요청해야 한다. 물론 이미 연동 모듈이 개발돼 있다면 문제가 없으나 연동 모듈 자체가 없어서 개발이 필요한 경우는 다음 정보를 확인해야 한다. 연동 모듈 개발은 고수준의 프로그래밍 개발 역량을 필요로 하지 않기 때문에 다음 정보를 확인해 직접 개발할 수도 있다.

- 대상 시스템의 연동 모듈을 직접 개발할 경우 필요한 준비 사항

  - 연동 통신 방식(통신 프로토콜/포트 번호)

  - REST API 문서

  - 테스트할 수 있는 방법

SOAR 솔루션들은 연동 모듈을 앱 형태로 제공하며, 인증 및 기본 정보만 설정하면 쉽게 연동이 완료된다. 그림 3-7은 Splunk 솔루션 연동 앱에서 제공하는 동작을 표시하고 있다. Splunk는 보안 관제 및 분석을 위한 SIEM 솔루션이다. 다양한 로그와 보안 시스템의 이벤트를 모두 수집하고 상관 분석 룰을 작동시켜 보안 위협 경보 이벤트를 생성한다. Splunk는 REST API를 제공하고, SOAR 솔루션은 Splunk API를 활용해 연동할 수 있는 앱을 이미 제공하고 있다. 다음 그림은 여섯 가지의 동작을 제공한다. Post data, Update Event, Run Query, On Poll, Get Host Events, Test Connectivity이다. 즉, API 방식으로 Splunk에서 데이터를 읽어오거나, 쿼리를 수행해 결과를 받아 오거나 Splunk에 상태값을 업데이트하는 작업을 쉽게 수행할 수 있다.

그림 3-7 Splunk SIEM을 연동 모듈에서 제공하는 동작 목록

보안 솔루션 연동 개발이 필요할 경우, 연동 방법과 예제를 설명한 가이드 문서가 필요하다. 이미 많은 제조사들은 연동 방식에 대해 상세하게 문서로 공개하고 있다. 다음 그림은 Splunk 솔루션에 대한 REST API 연동 가이드 문서 화면이다. 이 문서에서 제공하는 정보를 기반으로 그림 3-7의 연동 모듈이 구현됐다(참고: https://docs.splunk.com/Documentation/Splunk/9.1.1/RESTUM/RESTusing).

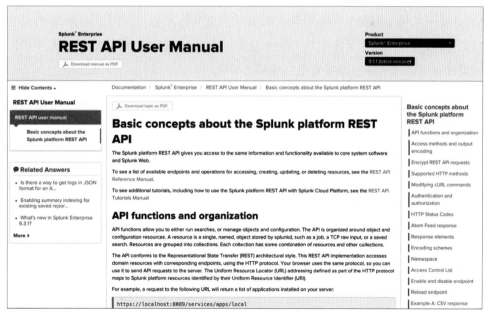

그림 3-8 Splunk REST API 가이드

REST API: REST는 REpresentational State Transfer의 약자로 소프트웨어 프로그램 아키텍처의 한 형식을 말한다. REST는 기본적으로 웹의 기술과 HTTP 프로토콜을 그대로 활용하기 때문에 웹의 장점을 최대한 활용할 수 있는 아키텍처 스타일이다. RESTful이라는 용어도 사용되는데, REST라는 아키텍처를 구현하는 웹 서비스를 말하며 REST API를 제공하는 웹 서비스를 RESTful하다는 의미로 말한다.

3.1.7. 플레이북 유스 케이스 정의서

지금까지 조사하고 분석한 정보를 바탕으로 이제 유스 케이스 정의서를 작성하는 단계이다. 유스 케이스란 일반적으로 소프트웨어 공학에서 사용되는 용어로 소프트웨어 개발 프로젝트에서 요구 사항을 명확하게 정리하기 위해 활용 시나리오를 정의하는 작업을 말한다. 보안 관제 자동화 프로젝트도 유사하다. 보안 관제 업무 프로세스를 디지털화된 플레이북으로 구현하기 위해 보안 관제 업무 시나리오를 명확하게 정리하는 작업이다. 그림 3-9 양식을 활용해 구체적인 내용을 정리하게 된다. 추가로 확인이 필요한 부분은 보안 분석가와의 인터뷰를 통해 명확히 파악할 필요가 있다. 많은 기업에서 보안 관제 프로세스를 문서화해 관리하고 있지만 상세한 판단 기준까지는 명시돼 있지 않고 분석가의 판단과 상황에 의존하는 경우들이 많기 때문에, 이러한 상세한 부분을 파악해 문서로 정리하는 과정이 반드시 필요하다.

유스 케이스 정의서

보안관제 자동화 플레이 북에서 구현될 사용 사례를 정의하기 위한 템플릿.
사용 사례는 특정 경보 이벤트 유형에 대한 자동화 분석 및 대응 프로세스의 일부로 수행되는 프로세스, 로직 및 작업으로 정의함.

유스 케이스 정의

유스 케이스 이름 유스 케이스 이름으로 경보 유형에 매핑하게 됨	예시: 피싱, 악성코드 관제
트리거 경보 이벤트 발생 방법	
경보이벤트의 구조와 매핑 사고 대응 프로세스의 일부로 필요한 경보 이벤트 필드	
경보 이벤트 대응 프로세스 전반적인 응답 프로세스 및 로직	
강화 (Enrichment) 위협 인텔리전스 또는 내부 소스에서 IOC 강화	
수동 업무 단계 보안 분석가가 수동으로 수행해야 하는 모든 조사 단계	
사용자 상호 작용 조사를 완료하는 데 필요한 최종 사용자와의 대화식 단계	

중복 제거 로직 경보 이벤트 중복 발생시 처리 로직	

연동 대상 시스템

제품의 유형	제품 이름과 버전	필요한 기능
SIEM	Splunk ES 7.1	
Virus Total		
Email 시스템		

경보 이벤트 구성(사용자 정의 필드)

필드 이름	필드 유형	설명 및 값(Value)
Sender Email	Text	

그림 3-9 플레이북 유스 케이스 정의서 양식

표 3-4에 플레이북 유스 케이스 정의서 양식에 맞춰 악성 코드 공격 대응 업무에 관한 유스 케이스 정의서를 작성했다.

표 3-4 악성 코드 공격 대응 유스 케이스 정의서

항목	설명
유스 케이스 이름	악성 코드 공격 대응 플레이북
트리거 방법 자동화 플레이북 시작 방법	SIEM 솔루션에서 탐지 이벤트가 발생하면, 이를 수집해 자동화를 시작함 : 일반적으로 폴링 방식 활용 ※ 두 가지 방식 중 선택 (1) 폴링 방식: SOAR 솔루션에서 1분마다 정보를 조회하는 방식으로 SIEM(예: Splunk SIEM)에 새로운 경보 이벤트가 있는지 확인해 수집함. 신규 경보 이벤트가 있을 경우 플레이북이 시작됨 (2) 푸시 방식: SIEM 솔루션에서 경보 이벤트 발생 시, SOAR 솔루션에 API 방식으로 전달함. 신규 경보 이벤트가 전달되면 해당 유형의 플레이북이 시작됨

항목	설명
이벤트 구조와 매핑 사고 대응 프로세스의 일부로 필요한 경보 이벤트 필드	1. 공격 대상 IP/Port 2. 이벤트 액션(차단/허용) 3. 공격 이름 4. 파일 해시 5. 파일명
이벤트 대응 프로세스 전반적인 응답 프로세스 및 처리 로직	**[1단계] 공격 정보 수집** 1.1 분석 담당자 지정 1.2 공격 탐지 이벤트에 대한 근거 로그 조회 　　※ 공격자 IP 정보가 있는 경우, 공격자 국가 및 평판 정보 조회 　　　 이 책은 공격자 정보가 없는 이벤트로 테스트함 1.3 대상 시스템에 대한 자산 정보 조회 1.4 연관된 웹 프록시의 로그 조회 1.5 파일 해시에 대한 평판 정보 조회(VirusTotal 활용) 1.6 엔드포인트에서 외부 네트워크와 통신한 내역 조회 　　→ 분석한 내용을 저장함 **[2단계] 초동 분석 및 1차 조치** 2.1 초동 분석 　a. 보안 분석가는 수집한 정보를 확인함 　　– 대상 시스템이 화이트 리스트에 존재해 예외 처리 대상이 되는지 여부 　　– 파일 해시 값에 대한 평판 조회 결과 　　– 대상 시스템이 악성 웹 URL에 접속한 이력이 있는지 확인 　　– 대상 시스템에서 외부 명령 제어(C&C) 서버에 접속한 이력이 있는지 확인 2.2 위 내용을 검토해 분석가의 판단(선택) 과정 필요 　a. 오탐으로 판단 　　– 파일 해시 평판 조회 결과가 정상으로 기록 　　– 위협 인텔리전스 DB에 정상(오탐)으로 등록 　　– [4단계]로 이동해 케이스를 종료함 　b. 정탐 또는 추가 분석 판단 　　– [3단계]로 이동

항목	설명

이벤트 대응 프로세스
 	
전반적인 응답 프로세스 및 처리 로직
	[3단계] 추가 정보 수집
	
	3.1 분석가는 정탐 또는 추가 분석 선택
	
	    a. 정탐 판단
	
	      – [4단계] 대응 및 보고로 이동
	
	    b. 추가 분석 판단
	
	      – 3.2 추가 분석 시삭
	
	3.2 대상 시스템 소유자에게 PC 점검 요청 이메일 발송
	
	3.3 수동 점검 작업 수행하고 결과를 시스템에 수동 등록함
	
	3.4 발견한 인디케이터를 등록함
	
	3.5 분석가의 2차 판단 수행
	
	    a. 정탐 판단
	
	      – [4단계] 대응 및 보고로 이동
	
	    b. 오탐 판단
	
	      – [4단계]로 이동해 케이스를 종료함
	
	[4단계] 대응 및 보고
	
	4.1 정탐으로 판단했는데, 기업에서 사용 중인 백신에서 탐지 여부 확인
	
	    a. 백신에서 탐지함
	
	      – 4.4로 이동
	
	    b. 백신에서 탐지하지 못함
	
	      – 4.2로 이동
	
	4.2 백신 제조사에 탐지 패턴을 만들도록 악성 파일을 압축해 전달
	
	4.3 백신 제조사에 악성 파일 분석 후 패턴 업데이트 요청
	
	4.4 파일 해시에 대해 블랙리스트에 등록
	
	4.5 정탐으로 사용자에게 네트워크 차단 이메일 발송
	
	4.6 엔드포인트 보안 시스템을 활용해 사용자 PC 격리 수행
	
	4.7 처리 결과 보고서 작성 및 관리자에게 이메일 발송
	
	4.8 케이스 종료
	
	    a. SOAR, SIEM 솔루션에 케이스 종료 업데이트함
	
	※ 위 내용은 구체적으로 상세하게 서술할수록 좋다. 실제로는 좀 더 구체적이다.
	
	※ 백신 제조사에 요청하는 업무를 자동화한 사례이며, 사전에 백신 제조사와 서비스 계약이 돼 있어야 함

항목	설명
강화(Enrichment) 위협 인텔리전스 또는 내부 소스에서 IOC 강화	공격 대상(목적지) IP에 대한 사용자 정보 파일 해시에 대한 평판 정보 ※ 공격자(출발지) IP가 있다면, 국가 정보와 평판 정보 조회
수동 업무 단계 분석가가 수동으로 수행해야 하는 모든 조사 단계	**[3단계] 추가 정보 수집** 3.3 수동 점검 작업 수행하고 결과를 시스템에 수동 등록하는 단계
사용자 상호작용 조사를 완료하는 데 필요한 최종 사용자와의 대화식 단계	**[2단계] 초동 분석 및 1차 조치** 2.2 수집한 정보를 검토해 분석가의 결과 입력(오탐, 정탐 및 추가 분석) **[3단계] 추가 정보 수집** 3.5 분석가의 2차 판단 수행(오탐 또는 정탐)

탐지 이벤트를 처리하고 화면에 표현할 때 사용하는 주요 필드를 정의할 필요가 있다. SOAR 솔루션에서 제공하는 필드를 먼저 활용하고, 정의되지 않은 필드가 존재한다면 커스텀하게 추가하고 이러한 정보들을 필드 정의서로 관리한다.

표 3-5 주요 이벤트 필드 정의서

필드 이름	필드 설명	설명 또는 예시
src_ip	공격자(출발지) IP	192.168.105.214
dest_ip	공격 대상(목적지) IP	192.168.105.214
signature	공격 이름	Backdoor.PsEmpire
action	이벤트 액션	allowed 또는 blocked
file_hash	파일 해시	7A1367EFBA05B09E317909B040C3CDA9
file_name	파일명	bruce birthday happy hour pics.lnk
src_country	공격 국가	KR
src_reputation	공격 평판 정보	Malicious, Suspicious, Benign 등
dest_info	대상 정보	홍길동, Web Server

필드 이름	필드 설명	설명 또는 예시
whitelist_flag	화이트리스트 해당 여부	Yes 또는 No
pc_isolation	사용자 PC 격리 여부	Yes 또는 No
SLA	SLA 시간	10 min
result	인시던트 결과	In Progress, Closed 등

여기까지 정의하면 모든 준비는 완료됐으며, 플레이북 편집기를 활용해 플레이북을 구현하고 테스트하면 된다.

3.1.8. 구현 플레이북

유스 케이스 정의서를 참고해 자동화 플레이북을 구성한다. 하나의 플레이북으로 전체 업무를 구현하면 굉장히 많은 태스크로 구성하게 된다. 또한 테스트와 디버깅할 때도 전체를 한꺼번에 수행해야 하는 번거로움도 있고 관리하기도 어렵다. 그래서 프로그램 코딩과 유사하게 작업 단위로 플레이북을 구성하고, 각 플레이북을 하나로 연결해주는 메인 플레이북으로 구성하는 것이 바람직하다. 즉, 메인 플레이북과 메인 플레이북 안에서 호출되는 여러 서브 플레이북들로 구성할 수 있다. 악성 코드 공격 대응 플레이북은 4개의 서브 플레이북과 1개의 메인 플레이북으로 구성했다. 메인 플레이북은 업무 단계별 서브 플레이북을 순차적으로 호출한다. 테스트와 관리가 용이하도록 4단계의 주요 업무 흐름별로 구성해 작성했다. 실제 보안 관제 센터는 업무를 좀 더 세분화하거나 자유롭게 구성할 수 있다. 반복적으로 활용되는 작업들은 공통의 서브 플레이북으로 구성할 수 있다. 그리고 워크북 형태로 보안 관제 프로세스를 구성해 처리한 이력, 첨부파일, 관련 증거 코멘트들을 관리할 수 있다. 워크북을 해석하면 '작업 일지'로 해석할 수 있다. 플레이북으로 자동화해 처리한 결과를 워크북에 자동으로 업데이트하면, 사용자는 워크북에서 업무 흐름과 처리 이력을 쉽게 확인할 수 있다. 플레이북은 업무를 자동으로 처리하는 로직이고 워크북은 보안 관제 업무를 관리하기 위한 '작업 일지'이다. SOAR 솔루션 제조사마다 두 가지 개념을 통합해 구현하는 경우도 있지만 이 책은 플레이북과 워크북을 구분해 설명한다.

워크북 구성

워크북은 각 단계별 세부 작업 그룹을 지정할 수 있고 각 작업 그룹별로 담당자, SLA 시간, 플레이북을 지정할 수 있도록 템플릿화돼 있다. 그림 3-10에 상세 업무 흐름도와 유스 케이스 정의서에서 정의한 내용과 유사하게 워크북을 구성했다. 총 네 단계^{Phase}와 10개의 업무 그룹^{Task}으로 구성했다.

그림 3-10 악성 코드 공격 대응 워크북

그림 3-11은 악성 코드 공격 대응 플레이북을 구성하는 메인 플레이북이다. 메인 플레이북은 4개의 서브 플레이북을 호출하는 형식으로 구성했다.

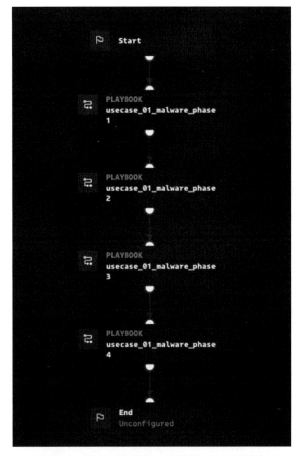

그림 3-11 악성 코드 공격 대응 플레이북 – 메인 플레이북

즉, 전체 로직을 이해하기 쉽고 관리와 디버깅을 쉽게 하기 위해서 유스 케이스 정의서에서 정의한 네 단계를 서브 플레이북으로 구성했다. 각 단계에서 어떠한 업무를 자동화했는지 살펴보자. 그림 3-11에서 사각형 박스는 태스크라고 부르며 하나의 작업 단위를 의미한다. 태스크는 서브 플레이북일 수도 있고, 개별 독립된 작업일 수도 있다. 태스크 박스를 클릭하면 세부 내용을 확인할 수 있는데 서브 플레이북 태스크일 경우 새로운 창에 플레이북이 열리게 되며, 내용을 확인하고 편집할 수 있다. 플레이북의 세부 태스크들을 모두 설명하기보다 주요 핵심 작업 위주로 설명한다. 이후에 나오는 다른 유스 케이스는 앞에서 설명하지 않은 새로운 태스크 위주로 설명할 예정이다.

[1단계] 공격 정보 수집

그림 3-12는 첫 번째 자동화로 악성 코드 공격 대응을 위한 정보 수집 서브 플레이북이다. 악성 코드 공격 탐지 이벤트를 조사하기 위해 연관된 정보 수집을 자동화했다. 그리고 상태 정보를 설정하게 된다. 해당 경보 이벤트는 누가 처리하는지 담당자 정보를 지정하고, 처리 상태를 '처리 중'으로 변경한다. 다만 공격자 IP가 있다면 공격 국가 정보와 외부 평판 조회 사이트에 IP 정보를 조회할 수 있다. 이 책의 예시 공격 이벤트는 공격자 IP를 포함하지 않았다. 공격 대상 IP(피해 IP)의 소유자(이름, 부서 등)에 대한 정보를 조회하고, 공격 이벤트에 포함돼 있는 파일 해시에 대한 평판 정보를 조회하고, 악성 코드로 판별된 정보가 있는지 확인한다. 그리고 해당 공격 대상에서 공격을 당한 이후에 외부로 통신 이력이 있는지도 조회한다. 이러한 내용을 자동화하면 공격 탐지 이벤트의 주요 항목과 근거가 되는 원시 로그들을 자동으로 빠르게 조회할 수 있고, 다음 단계에서 보안 분석가는 1차 판단을 수행할 수 있다. SIEM 시스템에서 발생한 경보 이벤트를 수집하게 되면 보안 관제 플레이북이 자동으로 수행된다. 그리고 1단계 업무를 자동으로 완료한다.

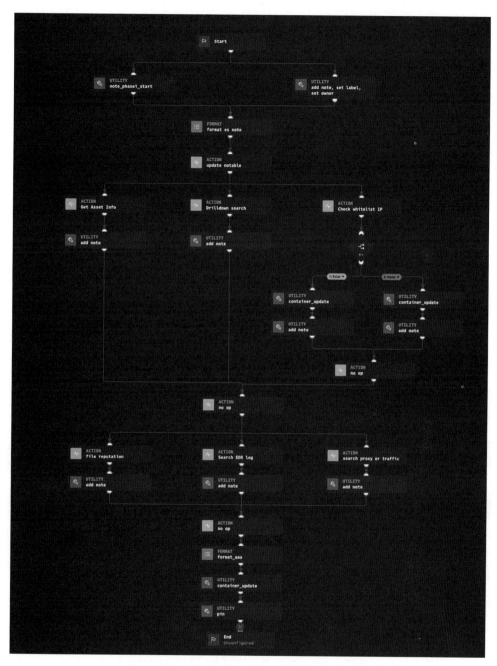

그림 3-12 악성 코드 공격 대응 - 1단계 정보 수집 서브 플레이북

독립적으로 수행될 수 있는 작업은 병렬로 구성해 동시에 수행할 수 있다. 단, 솔루션에서 처리 가능한 동시 태스크 개수를 확인하고 하드웨어 성능을 고려해 적절하게 구성해야 한다.

1단계 정보 수집 서브 플레이북이 자동으로 정보를 수집하고 그 결과를 화면에 표현하며 이 정보를 기반으로 보안 분석가는 2단계 공격 영향도 판단을 수행한다. 그림 3-13은 공격 대상 192.168.105.214에 대한 시스템 정보를 수집한 결과 화면이다. 즉, 자산에 대해 어느 부서에 누가 소유자이며, 자산의 중요도 등 연관된 정보를 조회하고 화면에 표현한다. Splunk의 연동 앱이 IP 자산 정보 조회 결과를 화면에 HTML 형식으로 표현하도록 미리 앱 안에 설정이 돼 있다. 다음 내용은 기본 양식을 그대로 표현한 예시이다. 앱을 수정한다면 화면에 표현하는 양식도 변경할 수 있다.

Results

▲ IP	CITY	BUNIT	OWNER	COUNTRY	NT_HOST	CATEGORY	PRIORITY	PCI_DOMAIN
['10.0.1.20', '192.168.105.214']	seoul	test server	ds choi	korea	test web server 001	['cardholder', 'internal', 'pci']	high	['cardholder', 'trust']

그림 3-13 공격 대상 정보 표현

그림 3-14는 파일 해시 값을 바이러스 토탈에 조회한 결과이다. 특정 해시 값에 대해 평판 조회를 했을 때 악성Malicious 60으로 판단하고 있다. 즉, 악성으로 판단하는 탐지 엔진의 종류가 60개이므로 악성일 가능성이 매우 높다. 지금 화면은 결과만 요약한 내용이며, 평판 조회한 세부 내용에는 악성 코드를 분석한 각 분석 엔진별 상세 결과가 내부에 저장돼 있다. 이러한 업무는 분석가가 하나씩 살펴보게 되면 시간이 소요될 수 있는 일인데, 자동화로 빠르게 수집하고 자동 요약해 보안 분석가에게 제공한다. 결과 화면은 앱 내부에 HTML 형식으로 설정돼 있다. 추가로 보여야 하는 필드와 화면 구성은 앱을 수정해 구성할 수 있다.

그림 3-14 1단계에서 공격 정보에 대한 평판 조회 화면

[2단계] 초동 분석 및 1차 조치

2단계 업무는 앞에서 수집한 정보를 확인하고 1차 대응하는 단계이다. 잘못 탐지한 공격 이벤트False Positive(오탐)로 판단하게 되면 사유를 입력하고, 마지막 4단계로 이동해 종료하게 된다. 마지막 단계는 상태값을 '완료'로 변경하고 종료한다. 공격으로 판단되거나 또는 추가 분석이 필요하다고 판단되면 다음 단계로 넘어간다. 이때 다른 분석가에게 이관(위임)할 수도 있다. 악성 코드 공격에 대한 전문성이 있는 분석가를 지정해 심층 분석을 요청할 수 있다.

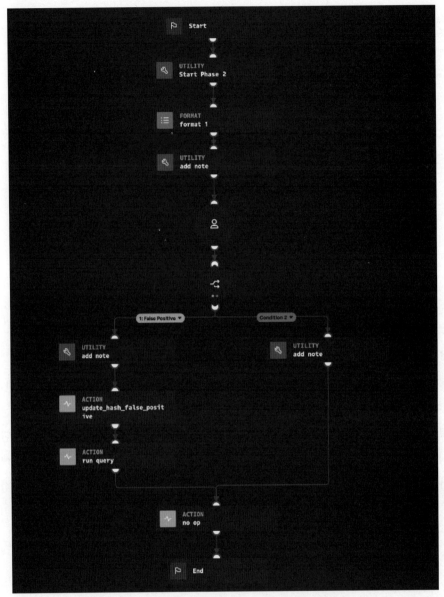

그림 3-15 악성 코드 공격 대응 – 초동 분석 및 1차 조치 서브 플레이북

그림 3-15의 서브 플레이북의 중간에 사람 아이콘이 보인다. 이는 보안 분석가의 판단(선택)이 필요한 태스크를 의미한다. 1단계에서 수집한 공격 정보를 기반으로 '오탐', '정탐 또는 추가 분석' 여부를 판단한다. 그림 3-16과 같이 '오탐' 또는 '정탐 및 추가

86

분석 필요' 어느 것을 클릭해 선택하는가에 따라 다음 업무가 자동으로 분기가 이뤄진다. 이외에도 예^{Yes}/아니오^{No}, 다중 보기 중에서 한 가지 선택, 코멘트 입력 등 다양하게 입력 값을 받아들일 수 있다. 플레이북 작성 시 응답 설정을 어떻게 정의하느냐에 따라 다양한 구성이 가능하다.

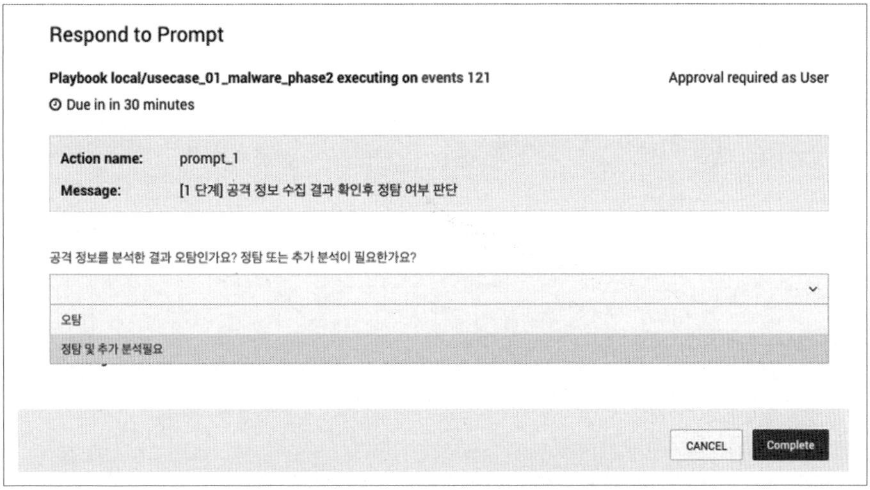

그림 3-16 악성 코드 공격 대응 – 보안 분석가의 판단

[3단계] 추가 정보 수집 및 심층 분석

2단계에서 '정탐 및 추가 분석 필요'를 선택했다면, 3단계로 이동해 진행된다. 그림 3-17 플레이북에서 다시 한번 '정탐' 또는 '추가 분석' 여부를 선택하게 된다. 각 서브 플레이북을 모듈화하다 보니 사용자에게 여러 번 응답받도록 구성이 됐다. 이러한 부분은 사용자에게 한 번만 응답을 받도록 구성할 수 있다. 이 책은 전체 흐름을 쉽게 플레이북으로 설명하고자 두 번 응답을 받도록 구성했다. 다시 본문으로 돌아가 만약 분석가가 명확히 정탐으로 판단되는 경우는 이유(근거)를 입력하고 마지막 보고 단계로 넘어간다. 추가적인 심층 분석이 필요한 경우, 소유자에게 이메일 등으로 조사 이유에 대해 설명하고, 조사 및 분석 과정을 진행한다. 이 부분은 자동화할 수 있는 보안 시스템이 있다면 여러 보안 솔루션/장비 등을 연동해 자동으로 처리할 수 있다. 뿐만 아니라 수동으로 조사할 수도 있다.

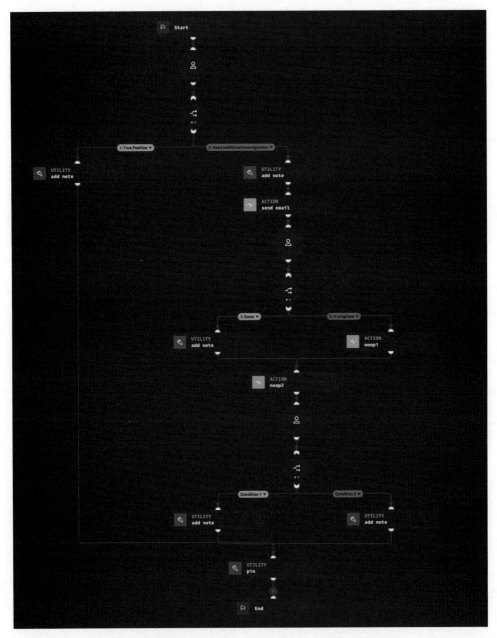

그림 3-17 악성 코드 공격 대응 – 추가 정보 수집 및 심층 분석 플레이북

[4단계] 대응 및 보고

마지막 단계로 그림 3-18 '대응 및 보고 서브 플레이북'을 구성해 설명한다. 운영 중인 백신 프로그램에서 악성 코드 탐지 여부를 확인한다. 탐지 여부는 바이러스 토탈에서 조회해 받은 평판 정보의 세부 내용 중에서 해당 제조사에서 탐지한 결과를 데이터로 사용한다. 안랩 백신을 사용한다고 가정해보자. 해당 악성 코드를 탐지했다면 탐지한 악성 코드명과 백신의 버전 정보를 알 수 있다. 이러한 정보가 없다면 제조사에 분석 요청과 패턴 업데이트 요청을 자동으로 처리하도록 할 수 있다(단, 기업에서 백신 제조사와 서비스 계약이 이뤄져 있어야 한다). 마지막으로 악성 코드의 해시 정보를 블랙리스트에 등록하고 전체 처리한 내용을 보고서로 생성해 시스템에 기록하고 이메일 등으로 처리 결과를 보고하고 종료하게 된다.

그림 3-19는 바이러스 토탈에 파일 해시 값 평판 조회해 받은 결괏값이다. JSON 형식으로 결과를 받았다. 수신한 내용에는 각 백신 제조사 이름과 탐지 여부, 엔진의 버전 등 상세한 내용을 표현한다. 음영으로 표현한 AhnLab-V3 제조사에서 샘플로 전달한 파일 해시 값을 탐지하지 못해 "Undetected"로 표기하고 있고 해당 엔진 버전을 알려주고 있다. 즉, 해당 버전은 샘플로 제공한 파일 해시를 탐지하지 못한다는 의미로 해석할 수 있다. 그렇다면 이후 제조사에 이러한 샘플 파일을 제공해 엔진이 업데이트될 수 있도록 해야 할 것이다. 그래서 플레이북에서 악성 코드 샘플을 압축하고 sftp 등으로 파일을 전달한다.

> 이 예제는 독자가 쉽게 이해할 수 있도록 국내 제조사로 예를 든 것이며, 실제 탐지하지 못한다는 의미가 아니므로 오해하지 않길 바란다. 실제로는 국내외 다른 백신 제조사보다 더 높은 탐지 성능을 발휘하고 있다.

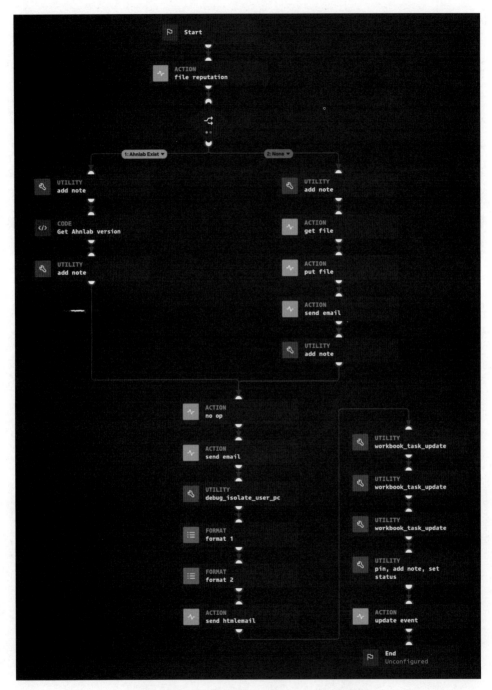

그림 3-18 악성 코드 공격 대응 – 대응 및 보고 서브 플레이북

icUnwnt@#11g6b89taivrh', 'vendor': 'Xcitium', 'category': 'malicious', 'engine_name': 'Xcitium', 'engine_update': '20230827', 'engine_version': '35950'), {'method': 'blacklist', 'result': 'Trojan.Application.Relev antKnowledge.57', 'vendor': 'Arcabit', 'category': 'malicious', 'engine_name': 'Arcabit', 'engine_update': '20230805', 'engine_version': '2022.0.0.18'}, {'method': 'blacklist', 'result': 'Adware.Relevantknowledge. 3110768', 'vendor': 'ViRobot', 'category': 'malicious', 'engine_name': 'ViRobot', 'engine_update': '20230826', 'engine_version': '2014.3.20.0'}, {'method': 'blacklist', 'result': 'not-a-virus:AdWare.Win32.Relevan t.r', 'vendor': 'ZoneAlarm', 'category': 'malicious', 'engine_name': 'ZoneAlarm', 'engine_update': '20230827', 'engine_version': '1.0'}, {'method': 'blacklist', 'result': None, 'vendor': 'Avast-Mobile', 'category': 'type -unsupported', 'engine_name': 'Avast-Mobile', 'engine_update': '20230825', 'engine_version': '230825-00'}, {'method': 'blacklist', 'result': None, 'vendor': 'Microsoft', 'category': 'undetected', 'engine_name': 'M icrosoft', 'engine_update': '20230827', 'engine_version': '1.1.23070.1005'}, {'method': 'blacklist', 'result': 'Detected', 'vendor': 'Google', 'category': 'malicious', 'engine_name': 'Google', 'engine_update': '20230 827', 'engine_version': '1693116025'}, {'method': 'blacklist', 'result': None, 'vendor': 'BitDefenderFalx', 'category': 'type-unsupported', 'engine_name': 'BitDefenderFalx', 'engine_update': '20230801', 'engine_v ersion': '2.0.936'}, {'method': 'blacklist', 'result': None, 'vendor': 'AhnLab-V3', 'category': 'undetected', 'engine_name': 'AhnLab-V3', 'engine_update': '20230827', 'engine_version': '3.24.0.10447'}, {'method': 'bl acklist', 'result': None, 'vendor': 'Acronis', 'category': 'undetected', 'engine_name': 'Acronis', 'engine_update': '20230811', 'engine_version': '1.2.0.120'}, {'method': 'blacklist', 'result': 'BScope.Adware.Relevan t', 'vendor': 'VBA32', 'category': 'malicious', 'engine_name': 'VBA32', 'engine_update': '20230825', 'engine_version': '5.0.0'}, {'method': 'blacklist', 'result': None, 'vendor': 'ALYac', 'category': 'failure', 'engine_na me': 'ALYac', 'engine_update': '20230827', 'engine_version': '1.1.3.1'}, {'method': 'blacklist', 'result': 'malware (ai score=98)', 'vendor': 'MAX', 'category': 'malicious', 'engine_name': 'MAX', 'engine_update': '202 30827', 'engine_version': '2023.1.4.1'}, {'method': 'blacklist', 'result': 'PUP.Optional.RelevantKnowledge.DDS', 'vendor': 'Malwarebytes', 'category': 'malicious', 'engine_name': 'Malwarebytes', 'engine_updat e': '20230826', 'engine_version': '4.5.5.54'}, {'method': 'blacklist', 'result': None, 'vendor': 'Ikarus', 'category': 'confirmed-timeout', 'engine_name': 'Ikarus', 'engine_update': '20230826', 'engine_version': '6.1.1 4.0'}, {'method': 'blacklist', 'result': 'PUP/RelevantKnowledge', 'vendor': 'Panda', 'category': 'malicious', 'engine_name': 'Panda', 'engine_update': '20230826', 'engine_version': '4.6.4.2'}, {'method': 'blacklist', 'r esult': 'Malicious', 'vendor': 'APEX', 'category': 'malicious', 'engine_name': 'APEX', 'engine_update': '20230825', 'engine_version': '6.447'}, {'method': 'blacklist', 'result': 'Adware.RelevantKnowledge!1.CC10 (C

그림 3-18 악성 코드 공격 대응 – 바이러스 토탈로 조회한 백신 제조사별 탐지 결과

정보보안 관제 센터의 이메일 템플릿을 구성하고 주요 정보만 변경해 담당자에게 이메일, Slack으로 알리도록 구성한다. 그림 3-20은 '점검 요청 이메일 발송 화면'이다. 실제 구성 시에는 좀 더 구체적인 내용과 기업 보안 관제 센터의 로고 등으로 디자인을 적용해 구성한다.

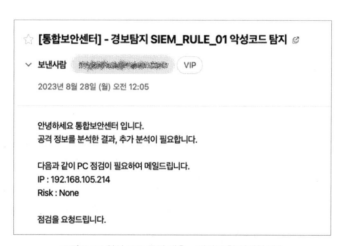

그림 3-20 악성 코드 공격 대응 – 점검 요청 이메일 발송

플레이북을 만든 이후 플레이북 시작 방식을 설정할 수 있다. 플레이북을 자동으로 시작하도록 설정하면 SIEM에서 경보가 수집되면 설정한 유형의 플레이북이 자동으로 시작된다. 보안 분석가는 판단이 필요한 부분에서만 옵션을 선택하거나 내용만 입력하면 되기 때문에, 플레이북을 열어서 세부 내용을 확인할 필요가 없다. 화면에서 전체 처리 현황과 결과를 빠르게 인지할 수 있도록 그림 3-21처럼 구성해 전체 처리 현황과 결과

를 확인해볼 수 있다. 화면 상단은 전체 프로세스 단계를 확인하고, 주요 항목에 대한 값들을 표현하도록 구성해 확인한다. 보안 분석가는 이 화면을 통해 전체 처리 상황을 알 수 있다.

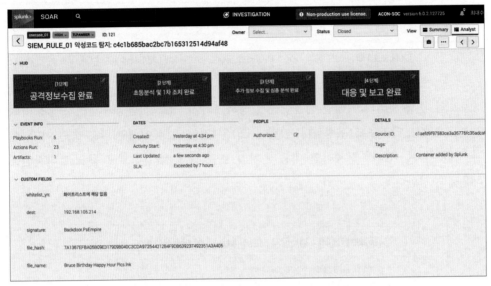

그림 3-21 악성 코드 공격 대응 – 전체 처리 결과 요약 화면

앞서 워크북을 정의했으며, 악성 코드 대응 워크북에서 각 플레이북별로 처리한 내용과 처리 시간을 확인할 수 있다. 플레이북을 구성하면서 자동으로 워크북에 처리한 결과를 입력하도록 구성했다. 플레이북을 통해 자동화하게 되면 분석가의 업무가 대부분 자동화되는데, 보안 분석가는 결과를 빠르게 확인하고 관리할 수 있도록 해주는 시각화 부분이 제일 중요하다. 워크북을 통해 결과를 관리하게 되면 업무 효율성을 향상시키고 이력 관리가 매우 용이해진다. 그림 3-22는 '악성 코드 공격 대응 – 워크북' 화면이다. 자동화로 처리한 내용이 자동으로 기입돼 있도록 구성했다.

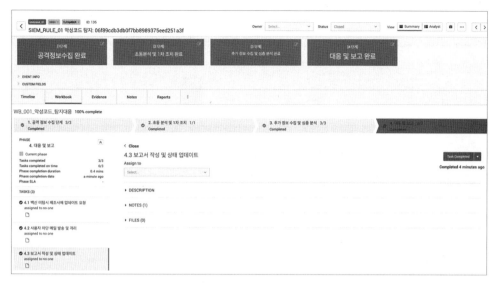

그림 3-22 악성 코드 공격 대응 – 워크북

요약

그림 3-23은 경보 이벤트와 자동 처리한 결과, 처리 소요 시간을 표현한 대시보드이다. Splunk SOAR 솔루션은 처리 결과를 Splunk SIEM에 모두 저장할 수 있다. 그래서 다양한 대시보드와 보고서를 쉽게 작성할 수 있다. 다음 화면은 자동으로 처리하는 데 소요되는 시간과 내용을 모두 쉽게 파악할 수 있고 자동화를 통한 효과를 즉시 확인할 수 있다. 해당 경보는 약 5분 25초 소요됐고, Administrator라는 계정으로 처리를 완료했다.

그림 3-23 악성 코드 공격 대응 – 소요 시간 및 처리 이력

지금까지 악성 코드 공격 대응 업무 프로세스에 대한 자동화 처리 플레이북을 살펴봤다. 보안 분석가가 수동으로 업무를 처리할 경우 30분 이상 소요되는 업무들이 자동화로 5분 정도로 빠르게 처리될 수 있다. 또한 항상 동일한 분석 품질을 유지하고 보안분석가는 결과를 확인하고 추가적인 분석이 필요한 부분에 판단 역할을 수행하면 된다. 뿐만 아니라 보고서 생성, 알림, 이력 관리 관제 업무를 워크북을 통해 효율화할 수 있다.

3.2. 스팸 메일 탐지 대응 업무 프로세스

3.2.1. 스팸 메일 탐지 및 대응 개요

스팸 메일Spam Mail이란 불특정 다수에게 일방적으로 전달되는 광고성 이메일이다. 스팸메일에는 피해를 줄 수 있는 악성 코드 또는 이미지를 포함한 링크, 첨부파일이 포함될 수 있다. 오래전부터 스팸 메일은 개인, 기업을 대상으로 발송되고 있다. 많은 기업은 스팸 메일 필터링 솔루션을 도입해 스팸 메일 위협에 대응하고 있다. 보안 분석가는 스팸 메일 필터링 솔루션이 정확한 탐지를 했는지 검증하고, 보안 솔루션을 통과한 스팸 메일로 인해 침해를 당했는지 보안 관제 시스템을 활용해 스팸 탐지 이벤트를 분석한다. 스팸 메일 예를 들면, 카카오 서비스 장애 사칭 스팸 메일, 이태원 참사 상황 등 사회적 이슈를 이용한 스팸 메일이 대량 발송되기도 했다. 스팸 메일 탐지 이벤트가 발생하면, 정보보안 관제 센터는 스팸 메일 내용을 빠르게 확인하고, 정탐 여부를 조사한다. 조사 결과에 의해 빠른 조치(삭제) 및 정확한 대책(차단 필터 정책)을 적용해 내부 확산 및 랜섬웨어 등의 추가 피해를 방지해야 한다. 그림 3-24는 스팸 메일과 필터링 솔루션에서 탐지한 스팸 메일의 예시이다. 저자의 네이버 이메일에서 수신한 스팸 메일 예시이다.

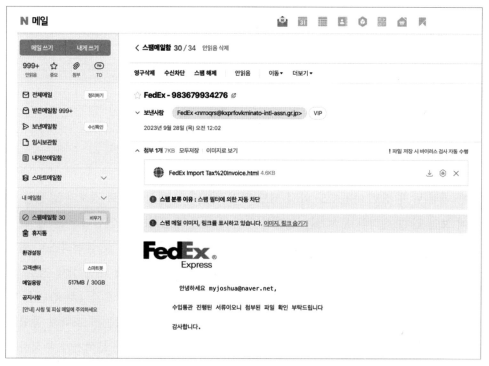

그림 3-24 스팸 메일 및 네이버 스팸 메일 필터링에 의한 분류 예시

3.2.2. 주요 업무 내용 및 대응 소요 시간

스팸 메일 필터링 솔루션의 이벤트는 보안 관제 시스템SIEM에 수집되고, 상관 분석 탐지 정책에 의해 경보 이벤트로 생성된다. 경보 이벤트는 이메일 제목, 이메일 발신자 정보 (IP, 이메일 주소), 이메일 수신자 정보, 첨부파일 등의 정보를 포함한다. 탐지한 경보 이벤트는 그림 3-25와 같이 주요 정보들을 표현하고 상세 이벤트 검색을 선택하면 근거 이벤트를 조회할 수 있다(이하 통합보안 관제 시스템은 SIEM 시스템으로 표현한다).

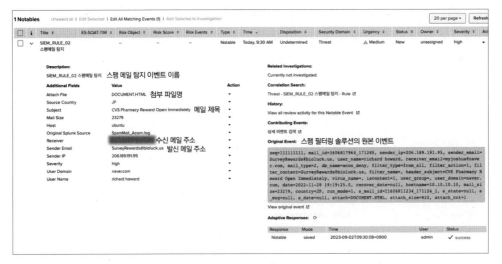

그림 3-25 스팸 메일 탐지 경보 이벤트(예: SIEM 솔루션 탐지 화면)

스팸 메일 탐지 경보 이벤트도 악성 코드 탐지 이벤트와 마찬가지로 경보가 발생한 이후에 보안 관제 센터의 분석가는 연관된 추가 정보를 수집하고 확인한다. 이메일 발신자, 이메일 주소, 발신 IP에 대해서는 악성 행위 이력이 있는 IP 여부, 블랙리스트 해당 여부, 이메일 수신자에 대한 사용자/부서 등 관련 정보, 첨부파일에 대한 상세 정보, 과거의 공격 이력 등을 수집한다. 보안 분석가는 수집한 정보를 기반으로 1차 판단을 한다. 이때 동일한 제목을 갖는 이메일이 과거에도 유입된 이력이 있는지 조회해 종합적으로 분석한다. 첨부파일이 있다면 파일을 다운로드해서 악성 코드 분석가가 분석하거나 악성 코드 분석 시스템을 활용해 악성 여부를 명확히 판단하는 작업을 수행한다.

스팸 메일 탐지 경보 이벤트 분석 및 조치 시간

스팸 메일 탐지 경보 이벤트의 내용 그리고 추가 분석 작업에 따라 소요되는 분석 및 조치 시간은 달라질 수 있다. 실제 보안 관제 자동화를 운영하는 기업들은 스팸 메일도 악성 코드와 유사하게 대략 5~60분 정도 소요됐다. 단, 보안 관제 업무 프로세스가 기업마다 차이가 있고, 보안 관제 업무 프로세스의 복잡도, 보안 관제 조직의 규모, 업종의 특성에 따라 차이가 있을 수 있다.

자동화를 활용한 기대 효과

많은 기업이 자동화를 통해 효과를 거두고 있으며 스팸 메일 분석 대응 자동화를 통해 약 5분 이내에 완료한 경우가 많았다. 대다수는 1~2분 이내로 처리 시간을 단축한 경우도 있으며 추가 분석이 필요한 경우는 약 5~10분 이내 완료됐다. 자동화를 활용하면서 경험을 축적한 보안 관제 센터는 점점 업무를 효율화하고, 특히 증가하는 스팸 메일에 따라 반복적으로 수행되는 업무의 시간을 더욱 단축하고 분석가의 역량이 필요한 위협 분석 업무에 비중을 늘려갔다.

3.2.3. 스팸 메일 탐지 및 분석 흐름도

보안 관제 센터에서 수행하는 스팸 메일 대응 업무 프로세스를 살펴보자. 많은 기업에서 스팸 메일 탐지 및 필터링 솔루션을 도입해 사이버 위협을 대응하고 있다. 그림 3-25와 같이 다양한 보안 시스템에서 발생하는 로그와 이벤트를 ① SIEM 솔루션으로 수집하고 로그/이벤트를 상관 분석해 위협 경보 이벤트를 생성한다. 위협 경보 이벤트가 생성(탐지)되면 보안 분석가는 여러 보안 시스템(① SIEM ② 스팸 메일 탐지/차단 ③ 방화벽 ④ 네트워크 트래픽 등)의 상세 정보를 확인하고 수신자 이메일을 내부 자산 정보와 매핑하며 발신자 이메일이나 첨부파일 등의 파일 해시 값은 외부의 평판 정보 서비스를 활용해 정보를 수집하고 종합적으로 분석한다. 내부적으로 사용하는 티켓팅 시스템이 있다면 연동해 새로운 케이스를 등록하고 처리 현황을 관리한다. 이와 함께 Slack 또는 이메일로 담당자에게 정보를 공유하는 활동을 수행한다.

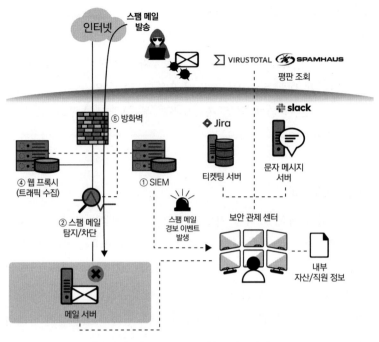

그림 3-26 스팸 메일 탐지 및 대응 탐지 분석 흐름도

SIEM 솔루션은 스팸 메일 외에도 이메일 관련 사이버 위협을 탐지할 수 있는 상관 분석 탐지 정책을 제공하고 있다. 이러한 탐지 정책을 활용해 경보를 탐지하고 수정하거나 커스텀 탐지 정책을 추가해 관리한다. 표 3-6은 SIEM에서 제공하는 이메일과 관련된 상관 분석 룰 탐지 정책이다(Splunk SIEM 솔루션 참고).

표 3-6 이메일 관련 공격 탐지 정책 예시(SIEM 참고)

번호	SIEM 상관 분석 탐지 정책 예시	설명
1	Host Sending Excessive Email	이메일 서버로 알 수 없는 호스트에서 과도한 이메일 전송이 발생하는 경우 탐지
2	ESCU – Email Attachments With Lots Of Spaces – Rule	이메일에 첨부된 파일 이름에 빈 공백이 많이 포함된 경우 탐지 ※ 첨부파일의 확장자를 난독화하는 수단으로 사용하는 경우가 있음

번호	SIEM 상관 분석 탐지 정책 예시	설명
3	ESCU – Email files written outside of the Outlook directory – Rule	아웃룩을 사용하는 경우, 아웃룩 디렉터리가 아닌 다른 디렉터리에서 생성된 이메일 파일이 있을 경우 탐지
4	ESCU – Email servers sending high volume traffic to hosts – Rule	이메일 서버에서 클라이언트로 데이터 전송이 증가하는 경우 탐지 ※ 이메일 서버를 활용해 데이터를 수집하는 악의적인 공격자 탐지
5	ESCU – Gsuite Drive Share In External Email – Rule	외부 메일을 통해 의심스러운 Google 드라이브가 공유된 경우 탐지
6	ESCU – GSuite Email Suspicious Attachment – Rule	스피어 피싱 공격과 관련된 의심스러운 첨부파일 확장자가 있을 경우 탐지
7	ESCU – Gsuite Email Suspicious Subject With Attachment – Rule	파일 유형이 알려진 의심스러운 주제 등을 포함하는 Gsuite 이메일을 탐지
8	ESCU – Gsuite Email With Known Abuse Web Service Link – Rule	Malware 또는 Telegram 및 Discord와 같은 악성 코드 또는 악의적인 페이로드 링크가 포함된 Gmail 탐지
9	ESCU – Gsuite Outbound Email With Attachment To External Domain – Rule	외부 이메일 도메인으로 의심스러운 아웃바운드 이메일이 발송되는 경우 탐지
10	ESCU – Mailsniper Invoke functions – Rule	MailSniper.ps1 기능을 시스템에서 실행하는 경우 탐지 ※ 공격자가 Exchange 서버에서 민감한 이메일을 탈취
11	ESCU – Monitor Email For Brand Abuse – Rule	이메일 서버 도메인과 유사한 도메인에서 전송되는 이메일 탐지
12	ESCU – MS Exchange Mailbox Replication service writing Active Server Pages – Rule	Microsoft에서 Hafnium Group과 관련된 Exchange Exploitation을 위한 알려진 드롭퍼 탐색 탐색 위치로 식별된 3개의 경로에서 생성된 의심스러운 .aspx를 탐지 경로에는 다음이 포함 \ httpproxy \ owa \ auth \ \ inetpub \ wwwroot \ aspnet_client \ \ httpproxy \ oab \

번호	SIEM 상관 분석 탐지 정책 예시	설명
13	ESCU – O365 Suspicious Admin Email Forwarding – Rule	관리자가 여러 이메일의 포워딩 전달 규칙을 동일한 대상으로 구성했을 때 탐지
14	ESCU – O365 Suspicious User Email Forwarding – Rule	여러 사용자가 동일한 대상으로 전달 규칙을 구성했을 때 탐지
15	ESCU – Suspicious Email Attachment Extensions – Rule	의심스러운 파일 확장자를 포함한 첨부파일이 있을 때 탐지
16	ESCU – Windows Mail Protocol In Non-Common Process Path – Rule	Windows OS 비공통 설치 경로에서 SMTP 연결이 있는 Windows 애플리케이션을 탐지
17	ESCU – Windows MSExchange Management Mailbox Cmdlet Usage – Rule	기본적으로 활성화된 Exchange Management Logs를 사용해 proxyshell 및 proxynotshell 남용과 관련된 의심스러운 CMDLET 사용 탐지
18	High Volume Email Activity to Non-corporate Domains by User	사용자가 회사 도메인이 아닌 개인 이메일로 대량 이메일 발송 탐지

스팸 메일 공격이나 이메일 공격은 표 3-6과 같은 상관 분석 탐지 규칙에 의해 위협 탐지 이벤트가 생성되고 보안 관제 업무 프로세스가 시작된다. 이를 자동화하기 위해 구체적으로 보안 관제 업무 흐름을 정리해보자.

3.2.4. 주요 업무 흐름

기업마다 운영하는 스팸 메일 보안 솔루션이 다르고, 보안 관제 경험과 축적 노하우가 다르기 때문에, 보안 관제 프로세스가 동일하지 않고 차이가 있다. 그림 3-27은 많은 기업이 공통적으로 수행하는 업무를 참조해 스팸 메일 분석 및 대응에 관한 업무 흐름으로 일반화했다.

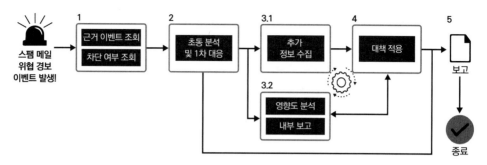

그림 3-27 스팸 메일 대응 – 주요 보안 관제 업무 흐름도

주요 보안 관제 업무 흐름은 그림 3-27과 같이 스팸 메일 탐지 경보 이벤트 발생에서 시작해 보고서 작성 및 종료까지 5단계로 구성할 수 있다. ①단계는 정보 수집 단계이며 ②단계는 초동 분석 및 1차 조치 단계, ③단계는 추가 정보 수집 및 심층 분석 단계이다. ④단계는 대책을 적용하는 대응 단계이며 ⑤단계는 종료 단계이다. ② 1차 조치 단계에서는 수집 및 분석한 결과에 따라 몇 가지 상황으로 분기해 서로 다른 업무를 수행한다. 특히 ③ 심층 분석 단계에서는 보안 분석가의 의사 결정이 필요하다. 즉, 100% 자동으로 보안 관제 프로세스를 마무리할 수도 있지만, 분석 결과에 따라 사용자의 개입(입력값 입력)이 필요하다. 스팸 메일 위협 경보를 수집하고 ①단계부터 ⑤단계까지의 전체 업무 소요 시간을 측정해 SLA 기준 시간에 충족하는지 모니터링한다. 주요 업무 흐름도는 자동화 솔루션에서 워크북에 대응한다. 전체 업무 프로세스를 단계별로 구분해 정리한 워크북 정의에 중요한 역할을 한다. 이제 각 단계별로 구체적인 업무 흐름을 정리해 우리가 목표로 하는 자동화 플레이북의 기초 자료로 활용한다.

> 본격적으로 업무 흐름을 정리하기 전에 다양한 보안 관제 업무 프로세스 플레이북을 참고할 수 있는 사이트를 소개한다. 참고 목적으로 활용하면 도움이 될 것이다. 다음 사이트(https://www.incident response.org/playbooks/)의 플레이북 갤러리에 유형별 플레이북 사례 흐름을 제공한다.

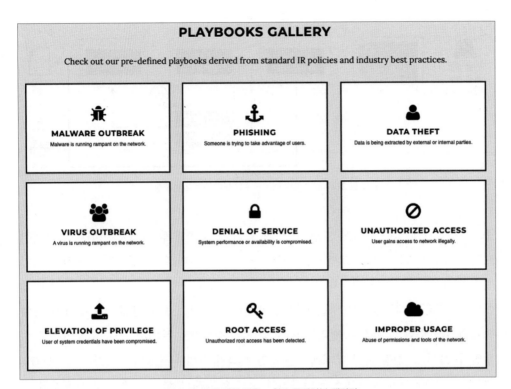

PLAYBOOKS GALLERY

Check out our pre-defined playbooks derived from standard IR policies and industry best practices.

MALWARE OUTBREAK
Malware is running rampant on the network.

PHISHING
Someone is trying to take advantage of users.

DATA THEFT
Data is being extracted by external or internal parties.

VIRUS OUTBREAK
A virus is running rampant on the network.

DENIAL OF SERVICE
System performance or availability is compromised.

UNAUTHORIZED ACCESS
User gains access to network illegally.

ELEVATION OF PRIVILEGE
User of system credentials have been compromised.

ROOT ACCESS
Unauthorized root access has been detected.

IMPROPER USAGE
Abuse of permissions and tools of the network.

그림 3-28 스팸 메일 대응 – 참고 플레이북 갤러리

여러 유형별 플레이북 예시를 제공하고 있다. 각 플레이북을 7단계로 나눠서 설명하고 있다. 즉, ① 준비 ② 탐지 ③ 분석 ④ 격리 ⑤ 대책 적용 ⑥ 복구 ⑦ 사후 처리로 구분하고 있다. 여러 사례 중 피싱Phishing을 클릭하면 각 단계별로 흐름도를 설명하고 있다. 그 가운데 ① 준비 단계의 업무 흐름은 그림 3-29에 표시했다.

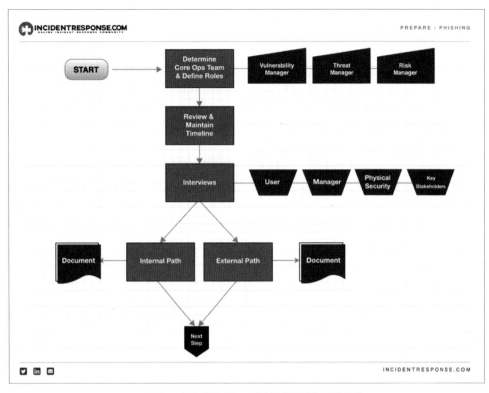

그림 3-29 스팸 메일 대응 – 피싱 이메일(준비 단계) 예시

이외에도 국내 보안 관제 업무에 참고할 만한 자료는 한국인터넷진흥원 홈페이지의 '가이드 게시판'을 참고하면 도움이 된다.

3.2.5. 상세 업무 흐름도

자동화 플레이북을 구현하기 위해서 상세 업무 흐름도는 매우 중요하다. 상세 업무 흐름도는 플레이북에 대한 구체적인 청사진 역할을 수행한다. 상세 업무 흐름을 파악하는 것은 각 단계별로 연동해야 하는 솔루션과 각 솔루션에 어떤 동작을 자동화해야 하는지 식별할 수 있고 구현의 우선순위를 정의할 수 있다. 또한 보안 분석가가 상황에 따라 유동적으로 수행했던 업무들을 표준화하고 정제할 수 있는 토대가 된다. 무엇보다도 해당 업무 흐름 전반에 대해서 파악할 수 있고, 구체적인 유스 케이스 정의서의 기반이 된다. 업무 프로세스는 모두 자동화할 수도 있지만 업무 단위별로 보안 분석가의 수동 판단이 필요한 경우가 있다. 그림 3-30에서 수동으로 사람의 판단이 필요한 부분은 사람 아이콘으로 표현했다. 상세 보안 관제 업무 흐름도는 유스 케이스 정의서로 이어지고 이 정보를 기반으로 업무가 표준화되고 디지털화된 업무 프로세스인 플레이북으로 구현된다.

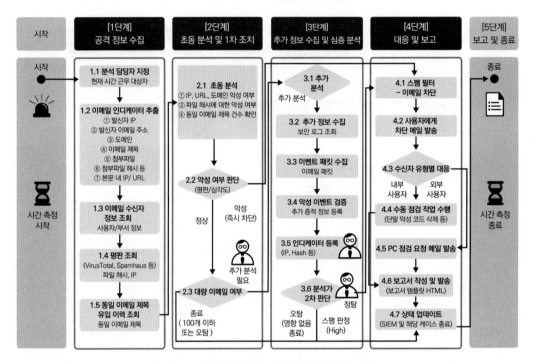

그림 3-30 스팸 메일 대응 – 상세 보안 관제 업무 흐름도

3.2.6. 시스템 연동 목록

업무 흐름을 상세화한 이후 연동 대상 시스템과 자동화 행위를 식별한다. 대상 시스템 정보와 필요한 동작을 정의하고, 시스템상에서 어떤 연동 방식을 활용하는지 파악해야 한다. 표 3-7과 같이 시스템 연동 목록을 작성하고 연동 작업을 수행할 때 중요도가 높은 순으로 우선순위를 파악해야 한다. 우선순위를 구분하는 이유는 자동화 구현을 위해 반드시 필요한 시스템부터 작업을 하기 위함이다.

표 3-7 연동 대상 시스템 및 연동 방식 조사

번호	유형	대상 시스템 예시 (버전)	연동 방식	필요 동작	우선순위 (예)
1	SIEM	Splunk Enterprise 9.1 Splunk ES 7.x	API	(1) 경보 이벤트 수집 (2) 로그 검색 (3) 인시던트 상태 업데이트	상
2	Firewall Web Proxy	CISCO 방화벽 또는 Symantec Bluecoat 등	API	(1) 트래픽 정보 수집	상
3	평판 조회	바이러스 토탈 (VirusTotal)	API	(1) 평판 정보 조회 (IP, URL, File Hash)	상
4	평판 조회	Spamhaus	API or http	스팸 IP 목록 조회	상
5	이메일	네이버 이메일	SMTP	이메일 송수신	중
6	케이스 관리	Jira	API	케이스 관리 등록	하
7	메시지	Slack	API	메시지 알림	하

특히 버전 정보도 정확히 파악할수록 좋다. 버전에 따라 제공하는 API 제공 범위가 다르거나 가끔 결과도 다른 경우가 있다. 만약 연동 방법이나 필요한 동작에 대한 API가 없다면 제조사에 요청을 하거나 개발 로드맵에 반영이 돼 있는지 확인해야 한다. 스팸메일 평판 조회에 활용되는 Spamhaus의 경우 API가 유료이며, 회원 가입을 하면 무료로 30일 사용할 수 있다. 그러나 API 키 대신 웹사이트에 공개된 정보를 활용하면 무료로 사용할 수 있다. 그래서 그림 3-31에 있는 목록을 주기적으로 수집, 저장하고 플레이북으로 자동화 분석 시 조회해 활용하는 방안도 유용하다.

```
; Spamhaus DROP List 2023/11/04 - (c) 2023 The Spamhaus Project
; https://www.spamhaus.org/drop/drop.txt
; Last-Modified: Wed, 01 Nov 2023 22:52:32 GMT
; Expires: Sat, 04 Nov 2023 05:47:03 GMT
1.10.16.0/20 ; SBL256894
1.19.0.0/16 ; SBL434604
1.32.128.0/18 ; SBL286275
2.56.56.0/22 ; SBL608408
2.56.192.0/22 ; SBL459831
2.57.232.0/23 ; SBL538946
2.57.234.0/23 ; SBL538947
2.58.148.0/22 ; SBL608409
5.42.199.0/24 ; SBL616002
5.134.128.0/19 ; SBL270738
5.183.60.0/22 ; SBL463004
5.188.10.0/23 ; SBL402741
24.137.16.0/20 ; SBL502541
24.170.208.0/20 ; SBL502917
24.233.0.0/19 ; SBL210084
24.236.0.0/19 ; SBL502928
27.123.208.0/22 ; SBL137265
27.126.160.0/20 ; SBL257064
27.146.0.0/16 ; SBL326434
31.24.81.0/24 ; SBL618812
31.41.244.0/24 ; SBL610672
31.217.252.0/24 ; SBL618813
31.222.236.0/24 ; SBL618814
36.0.8.0/21 ; SBL225949
36.37.48.0/20 ; SBL258006
36.116.0.0/16 ; SBL303895
36.119.0.0/16 ; SBL303894
37.0.8.0/21 ; SBL632029
37.77.144.0/24 ; SBL625432
37.140.251.0/24 ; SBL618815
37.156.64.0/23 ; SBL493556
37.156.173.0/24 ; SBL493557
41.72.0.0/18 ; SBL504836
41.77.208.0/22 ; SBL620993
42.0.32.0/19 ; SBL265729
42.128.0.0/12 ; SBL262062
42.160.0.0/12 ; SBL262364
42.208.0.0/12 ; SBL283229
43.229.52.0/22 ; SBL256092
43.229.240.0/22 ; SBL287973
43.236.0.0/16 ; SBL240624
43.248.40.0/22 ; SBL287975
43.250.116.0/22 ; SBL240942
45.15.40.0/24 ; SBL618620
45.65.32.0/22 ; SBL462997
45.80.248.0/23 ; SBL494022
45.86.48.0/22 ; SBL539016
45.112.192.0/22 ; SBL626780
45.115.92.0/22 ; SBL626781
45.116.224.0/22 ; SBL261016
```

그림 3-31 스팸 메일 탐지 IP 대역 목록(출처: https://www.spamhaus.org/drop/drop.txt)

3.2.7. 플레이북 유스 케이스 정의서

다음은 지금까지 조사하고 분석한 정보를 바탕으로 유스 케이스 정의서를 작성하는 단계이다. 보안 관제 업무 프로세스를 디지털화된 플레이북으로 구현하기 위해서 보안 관제 업무 시나리오를 명확하게 정리하는 작업이다. 플레이북은 이후 변경될 수 있다. 즉, 새로운 보안 솔루션이 도입돼 업무 흐름이 추가되거나 업무 프로세스가 개선 또는 변경될 때 상세 업무 흐름도는 이에 대한 이력 관리를 제공한다. 즉, 업무 흐름도를 잘 관리해야 플레이북에 대한 유지 보수를 쉽게 할 수 있다. 플레이북 유스 케이스 양식에 맞춰 스팸 메일 대응 업무에 관한 유스 케이스 정의서를 작성했다.

표 3-8 스팸 메일 대응 유스 케이스 정의서

항목	설명
유스 케이스 이름	스팸 메일 대응 플레이북
트리거 방법 자동화 플레이북 시작 방법	SIEM 솔루션에서 탐지 이벤트가 발생하면 수집해 시작 ※ 두 가지 방식 중 선택 (1) 폴링 방식: SOAR 솔루션에서 1분마다 정보를 조회하는 방식으로 SIEM(예: Splunk SIEM)에 새로운 스팸 메일 경보 이벤트가 있는지 확인해 수집함. 신규 경보 이벤트가 있을 경우 플레이북이 시작됨 (2) 푸시 방식: SIEM 솔루션에서 경보 이벤트 발생 시 SOAR 솔루션에 API 방식으로 전달함. 신규 경보 이벤트가 전달되면 스팸 메일 대응 플레이북이 시작됨
이벤트 구조와 매핑 사고 대응 프로세스의 일부로 필요한 경보 이벤트 필드	1. 발신자 IP 2. 발신자 이메일 주소 3. 이벤트 액션(차단/허용) 4. 이메일 제목 5. 첨부파일명, 첨부파일 사이즈 6. 파일 해시 등

이벤트 대응 프로세스
전반적인 응답 프로세스
및 처리 로직
	[1단계] 스팸 메일 탐지 정보 수집
	1.1 분석 담당자 지정
	1.2 이메일 주요 인디케이터 정보 추출
	  발신자 IP, 발신자 이메일 주소, 도메인, 메일 제목, 첨부파일명, 첨부파일 해시 등
	1.3 이메일 수신자에 대한 내부 신원 정보 조회
	1.4 파일 해시, IP, URL에 대한 평판 조회
	1.5 동일 이메일 제목 유입 이력 조회(최근 30일)
	  → 분석한 내용을 저장함

항목	설명

이벤트 대응 프로세스
 	
전반적인 응답 프로세스 및 처리 로직
	[2단계] 초동 분석 및 1차 조치
	2.1 초동 분석
	    a. 보안 분석가는 수집한 정보를 확인함
	       – IP, URL에 대한 평판 조회 결과
	       – 파일 해시 값에 대한 평판 조회 결과
	       – 동일 제목의 이메일 발생 건수
	2.2 위 내용을 검토해 분석가의 선택 필요
	    a. 정상 이메일(오탐) 판단
	       – 대량 이메일(100건) 이상 여부 판단해
	       – 100건 미만은 [4단계]로 이동해 종료
	       – 100건 이상의 경우 추가 정보 수집을 위해 [3단계]로 이동
	    b. 정탐 판단
	       – 정탐의 경우 즉시 차단 대응을 위해 [4단계]로 이동
	
	※ 100건은 예시이며 조직의 보안 관제 정책을 참고해 판단한다. SOAR 자동화 도입 이후, 모두 [3단계]로 이동해 전수 검사를 진행할 수도 있다.
	
	[3단계] 추가 정보 수집
	3.1 분석가는 추가 분석 선택
	    a. 정상 메일처럼 보이나 동일 제목으로 100건 이상 발생
	3.2 보안 로그 조회(동일 출발지, 목적지, 최근 30일)
	    a. 방화벽, 침입 탐지 시스템 등(동일 출발지, 목적지, 최근 30일)
	3.3 네트워크 트래픽 조회(동일한 출발지와 목적지, smtp 트래픽, 최근 30일)
	3.4 악성 이벤트와 트래픽 검증
	3.5 발견한 인디케이터를 등록함
	3.6 분석가의 2차 판단 수행
	    a. 정탐 판단
	       – [4단계] 대응 및 보고 시작으로 이동
	    b. 오탐 판단
	       – [4단계]로 이동해 케이스를 종료함(영향 없음)

항목	설명

이벤트 대응 프로세스
 	
전반적인 응답 프로세스 및 처리 로직
	[4단계] 대응 및 보고
	
	4.1 사용 중인 스팸 필터 솔루션에 해당 발신자 차단 등록
	
	4.2 내부 사용자에게 해당 메일을 차단했다고 알림 이메일 발송
	
	4.3 수신자 유형별 대응
	
	    a. 내부 사용자: 4.4로 이동
	
	    b. 외부 사용자: 4.5로 이동
	
	4.4 수신자가 내부 사용자일 경우 대응
	
	    a. 수동 점검 작업 수행
	
	4.5 수신자가 협력사 등 외부 사용자일 경우 대응
	
	    a. PC 점검 요청 이메일 발송
	
	4.6 처리 결과 보고서 작성 및 관리자에게 이메일 발송
	
	4.7 케이스 종료
	
	    a. SOAR, SIEM 솔루션에 케이스 종료 업데이트함
	
	※ 위 내용은 구체적으로 상세하게 서술할수록 도움이 된다.

강화(Enrichment) 위협 인텔리전스 또는 내부 소스에서 IOC 강화	발신자 IP에 대한 평판 정보 수신자 IP에 대한 사용자/부서 정보 첨부파일 해시에 대한 평판 정보 ※ 공격자(출발지) 이메일 주소에 대한 평판 정보 조회가 가능한 경우 추가
수동 업무 단계 분석가가 수동으로 수행해야 하는 모든 조사 단계	**[3단계] 추가 정보 수집** 3.4 자동으로 수집한 추가 정보들을 기반으로 분석가가 이벤트 검증/판단 3.5 인디케이터 등록
사용자 상호작용 조사를 완료하는 데 필요한 최종 사용자와의 대화식 단계	**[2단계] 대량 이메일 여부 판단** 2.3 대량 이메일 여부 판단, 조회 결과를 기반으로 사용자가 수동 판단 ※ 또는 특정 정보 (예: 100건/월) 를 기준으로 자동화 가능 **[3단계] 추가 정보 수집** 3.6 분석가의 2차 판단 수행(오탐 또는 정탐)

다음 표 3-9는 인시던트를 처리하고 화면에 표현할 때 사용하는 주요 필드이다.

표 3-9 주요 이벤트 필드 정의서

필드 설명	필드 이름	설명 또는 예시
발신자 IP	src_ip	192.168.105.214
발신자 이메일	src_user	SurveyRewards@bioluck.us
수신자 이메일	recipient	aaaa@naver.com
스팸 필터 탐지 이름	signature	악성 코드, 광고
이벤트 액션	action	delivered 또는 blocked
이메일 제목	subject	CVS Pharmacy Reward Open Immediately
첨부파일명	file_name	DOCUMENT.HTML
발신자 IP 국가 정보	src_country	KR
공격 평판 정보	src_reputation	Malicious, Suspicious, Benign 등
대상 정보	dest_info	홍길동
SLA 시간	SLA	10 m
인시던트 결과	result	In Progress, Closed 등

여기까지 정의하면 모든 준비는 완료됐다. 이제 플레이북 편집기를 활용해 플레이북을 구현하고 테스트하면 된다.

3.2.8. 구현 플레이북

워크북 구성

워크북은 각 단계별 세부 작업 그룹을 지정할 수 있고 각 작업 그룹별로 담당자, SLA 시간, 플레이북을 지정할 수 있도록 템플릿화돼 있다. 스팸 메일 대응 워크북도 상세 업무 흐름도와 유스 케이스 정의서에서 정의한 내용과 거의 유사하게 구성했다.

그림 3-32 스팸 메일 대응 워크북

스팸 메일 플레이북은 4단계로 구성되지만 1단계와 2단계 프로세스를 하나의 플레이북에 통합해 구성했다. 그래서 그림 3-33의 메인 플레이북과 3개의 서브 플레이북으로 구성했다. 이해를 쉽게 하기 위해 워크북의 단계 구성은 유스 케이스 정의서에서 정의한 네 단계로 구성했다. 그러나 서브 플레이북은 1단계와 2단계를 묶고, 2단계 플레이북, 3단계 플레이북 총 3개로 구성했다. 각 단계에서 어떻게 업무를 플레이북으로 구성했는지 살펴보자. 그림에서 박스는 태스크라고 부르며 하나의 작업 단위를 의미한다. 태스크는 서브 플레이북이거나, 개별 독립된 작업일 수도 있다. 플레이북의 세부 태스크들을 모두 설명하기보다는 스팸 메일 대응에 관련된 주요 작업 위주로 설명하겠다.

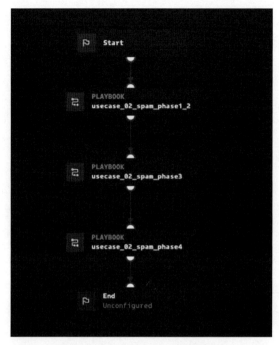

그림 3-33 스팸 메일 대응 - 메인 플레이북

[1단계] 공격 정보 수집

첫 번째 자동화는 공격 이벤트 정보를 자동으로 수집하는 것이다. 그림 3-34는 [1단계]와 [2단계]를 통합해 작성했다. 태스크가 수가 많지 않거나 통합해 작성해도 플레이북 유지 관리와 테스트에 문제가 없다면 유연하게 통합해 관리해도 무방하다. 그림 3-34는 유스 케이스 정의서에 정의한 내용을 플레이북 편집기로 구성한 내용이다. 해당 플레이북은 스팸 메일 탐지 이벤트를 조사하기 위해 연관된 정보 수집을 자동화했다. 그리고 상태 정보를 설정하게 된다. 해당 경보 이벤트는 누가 처리를 담당하는지 지정하고, 처리 상태를 '처리 중'으로 변경한다. 수신 이메일은 어느 부서의 누구의 이메일인지 조사하고, 발신 이메일 IP, 발신자 이메일 도메인에 대한 평판을 조사한다. 또한 동일한 이메일이 몇 건 발생했는지도 검색해 조사한다. 이렇게 조사한 정보를 기반으로 보안 분석가는 내용을 확인하고 스팸 메일이 맞는지, 아니면 정상 메일이지만 동일 제목의 이메일이 과다하게(예: 100건 이상) 유입돼 추가 분석이 필요한지 판단하게 된다. 이 과정을 플레이북으로 구성하면 그림 3-34와 같이 구성할 수 있다.

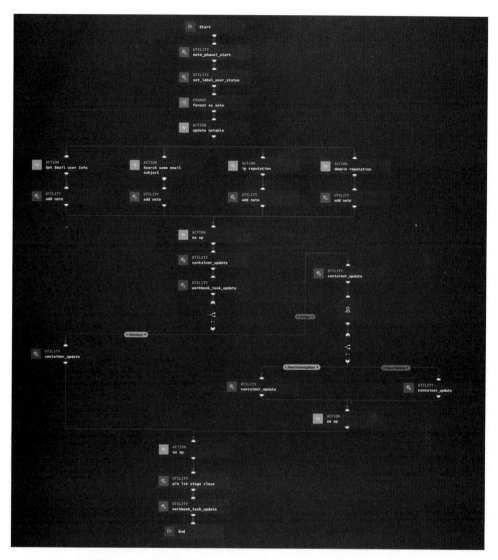

그림 3-34 스팸 메일 공격 대응 - 1~2단계 공격 정보 수집 및 초동 분석 서브 플레이북

독립적으로 수행할 수 있는 작업들은 병렬로 구성해 동시에 처리되도록 한다. 단, 리소스를 고려해 솔루션에서 처리 가능한 태스크의 수 등을 확인하고 적절히 구성해야 한다.

플레이북이 자동으로 정보를 수집하고 그 결과를 화면에 표현하며 이 정보를 기반으로 보안 분석가는 공격 영향도 판단을 수행한다. 그림 3-35는 발신자 이메일 도메인 "bioluck.us"에 대해 바이러스 토탈에 평판 정보를 조회한 결과 화면이다.

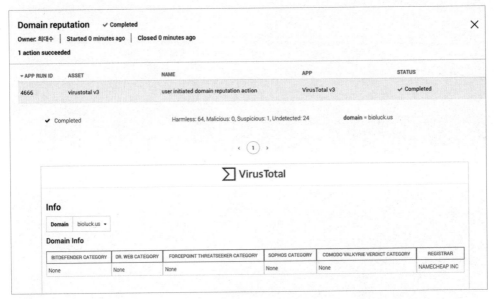

그림 3-35 스팸 메일 대응 – 1단계에서 발신자 이메일 도메인에 대한 평판 정보

위와 마찬가지로 발신자 IP에 대한 평판 조회 결과도 확인할 수 있다.

[2단계] 초동 분석 및 1차 조치

플레이북이 자동으로 정보를 수집하면 그 결과는 내부에 저장돼 화면에 표현되고 이 정보를 기반으로 보안 분석가는 2단계 초동 분석 및 1차 조치를 수행한다. 스팸 메일로 판단되면 즉시 차단으로 진행되지만 정상 메일로 판단되고 동일 제목이 대량으로 발견 됐는지 한 번 더 확인하고 만약 대량 이메일이 확인되면 보안 분석가는 추가 분석할지 판단하게 된다. 물론 자동으로 추가 분석 단계로 넘어가도록 할 수도 있지만 정상 메일 을 광고성 또는 알림으로 보내는 경우가 있기 때문에 보안 분석가의 수동 판단이 필요 하다. 그림 3-36과 같이 분석가는 추가 분석 여부를 YES/NO 중 한 가지를 선택하면 된다.

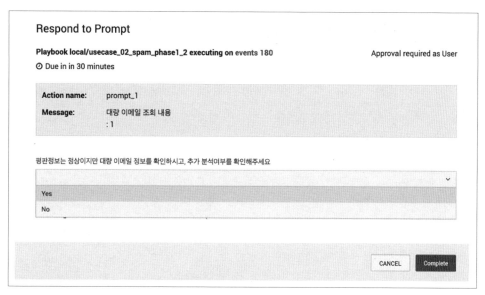

그림 3-36 스팸 메일 대응 – 보안 분석가의 판단

[3단계] 추가 정보 수집 및 심층 분석

추가 분석을 선택했다면 3단계로 이동해 관련된 보안 이벤트, 네트워크 트래픽 정보, 최근 30일간의 공격 이벤트 등을 모두 조회해 추가 분석을 진행한다. 각종 보안 솔루션의 로그, 네트워크 트래픽, 특히 SMTP^{Simple Mail Transfer Protocol}에 관한 트래픽 로그들을 수집한다. 침입 탐지 시스템의 로그가 있다면 관련 로그를 검색한다. 이때 시간 범위는 최근 30일, 동일한 공격 IP에서 발생한 로그와 트래픽을 수집한다. 그리고 보안 분석가 판단에 스팸 메일로 판단되면 향후 발생할 수 있는 추가 스팸 메일을 판별하기 위해 내부 위협 인텔리전스에 등록해 관리한다. 그리고 4단계 대응 및 보고 단계로 넘어간다.

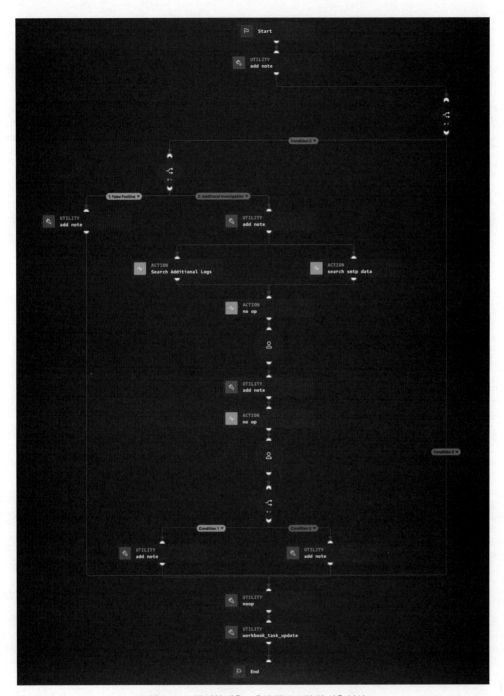

그림 3-37 스팸 메일 대응 – 추가 정보 수집 및 심층 분석

분석가는 추가로 수집된 정보를 다시 세밀히 분석한 이후 2차 판단하는 단계이다. 그림 3-38과 같이 분석가의 2차 판단을 선택하도록 Yes/No 옵션을 제공하고 분석가는 한 가지를 선택한다. 선택한 값에 의해서 다음 단계가 분기돼 진행된다.

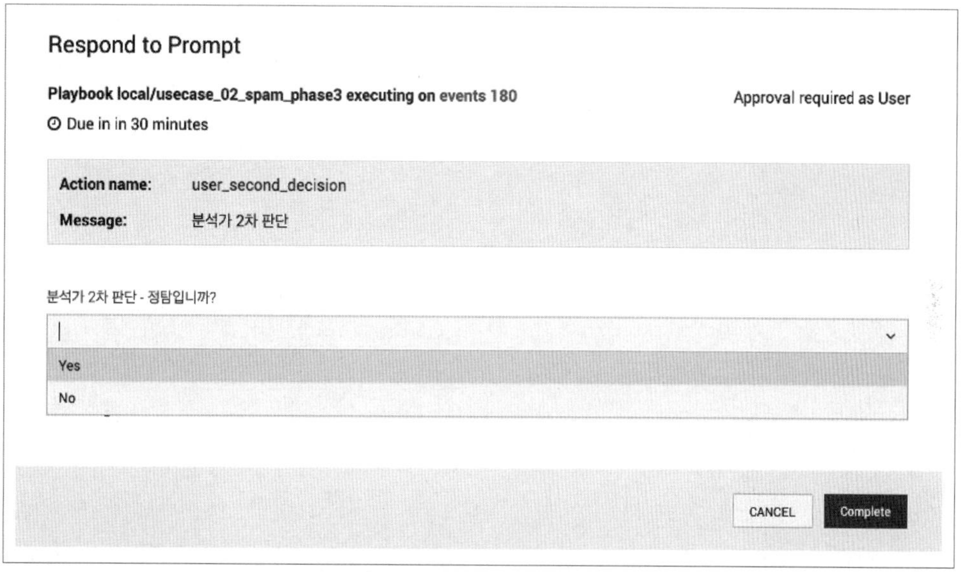

그림 3-38 스팸 메일 대응 – 분석가의 2차 판단

[4단계] 대응 및 보고

마지막 단계는 스팸 메일 필터링 솔루션에 해당 IP와 도메인 정보를 등록하고, 사용자에게 차단 메일을 발송하는 것이다. 회사 임직원과 협력회사 직원을 구분해 보안 관리 정책을 운영하는 경우, 회사 이메일의 id 생성 규칙 또는 이메일 도메인의 서브 도메인 정보를 기반으로 임직원/협력 회사 직원을 구분할 수도 있다. 즉, mail.abc.com이 회사 도메인이라면 협력 회사 직원은 partner.abc.com 형식으로 구성해 관리할 수도 있다. 즉, 이메일 계정이나 도메인 등 참고할 만한 정보를 기반으로 임직원과 협력 회사를 구분해 이에 적절한 대응 과정을 진행할 수 있다.

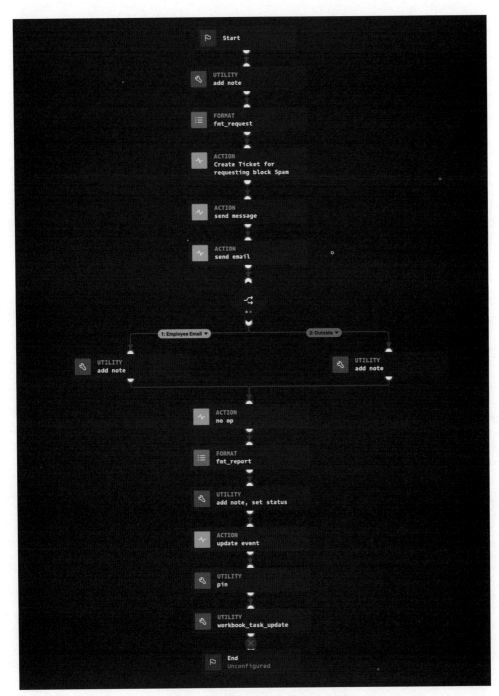

그림 3-39 스팸 메일 대응 – 대응 및 보고 단계

118

본 예제는 임직원의 경우 백신 프로그램을 통해 PC 점검을 수행하고 보고하도록 안내 메일을 발송하고, 티켓팅 시스템의 케이스를 생성해 조치를 취하도록 한다. 협력 회사 직원의 경우 협력 회사 보안 담당자에게 조치를 취할 수 있도록 메일을 발송한다. 이후 전체 처리한 내용을 보고서로 생성해 시스템에 기록하고 이메일 등으로 보고하며 종료 하게 된다. 그림 3-39에 대응 및 보고 단계 플레이북을 구성했다.

그림 3-40은 대응 및 보고 플레이북에서 Slack 메시지로 조치 요청을 전달한 화면이 다. Slack을 사용하는 기업의 경우 추가로 다양한 기능을 활용할 수 있다. 즉, 조치 결 과를 Slack에서 받아서 연동하고 자동으로 처리 이력을 관리할 수도 있다. 기본적으로 는 단순 알림 통보 기능으로도 사용할 수 있다.

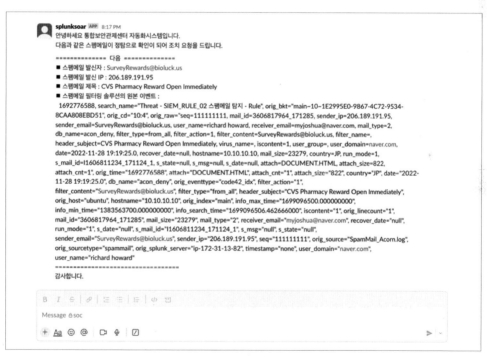

그림 3-40 스팸 메일 대응 – Slack 메시지 프로그램을 통한 조치 요청

그림 3-41 'Jira 시스템을 통한 조치 요청'은 Jira 솔루션을 연동한 화면으로, 스팸 메 일 차단 요청을 케이스로 생성해 조치될 수 있도록 관리한 사례이다. 기업에서 사용 중

인 케이스 관리 시스템을 연동해 관리할 수 있다. 내용을 표현할 때 Markdown 형식, HTML 형식도 지원하며 사전에 템플릿 양식을 구성하고 해당하는 값만 변경해 케이스 생성 시 입력하도록 플레이북을 구성할 수 있다.

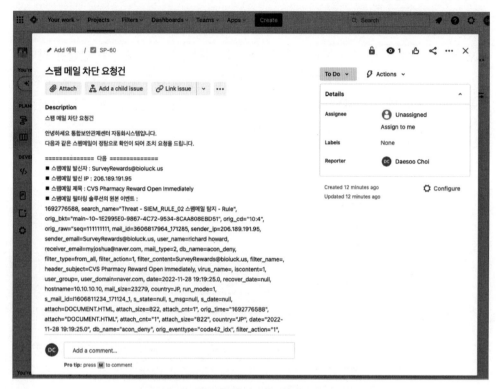

그림 3-41 스팸 메일 대응 - Jira 시스템을 통한 조치 요청

그림 3-42는 전체 처리 현황과 워크북 단계별로 상태 및 완료 단계를 표현했다. 플레이북을 구성하면서 각 단계별로 처리한 결과를 자동으로 워크북에 입력하도록 구성했다. 플레이북을 통해 자동화를 수행하면 분석가 업무가 대부분 자동화되는데, 보안 분석가가 결과를 빠르게 확인하고 관리할 수 있도록 해주는 시각화 부분이 무엇보다 중요하다. 워크북을 통해 결과를 관리하면 업무 효율성을 향상시키고 이력 관리를 효율적으로 수행할 수 있다.

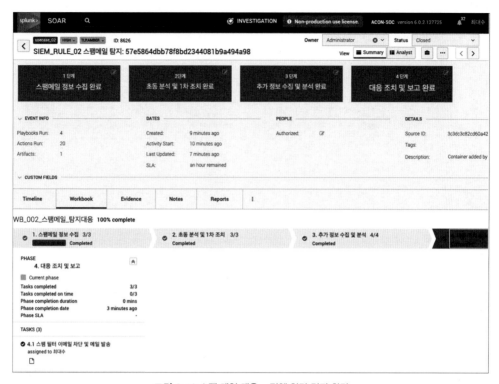

그림 3-42 스팸 메일 대응 - 전체 처리 결과 화면

그림 3-43과 같이 SIEM 솔루션에 처리한 결과를 입력하고 상태값을 "Closed"로 업데이트한다. 자동으로 통합보안 관제 시스템에 상태값과 정보를 업데이트해 전체적으로 상태를 공유하고 일치시킬 수 있다. 그러면 SOAR 솔루션을 사용하는 사용자 외 다른 사용자들도 정확히 상태를 인지할 수 있다.

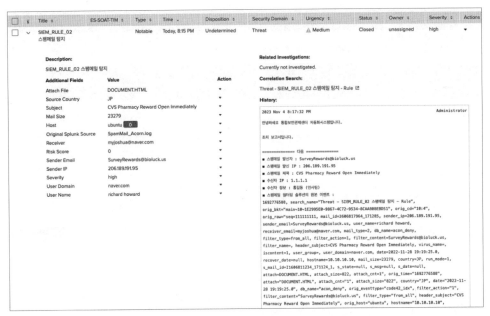

그림 3-43 스팸 메일 대응 - SIEM 솔루션에 완료 상태 업데이트

요약

그림 3-44는 스팸 메일 경보 이벤트의 자동화 처리 결과와 처리 소요 시간을 표현한 대시보드이다. Splunk SOAR 솔루션은 처리 결과를 Splunk SIEM에 모두 저장할 수 있다. 그러면 다양한 대시보드와 보고서를 업무에서 쉽게 활용할 수 있다. 그림 3-44를 통해 자동으로 처리하는 데 소요된 시간과 내용을 모두 쉽게 파악할 수 있다. 자동화를 통한 효과를 즉시 확인할 수 있다.

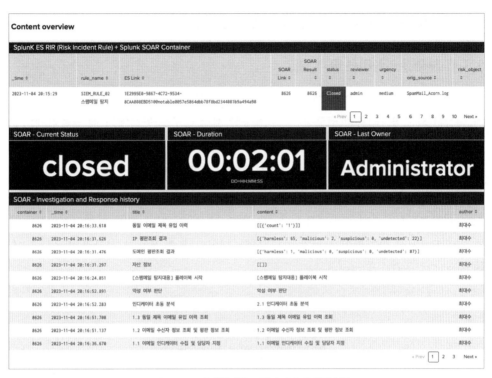

Content overview

_time ⇕	rule_name ⇕	ES Link ⇕	SOAR Link ⇕	SOAR Result ⇕	status ⇕	reviewer ⇕	urgency ⇕	orig_source ⇕	risk_object ⇕
2023-11-04 20:15:29	SIEM_RULE_02 스팸메일 탐지	1E2995E0-9867-4C72-9534- 8CAA808EBD5100notable0057e5864dbb78f8bd2344081b9a494a98	8626	8626	Closed	admin	medium	SpamMail_Acorn.log	

‹ Prev 1 2 3 4 5 6 7 8 9 10 Next ›

SOAR - Current Status	SOAR - Duration	SOAR - Last Owner
closed	**00:02:01** DD+HH:MM:SS	**Administrator**

SOAR - Investigation and Response history

container ⇕	_time ⇕	title ⇕	content ⇕	author ⇕
8626	2023-11-04 20:16:33.618	동일 이메일 제목 유입 이력	[[{'count': '1'}]]	최대수
8626	2023-11-04 20:16:31.626	IP 평판조회 결과	[{'harmless': 65, 'malicious': 2, 'suspicious': 0, 'undetected': 22}]	최대수
8626	2023-11-04 20:16:31.476	도메인 평판조회 결과	[{'harmless': 1, 'malicious': 0, 'suspicious': 0, 'undetected': 87}]	최대수
8626	2023-11-04 20:16:31.297	자산 정보	[[]]	최대수
8626	2023-11-04 20:16:24.851	[스팸메일 탐지대응] 플레이북 시작	[스팸메일 탐지대응] 플레이북 시작	최대수
8626	2023-11-04 20:16:52.891	악성 여부 판단	악성 여부 판단	최대수
8626	2023-11-04 20:16:52.283	인디케이터 초동 분석	2.1 인디케이터 초동 분석	최대수
8626	2023-11-04 20:16:51.788	1.3 동일 제목 이메일 유입 이력 조회	1.3 동일 제목 이메일 유입 이력 조회	최대수
8626	2023-11-04 20:16:51.137	1.2 이메일 수신자 정보 조회 및 평판 정보 조회	1.2 이메일 수신자 정보 조회 및 평판 정보 조회	최대수
8626	2023-11-04 20:16:36.670	1.1 이메일 인디케이터 수집 및 담당자 지정	1.1 이메일 인디케이터 수집 및 담당자 지정	최대수

‹ Prev 1 2 3 Next ›

그림 3-44 스팸 메일 대응 – 처리 시간 및 처리 이력

지금까지 스팸 메일 대응 업무 프로세스에 대한 자동화 처리 플레이북을 살펴봤다. 보안 분석가가 수동으로 처리할 경우 30분 이상 소요되던 업무들이 1~5분 이내로 빠르게 처리될 수 있다. 또한 항상 동일한 분석 품질을 유지하고 보안 분석가는 결과를 확인하고 추가적인 분석이 필요한 부분에 판단 역할을 수행하면 된다. 뿐만 아니라 보고서 생성, 알림, 이력 관리 관제 업무를 효율화할 수 있다.

3.3. 웹 애플리케이션 공격 대응 업무 프로세스

3.3.1. 웹 애플리케이션 공격 개요

웹 애플리케이션은 웹 애플리케이션의 사용 증가, 취약점의 증가와 함께 최근 많은 공격 대상이 되고 있다. 특히 코로나19 기간 동안 재택 근무로 원격에서 웹 애플리케이션을 더욱 많이 사용하면서 웹 애플리케이션의 공격 건수와 트래픽이 크게 증가했다. 글로벌 보안 기업 아카마이 테크놀로지에서 2023년 발간한 보고서 「보안 격차의 허점: 애플리케이션 및 API 공격의 증가」에 의하면 일일 웹 애플리케이션 공격 건수가 전년도에 비해 굉장히 크게 증가했음을 볼 수 있다. 특히 2022년 많은 애플리케이션들의 중대한 취약점이 발견되면서 원격 코드 실행, 데이터 유출 등으로 심각한 비즈니스 위협을 초래하는 사고가 있었다.

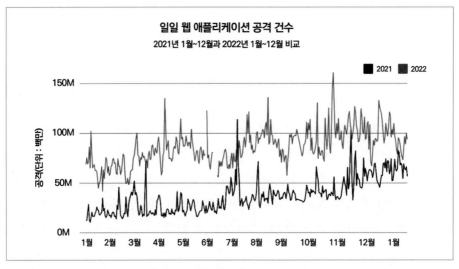

그림 3-45 웹 애플리케이션 공격 증가 추이

(출처: 아카마이 보고서, 인터넷 보안 현황 보고서 9권 2호, https://www.akamai.com/site/ko/documents/state-of-the-internet/soti-security-slipping-through-the-security-gaps.pdf)

이 절에서는 웹 애플리케이션 공격이 탐지됐을 때 보안 관제 프로세스를 어떻게 자동화할 수 있는지 살펴보겠다.

3.3.2. 주요 업무 내용 및 대응 소요 시간

웹 애플리케이션 공격 탐지 이벤트는 공격자 정보, 공격 대상 사이트, 공격 이름 또는 공격 패턴^{signature} 정보, 대상 URL, URI Path 등을 포함한다. 통합보안 관제 시스템^{SIEM}은 그림 3-46과 같이 탐지 경보 이벤트를 발생시키며 주요 정보를 요약해 표현한다.

그림 3-46 웹 애플리케이션 공격 탐지 경보(SIEM 솔루션 화면)

보안 분석가는 요약된 탐지 경보의 진위 여부를 정확히 판단하기 위해 탐지 이벤트 외에도 추가 정보를 확인한다.

예를 들면 공격자 IP에 대한 국가 정보와 그동안 공격을 수행했던 이력이 있는 IP인지 확인하는 작업이다. 공격 대상 웹 애플리케이션 서버에 대한 정보와 보안 솔루션의 로그도 함께 조회한다. 아울러 보안 솔루션에서 차단됐는지도 조회한다. 이렇게 수집한 정보를 기반으로 1차 판단을 한다. 만약 1차 분석 과정에서 명확히 공격 여부를 판단하기 어렵다면 추가 분석을 위해 트래픽(패킷) 정보를 수집하고 이벤트에 대한 상세 설명 정보도 수집해 분석한다. 그리고 대응의 시급성도 판단해 긴급 조치가 필요한 경우, 담당자에게 신속히 보고하고 선조치 이후 사후 보고를 진행할 수도 있다.

탐지 경보 이벤트 분석 및 조치 시간

탐지 경보 이벤트에 대한 관련 정보 조사와 추가 분석에 소요되는 시간에 따라서 전체 분석 시간 및 조치 시간은 달라질 수 있다. 일반적으로 15~60분 정도 소요된다. 웹 애플리케이션의 복잡도, 연관된 로그량이 많을 경우 1~3시간 이상 소요되기도 한다. 실제 보안 관제 센터마다 차이가 있는데 보안 관제 업무 프로세스/웹 서비스의 복잡도 특성에 따라 조사 범위가 달라질 수 있기 때문이다.

자동화를 활용한 기대 효과

평균적으로 약 5~15분 이내에 완료한 경우가 많았다. 추가 분석이 필요한 경우는 약 10~20분 이내에 완료됐다. 이렇게 자동화를 활용하면서 경험이 축적된 보안 관제 센터는 점점 업무를 효율화/고도화해 시간을 더욱 단축했다.

3.3.3. 웹 애플리케이션 공격 탐지 및 분석 흐름도

웹 애플리케이션 공격 대응 업무 프로세스를 살펴보자. 기업은 이미 웹 서비스를 보호하기 위한 정보보안 시스템을 설치해 사이버 위협을 탐지하고 있다. 그림 3-47과 같이 정보보안 관제 센터는 다수 보안 시스템에서 발생하는 로그와 이벤트를 SIEM 솔루션으로 통합한다. 수집된 로그와 경보 이벤트 간의 연관성을 분석해 위협 경보를 생성한다. 웹 애플리케이션의 경우, 웹 애플리케이션 방화벽WAF, Web Application Firewall, 또는 웹 방화벽에서 공격 탐지/방어를 1차 수행한다. 웹 애플리케이션 방화벽은 일반적으로 탐지된 이벤트만을 기록하며, 웹 액세스에 대한 로그를 기록하지 않는다. 그래서 웹 서버 로그를 함께 분석에 활용하는 방안이 더욱 효과적이다. 경보 이벤트가 탐지되면, 보안 관제 센터 분석가는 관련된 여러 보안 시스템(① SIEM ② 웹 방화벽 ③웹 서버 ④ 트래픽 분석 시스템 등)에서 정보를 수집한다. 공격 정보에 대한 평판 정보를 수집해 종합적으로 분석하고, 통합보안 관제 시스템 또는 내부 티켓팅 시스템에 케이스를 생성해 정보를 입력하고 관리한다. 이메일 및 메시지 등으로 담당자에게 알리는 활동을 수행한다.

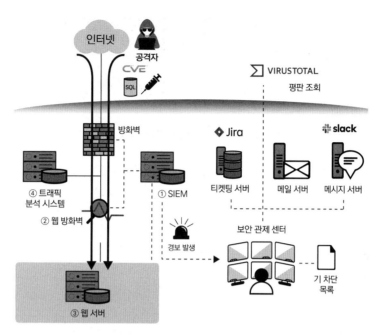

그림 3-47 웹 애플리케이션 공격 탐지 및 분석 흐름도

SIEM 솔루션은 웹 애플리케이션 공격을 탐지할 수 있는 다양한 상관 분석 탐지 정책을 제공한다. 이를 활용해 탐지 경보 이벤트를 생성한다. 각 조직마다 탐지 정책을 튜닝하거나 사용자 정의 정책을 추가해 관리한다. 표 3-10과 같은 SIEM 탐지 정책을 활용해 웹 애플리케이션 공격 대응 관제 업무 프로세스를 수행하기 위한 탐지 이벤트를 발생시킨다.

표 3-10 웹 애플리케이션 공격 탐지 상관 분석 룰 예시(SIEM 참고)

번호	SIEM 상관 분석 탐지 정책 예시	설명
1	Identity – Web Uploads to Non-corporate Domains – Rule	대용량의 웹 트래픽(업로드)이 회사 도메인이 아닌 다른 곳으로 발생하는 경우 탐지
2	Web – Abnormally High Number of HTTP Method Events By Src – Rule	특정 호스트에서 HTTP 메소드가 비정상적으로 많이 발생할 때 탐지

번호	SIEM 상관 분석 탐지 정책 예시	설명
3	ESCU – Windows PowerShell IIS Components WebGlobalModule Usage – Rule	다음 분석은 New-Webglobalmodule, enablewebglobal module 및 set-webglobalmodule의 PowerShellcmdlet의 사용을 탐지 이 명령은 APPCMD.exe 매개변수로 공격자들이 이러한 CMDLET이 덜 알려져 있으므로 APPCMD와 동일한 활동을 수행 즉, 공격자가 웹 서버에 침투해 악성 행위를 하는 경우 탐지
4	ESCU – Windows Multi hop Proxy TOR Website Query – Rule	알려진 TOR 프록시 웹사이트에 대한 DNS 쿼리 발생 시 탐지, 악의적인 트래픽의 출처를 위장하기 위해 다수의 공격 그룹 및 Agenttesla와 같은 악성 코드에서 활용 해킹당한 호스트 머신에서 TOR 프록시를 다운로드하거나 사용하려는 프로세스에서 활용
5	ESCU – Windows IIS Components Get-WebGlobalModule Module Query – Rule	PowerShell을 사용해 get-webglobalmodule을 실행하는 경우 탐지 즉, 공격자가 웹 서버에 침투해 악성 행위를 하는 경우 탐지
6	ESCU – Windows Gather Victim Network Info Through Ip Check Web Services – Rule	알려진 IP 웹 서비스에 연결하려는 프로세스를 식별 TrickBot 및 기타 말웨어에서 감염된 서버에 대한 정찰을 수행하고 IP 주소를 찾는 데 사용
7	ESCU – Web Spring4Shell HTTP Request Class Module – Rule	Spring4shell, CVE-2022-22965와 관련된 페이로드 탐지 이 분석은 HTTP 요청 본문에 패턴을 조회해 탐지
8	ESCU – Web Spring Cloud Function FunctionRouter – Rule	취약한 것으로 알려진 웹 애플리케이션 스프링 클라우드 기능과 관련된 활동을 탐지, CVE-2022-22963과 관련됨 URI에는 'functionrouter'가 포함, 필터링에 web.status = 500 추가
9	ESCU – Web Servers Executing Suspicious Processes – Rule	웹 서버로 표시된 모든 시스템에서 의심스러운 프로세스 탐지
10	ESCU – Splunk Unauthenticated Log Injection Web Service Log – Rule	공격자는 브라우저에 공격용 웹 URL을 사용해 로그 파일 주입을 수행, ANSI 코드로 된 내용을 삽입
11	ESCU – PaperCut NG Remote Web Access Attempt – Rule	Papercut NG 서버에 대한 잠재적 악용 시도를 탐지 취약점을 악용하기 위한 URI 경로 정보를 모니터링해 탐지

번호	SIEM 상관 분석 탐지 정책 예시	설명
12	ESCU – Detect Webshell Exploit Behavior – Rule	공격자가 웹 애플리케이션 취약점 악용 공격 탐지 웹쉘은 시스템에 지속적인 액세스를 설정, 웹 서버를 호스팅하는 시스템에서 실행 가능한 기능 또는 명령 인터페이스를 제공

표 3-10과 같은 웹 애플리케이션 탐지 경보 이벤트가 발생되면, 보안 분석가의 조사 및 분석 업무를 위한 수동 업무 프로세스가 시작된다. 이를 자동화하기 위해 구체적으로 보안 관제 업무 흐름을 정리해보자.

3.3.4. 주요 업무 흐름

다수의 기업이 공통적으로 수행하는 업무를 참조해 웹 애플리케이션 공격 탐지에 대한 업무 흐름을 일반화해 도식화했다. 조직마다 운영하는 보안 솔루션이 다르고 제조사도 다르고 보안 관제 축적 노하우가 다르기 때문에 보안 관제 프로세스가 차이가 난다.

> 앞에서 설명한 악성 코드 공격 대응과 스팸 메일 탐지 대응 프로세스와 주요 흐름은 유사하다. 웹 애플리케이션 분석 시 악성 코드나 웹 쉘이 탐지된다면 악성 코드 분석 또는 분석 서비스 요청 프로세스 부분은 유사하다. 악성 코드 분석보다는 프로세스 관점에서 설명하도록 하겠다.

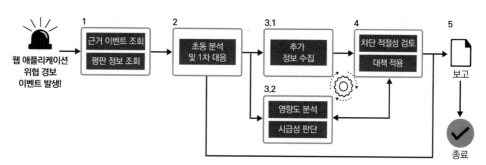

그림 3-48 웹 애플리케이션 공격 대응 – 주요 보안 관제 업무 흐름도

웹 애플리케이션 공격 대응 보안 관제 주요 업무는 그림 3-48과 같이 탐지 이벤트 발생에서 시작해 보고서 작성까지 5단계로 구분할 수 있다. ①단계는 정보 수집 단계이며, ②단계는 초동 분석 및 1차 조치 단계, ③단계는 추가 정보 수집 및 심층 분석 단계이다. 이 단계에서 공격의 시급성을 판단하게 된다. ④단계는 대책을 적용하는 대응 단계이며, 차단 정책을 적용하기 전에 적절성을 검토하는 과정이 포함된다. ⑤단계는 종료 단계이다. ② 1차 조치 단계는 수집 및 분석한 결과에 따라 몇 가지 상황으로 분기해 서로 다른 업무 처리를 수행하게 된다. 특히 ③ 심층 분석 단계는 보안 분석가의 의사 결정이 필요하다. 즉, 조사 내용 및 분석 결과를 보안 분석가가 면밀히 살펴보고 선택할 수 있는 옵션(입력값 입력)이 필요하다. 위협 경보 이벤트를 수집하고 ①단계부터 ⑤단계까지의 전체 업무 소요 시간을 측정해 SLA 기준 시간 내에 완료했는지 모니터링한다. 이제 각 단계별로 구체적인 업무 흐름을 상세하게 정의하고 우리가 목표로 하는 웹 애플리케이션 공격 대응 자동화 플레이북 구현을 위한 자료를 상세하게 준비한다.

3.3.5. 상세 업무 흐름도

그림 3-49에서 단계별 업무 내용을 상세화했다. 사람 아이콘이 있는 업무는 분석가의 판단이 필요한 항목이다. 즉, 분석가의 판단에 의해 분기가 이뤄져 다른 업무를 수행하도록 구성된다. 웹 애플리케이션 공격 대응에 대한 전체 흐름이 한눈에 파악될 것이다. 플레이북으로 구현하기 위해서 유스 케이스 정의서를 작성해 각 세부 단계별로 자동화 처리 로직과 내용을 상세히 기술해야 한다. 그림 3-49에 대한 설명은 뒷부분에 나오는 웹 애플리케이션 플레이북 유스 케이스 정의서에 자세히 설명하겠다.

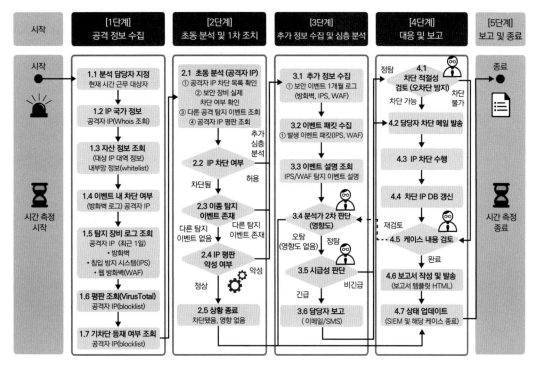

그림 3-49 웹 애플리케이션 공격 대응 – 상세 보안 관제 업무 흐름도

3.3.6. 시스템 연동 목록

업무 흐름을 정의한 후 자동화 시스템에 연동하기 위한 대상 시스템들과 필요한 자동화 행위를 식별하고 정리한다. 대상 시스템 정보와 필요한 동작을 정의하고 기술적으로 어떤 연동 방식을 사용하는지 파악해야 한다. 그리고 연동 작업을 수행할 때 중요도가 높은 순으로 우선순위를 확실히 이해해야 한다. 자동화 구현을 위해 반드시 연동이 필요한 필수 시스템을 파악하고 먼저 작업을 시작하는 게 필요하다. 만약 필수 시스템에서 연동 방식이 지원되지 않는다면, 대상 시스템 제조사에서 연동 인터페이스를 개발하거나 또는 다른 방식으로 연동을 구현해야 하기 때문이다.

표 3-11 연동 대상 시스템 및 연동 방식 조사

번호	유형	대상 시스템 예시 (버전)	연동 방식	필요 동작	우선순위 (예)
1	SIEM	Splunk Enterprise 9.1 Splunk ES 7.x	API	(1) 경보 이벤트 수집 (2) 로그 검색 (3) 인시던트 상태 업데이트	상
2	웹 방화벽	Imperva	API	(1) 공격 탐지 이벤트	상
3	트래픽 분석 시스템	Splunk Stream 또는 Arkime(오픈 소스)	API	(1) 트래픽 정보 수집	상
4	평판 조회	바이러스 토탈 (VirusTotal)	API	(1) 평판 정보 조회 　　(IP, URL, File Hash)	상
5	국가 정보 조회	Whois 또는 MaxMind	API	IP에 대한 국가 정보 조회	중
5	이메일	네이버 이메일	SMTP	이메일 송수신	중
6	케이스 관리	Jira	API	케이스 관리 등록	하
7	메시지	Slack	API	메시지 알림	하

특히 버전 정보도 정확히 파악해야 한다. 버전에 따라 제공하는 연동 내용이 다른 경우들이 종종 있다. 만약 연동 방법이나 필요한 동작에 대한 API가 없다면 제조사에 개발 계획에 있는지 확인하고, 개발이 가능한지 확인해야 한다. 만약 개발이 프로젝트 기간 내에 어렵다면 방안을 협의해야 한다.

오픈 소스 네트워크 트래픽(패킷) 분석 시스템 테스트 방법

자동화 기능을 테스트하기 위해 보안 시스템들과 네트워크 트래픽/패킷 분석 시스템이 있어야 하는데, 테스트에 유용한 데모 트래픽 분석 시스템 사이트가 있어서 소개한다. Arkime(이전 이름 Moloch)라고 부르는 오픈소스 네트워크 트래픽 분석 시스템이 있다. Arkime는 대규모 IPv4 캡처 도구로 pcap 포맷으로 모든 네트워크 트래픽을 저장할 수 있고, 자체적으로 Elasticsearch와 웹 인터페이스를 제공해 쉽게 캡처 정보를 조

회할 수 있다. 웹에서 간단하게 네트워크 트래픽에 대한 정보를 검색하고 볼 수 있으며, API를 연계해 자동화 시스템에서 분석할 수 있다. 데모 사이트를 제공하며 해당 사이트에 접속하고 확인할 수 있고 API 연동 기능을 제공한다.

- https://demo.arkime.com/

- ID: arkime, Password: arkime

그림 3-50 Arkime 데모 사이트 접속 정보

보안 담당자와 플레이북 담당자가 테스트할 때 참고하면 도움이 된다.

- 공식 홈페이지: https://arkime.com/

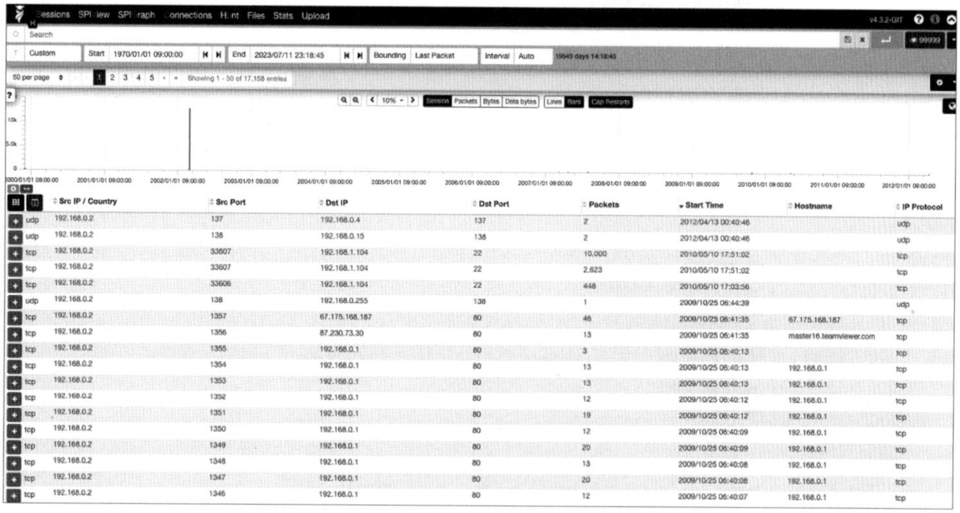

그림 3-51 Arkime 데모 사이트

SOAR 자동화 솔루션마다 연동 모듈을 앱 형태로 제공하며, 인증 정보만 설정하게 쉽게 연동이 완료된다. 그림 3-52는 Arkime 솔루션 연동 앱에서 제공하는 동작을 표시하고 있고 4개의 자동화 명령어를 제공하고 있다.

그림 3-52 Arkime 연동 모듈

앱을 제공하고 있지만 제조사의 API 버전이 올라감에 따라 최신 버전은 아직 지원이 안 되는 경우가 있다. 이때는 제조사의 API 문서를 참고해 쉽게 개발할 수 있다.

- 연동 API 가이드: https://arkime.com/commonapi

- GitHub: https://github.com/arkime/arkime

그림 3-53 Arkime 연동 API 가이드

3.3.7. 플레이북 유스 케이스 정의서

지금까지 조사하고 분석한 정보를 바탕으로 유스 케이스 정의서를 작성하는 단계이다. 보안 관제 업무 프로세스를 디지털화된 플레이북으로 구현하기 위해서 보안 관제 업무 시나리오를 명확하게 정리하는 작업이다. 구체적인 내용을 정리하면서 필요시 보안 분석가와 인터뷰를 통해 명확히 파악할 필요가 있다. 많은 기업에서 보안 관제 프로세스를 문서화해 관리하고 있지만 세부적인 판단 기준은 명시하지 않고 분석가의 판단과 상황에 의존하는 경우가 많다. 상세한 부분을 파악해 문서로 정리하는 과정이 반드시 필요하다. 플레이북 유스 케이스 양식에 맞춰 웹 애플리케이션 공격 대응 업무에 관한 유스 케이스 정의서를 작성했다.

표 3-12 웹 애플리케이션 공격 대응 유스 케이스 정의서

항목	설명
유스 케이스 이름	웹 애플리케이션공격 대응 플레이북
트리거 방법 자동화 플레이북 시작 방법	SIEM 솔루션에서 탐지 이벤트가 발생하면 수집해 시작 ※ 두 가지 방식 중 선택 (1) 폴링 방식: SOAR 솔루션에서 1분마다 정보를 조회하는 방식으로 SIEM(예: Splunk SIEM)에 새로운 경보 이벤트가 있는지 확인해 수집함. 신규 경보 이벤트가 있을 경우 플레이북이 시작됨 (2) 푸시 방식: SIEM 솔루션에서 경보 이벤트가 발생하면 SOAR 솔루션에 API 방식으로 전달함. 신규 경보 이벤트가 전달되면 해당 유형의 플레이북이 시작됨
이벤트 구조와 매핑 사고 대응 프로세스의 일부로 필요한 경보 이벤트 필드	1. 공격자 IP, Port 2. 이벤트 액션(차단/허용) 3. 공격 이름 4. URL 5. URI Path
이벤트 대응 프로세스 전반적인 응답 프로세스 및 처리 로직	**[1단계] 공격 정보 수집** 1.1 분석 담당자 지정 1.2 공격자 IP의 국가 정보(Maxmind) 1.3 대상 시스템에 대한 자산 정보 조회(내부망 여부 등) 1.4 이벤트 내 공격자 IP가 차단됐는지 확인에 대한 차단 정보(방화벽 로그)

항목	설명

이벤트 대응 프로세스
전반적인 응답 프로세스
및 처리 로직
	1.5 각 탐지 시스템의 로그 조회(방화벽, 침입 방지 시스템, 웹 방화벽)
	1.6 공격자 IP에 대한 평판 정보 조회(바이러스 토탈)
	1.7 차단 목록에 이미 등재돼 있는지 조회
	   → 분석한 내용을 저장함
	
	[2단계] 초동 분석 및 1차 조치
	2.1 초동 분석
	   a. 보안 분석가는 [1단계]에서 수집한 정보를 확인함
	2.2 공격자 IP에 대한 기차단 여부 조회
	2.3 다른 종류 보안 솔루션에서 탐지한 이벤트 존재 여부
	2.4 IP에 대한 평판 정보 조회
	   → 위 2.2, 2.3, 2.4에 이벤트가 존재, 또는 악성인 경우 [3단계]로 이동
	   → 모두 차단, 이벤트가 없고 정상인 경우는 상황 종료
	
	[3단계] 추가 정보 수집
	3.1 추가 정보 수집 수행
	   a. 보안 이벤트 최근 1개월 간 로그 수집
	     – 방화벽, 침입 방지 시스템, 웹 방화벽
	     – 동일한 공격자, 목적지로 조회
	3.2 패킷 정보 수집
	   a. 테스트 수행시 Arkime 데모 시스템 활용
	     ※ 실제는 기업에서 사용하는 네트워크 트래픽 분석 시스템 연동
	3.3 이벤트 설명 조회
	   a. 보안 시스템에서 API를 제공하는 경우 검색, 미제공 시 수동으로 수행
	3.4 분석가의 2차 판단 수행(정탐, 오탐 중 선택)
	   a. 정탐 판단
	     – 3.5로 이동해 긴급 여부 판단
	   b. 오탐 판단
	     – 상황 종료
	3.5 시급성 판단(긴급, 비긴급 중 선택)
	   a. 긴급의 경우: 3.6 담당자 보고 후, 4.2 담당자 차단 이메일 발송 수행
	   b. 비긴급의 경우: [4단계] 차단 적절성 검토 이동
	3.6 담당자 보고

항목	설명

이벤트 대응 프로세스
 	
전반적인 응답 프로세스 및 처리 로직
	[4단계] 대응 및 보고
	
	4.1 차단 적절성 검토
	
	    a. 차단 가능 선택: 4.2로 이동
	
	    b. 차단 불가능 선택: 4.5로 이동
	
	4.2 담당자 차단 이메일 발송(HTML 포맷 활용)
	
	4.3 IP 차단 수행
	
	    a. 웹 방화벽 API 활용(테스트에서는 내부 저장 파일에 저장)
	
	4.4 차단 IP DB 갱신(기존에 기록된 정보가 있는지 확인후 업데이트)
	
	4.5 케이스 내용 검토
	
	    a. 보안 분석가가 완료 여부 판단(재검토, 완료 중 선택)
	
	     – 완료 선택 시 4.6으로 이동
	
	     – 재검토 선택 시 3.4로 이동
	
	4.6 처리 결과 보고서 작성 및 관리자에게 이메일 발송(HTML 템플릿)
	
	4.7 케이스 종료
	
	    a. SOAR, SIEM 솔루션에 케이스 종료 업데이트함
	
	※ 위 내용은 상세하게 작성할수록 작성할 경우 구현 시 많은 도움이 됨

강화(Enrichment) 위협 인텔리전스 또는 내부 소스에서 IOC 강화	1.2 공격자 IP 국가 정보 조회(MaxMind, VirusTotal) 1.3 자산 정보 조회(내부망 정보) 1.6 공격자 IP 평판 조회(VirusTotal)
수동 업무 단계 분석가가 수동으로 수행해야 하는 모든 조사 단계	**[3단계] 추가 정보 수집** 3.3 이벤트 설명 조회의 경우, API 제공 시 자동화가 가능 → 미제공 시 수동으로 진행
사용자 상호작용 조사를 완료하는 데 필요한 최종 사용자와의 대화식 단계	**[3단계] 추가 정보 수집** 3.4 분석가가 2차 판단(정탐, 오탐 여부) 3.5 정탐 선택 시, 시급성 판단 선택(긴급, 비긴급 여부) **[4단계] 대응 및 보고** 4.1 차단 적절성 검토(차단 가능, 차단 불가 여부) 4.5 케이스 내용 검토(완료, 재검토 여부)

이제 탐지 이벤트를 자동화로 처리하고 화면에 표현할 주요 필드를 정의한다. 자동화 솔루션에서 제공하는 필드를 먼저 활용하고, 정의되지 않은 필드가 있다면 커스텀하게 추가하고 필드 정의서로 관리한다.

표 3-13 주요 이벤트 필드 정의서

필드 설명	필드 이름	설명 또는 예시
공격자(출발지) IP	src_ip	218.93.105.32
공격 대상(목적지) IP	dest_ip	192.168.29.121
공격 이름	signature	ThinkPHP v5 RCE General
이벤트 액션	action	allowed 또는 blocked
웹 서버 도메인	domain	www.acornpub.co.kr
메소드	method	GET, POST 등
URL	url	s=index/\think\app/invokefunction&function=call_user_func_array&vars[0]=phpinfo&vars[1][]=1
URI Path	uri_path	/index.php
공격자 평판 정보	src_reputation	Malicious, Suspicious, Benign 등
공격자 국가 정보	src_country	KR
대상 정보	dest_info	Web Server
화이트리스트 여부	whitelist_flag	Yes 또는 No
기 차단 여부	src_block_flag	Yes 또는No
SLA 시간	SLA	30 min
인시던트 결과	result	In Progress, Closed 등

여기까지 정의하면 모든 준비는 완료됐으며 플레이북 편집기를 활용해 플레이북을 구현하고 테스트하면 된다.

3.3.8. 구현 플레이북

플레이북 관리와 테스트를 위해 메인 플레이북과 메인 플레이북 안에서 호출하는 서브 플레이북으로 구성한다. 전체 업무 단계는 4단계로 구성하고 1개의 메인 플레이북과 2개의 서브 플레이북으로 구성하고, 메인 플레이북에서 서브 플레이북을 순차적으로 호출하도록 구성했다.

워크북 구성

워크북은 각 단계별 세부 작업 그룹을 지정하고 각 작업 그룹별로 담당자, SLA 시간, 플레이북을 지정하도록 템플릿화돼 있다. 상세 업무 흐름도와 유스 케이스 정의서에서 정의한 내용들과 거의 유사하게 구성했다.

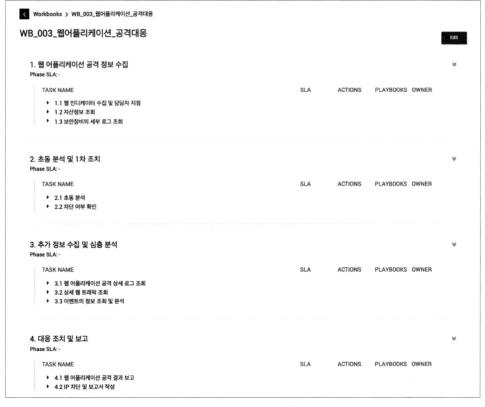

그림 3-54 웹 애플리케이션 공격 대응 워크북

웹 애플리케이션 공격 대응 플레이북은 4단계로 구성되지만, 2~4단계 프로세스를 통합해 1개의 플레이북에 구성했다. 그래서 메인 플레이북과 2개의 서브 플레이북으로 구성했다. 즉, 이해를 쉽게 하기 위해 워크북의 구성은 유스 케이스 정의서에서 정의한 4개 단계로 구성하지만, 서브 플레이북은 2개로 구성했다. 각 단계에서 어떻게 업무를 플레이북으로 구성했는지 살펴보자. 그림에서 박스는 태스크라고 부르며 하나의 작업 단위를 의미한다. 태스크는 서브 플레이북이거나 개별 독립된 작업일 수도 있다. 태스크가 서브 플레이북일 경우, 클릭하면 새로운 창에 서브 플레이북이 열리며 내용을 확인하고 편집할 수 있다. 플레이북의 세부 태스크들을 모두 설명하기보다는 웹 애플리케이션 공격 대응과 관련된 작업을 중심으로 설명하겠다.

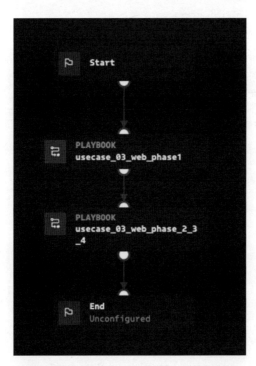

그림 3-55 웹 애플리케이션 공격 대응 – 메인 플레이북

[1단계] 공격 정보 수집

첫 번째 자동화는 웹 애플리케이션 공격 이벤트 정보를 자동으로 수집하는 것으로 그림 3-56 '웹 애플리케이션 공격 대응 - [1단계] 공격 정보 수집 서브 플레이북'이다. 태스크가 수가 많지 않거나 통합해 작성해도 플레이북 유지 관리와 테스트에 문제가 없다면 그 다음 단계와 유연하게 통합해 관리해도 무방하다. 지금은 1단계에 해당되는 내용을 서브 플레이북으로 구성했다. 분석 담당자를 지정하고, 공격자 IP에 대한 국가 정보를 MaxMind라는 서비스를 통해 조회한다. 유료 API 키가 없어도 조회 가능하다. 그외 공격 대상 즉, 웹애플리케이션 도메인에 대한 자산 정보를 조회한다. 그리고 탐지 이벤트의 공격자 IP에 대한 차단 여부를 방화벽 로그에서 조회한다. 이 정보는 차단 정책 적용에 중요한 정보가 된다. 그리고 보안 솔루션에서 동일한 IP로 24시간 내 발생한 경보가 있는지 조회한다. 공격자 IP에 대한 평판 정보도 조회한다. 그리고 해당 경보 이벤트를 어느 보안 분석가가 담당하는지 담당자 정보를 지정하고, 처리 상태를 '처리 중'으로 변경한다. 이 과정을 플레이북으로 구성하면 그림 3-56과 같이 구성할 수 있다.

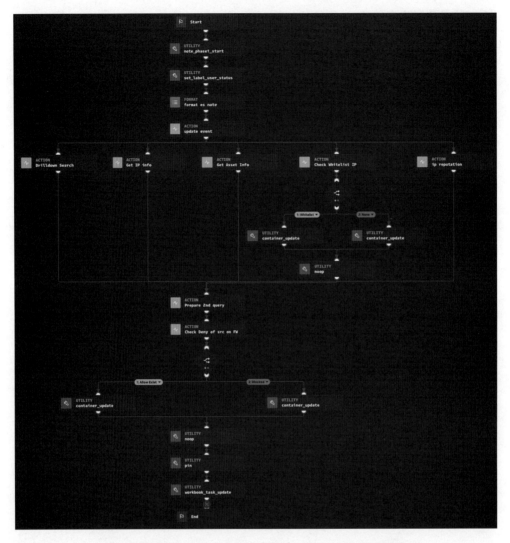

그림 3-56 웹 애플리케이션 공격 대응 – [1단계] 공격 정보 수집 서브 플레이북

플레이북 구성 시, 독립적으로 수행 가능한 태스크들은 병렬로 구성해 동시에 수행할 수 있도록 한다.

플레이북이 자동으로 정보를 수집하고 결과를 화면에 표현하고 이 정보를 기반으로 [2단계] 초동 분석 단계에서 보안 분석가는 IP 차단 여부, 이기종의 탐지 이벤트 여부, IP 악성 여부를 판단한다. 그림 3-57은 공격자 IP에 대한 국가 정보를 조회한 화면이다. 만약 보안 대응 정책을 세분화한다면, 공격자가 해외에서 유입됐을 때 가중치를 더 부여해 평가할 수도 있다. 즉, 해외 또는 국내 IP에 따라 보안 대응 정책을 다르게 가져갈 수도 있다.

그림 3-57 IP에 대한 국가 정보 조회

많은 보안 솔루션들이 국가 정보를 기반으로 Google Map과 연계해 화면에 표현하는 기능을 구현한다. Google Map 기능을 이용하면, IP의 물리적인 위치를 Google Map 위에 위치를 표현할 수 있다. 단, Google Map 기능을 사용하기 위해서 유료 서비스 가입이 필요하다. 이외에도 공격자 IP 등에 대한 평판 조회 결과도 확인할 수 있다.

[2단계] 초동 분석 및 1차 조치

플레이북이 자동으로 정보를 수집하면 그 결과는 내부에 저장돼 화면에 표현되고 이 정보를 기반으로 보안 분석가는 2단계 초동 분석 및 1차 조치를 수행한다. 2단계에서 보안 분석가는 다수의 판단을 수행한다. 먼저 공격자 IP가 이미 차단됐는지 판단한다.

차단되지 않았다면 심층 분석 단계로 이동해 추가 정보를 분석한다. 이기종의 탐지 이벤트가 존재하는 경우에도 심층 분석이 필요하다. 또한 IP 평판 정보가 악성일 경우에도 추가 정보 수집과 분석이 필요하다.

IP 평판 정보 조회 시 악성 여부를 판단하는 기준을 명확히 해야 한다. 그림 3-58과 같이 악성Malicious이 1개 이상일 경우 악성으로 판단할지 아니면 악성이 10개 이상일 경우 악성으로 판단할지 기준 값을 명확히 해야 한다. 이 책은 1개 이상이면 악성으로 판단했다.

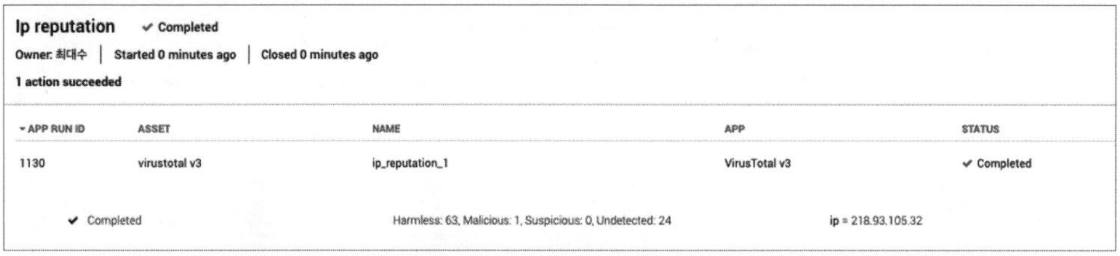

그림 3-58 IP 평판에 악성 여부 조회

악성으로 판단되고 보안 로그를 확인했을 때 차단되지 않았다면, 3단계 추가 정보 수집 및 심층 분석 단계로 이동한다. 현재 날짜 기준으로 과거 30일간의 공격자 IP에 대한 공격 이벤트를 모두 조회하고, 네트워크 트래픽 정보도 조회해 분석한다. 공격 이벤트는 설명 내용도 함께 조회해 보안 분석가가 2차 판단을 할 수 있도록 한다. 그림 3-59는 2단계부터 4단계까지 태스크를 하나의 플레이북으로 통합해 구성했다.

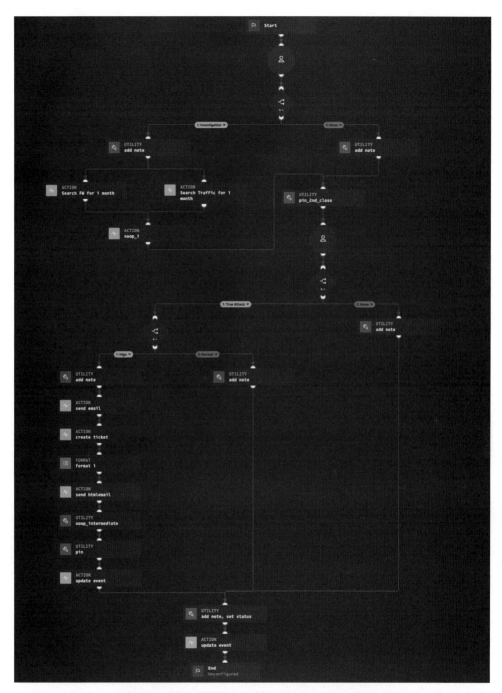

그림 3-59 웹 애플리케이션 공격 대응 – 추가 정보 수집 및 심층 분석

그림 3-60은 '웹 방화벽의 탐지 로그 조회 결과'이다. 보안 분석가는 웹 방화벽, 침입 탐지 시스템, 방화벽의 로그에서 공격 진행과 연관된 정보를 모두 확인한다. 수동으로 업무를 수행할 때는 보안 분석가가 SIEM에 직접 접속해 검색 명령어를 실행해 정보를 수집하고 확인해야 했다. 자동화는 사전에 미리 작성해놓은 검색문에 공격자 IP가 대입이 돼 검색을 수행하게 되고, 데이터 양이 많을 경우 요약 정보만 볼 수 있도록 검색을 작성해놓을 수 있다. 이 단계는 비록 보안 분석가의 확인 과정이 필요하지만 검색이 자동으로 수행되기 때문에 많은 시간을 절약할 수 있다. 또한 검색 결과를 파일로 저장해 자동화 시스템에 자동으로 첨부하고 증적으로 관리할 수 있다. 네트워크 트래픽(패킷) 분석 시스템은 관련된 패킷 정보도 파일로 저장하고 첨부해 관리할 수 있다.

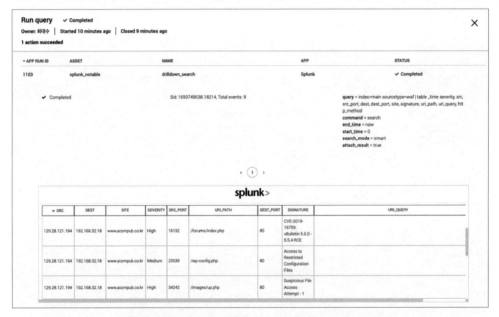

그림 3-60 웹 애플리케이션 공격 대응 – 웹 방화벽의 탐지 로그 조회

이 책의 웹 애플리케이션 공격 대응 플레이북은 2단계, 3단계, 4단계를 하나로 통합해 구성했다. 플레이북 관리의 편의성과 태스크의 수 그리고 테스트의 용이성을 고려해 유연하게 통합하거나 분리할 수 있다.

[3단계] 추가 정보 수집 및 심층 분석

추가 분석을 선택했다면 3단계로 이동해 연관된 보안 로그, 네트워크 트래픽 정보, 최근 30일간의 공격 이벤트 등을 모두 조회해 추가 분석을 진행한다. 각 보안 솔루션의 탐지 이벤트 로그, 네트워크 트래픽 정보를 수집하고, 특히 침입 방지 시스템의 이벤트 설명 정보도 함께 조회한다. 보안 분석가가 정탐으로 판단하게 되면 이후 시급성을 판단하게 된다. 그리고 4단계 대응 및 보고 단계로 넘어간다. 시급성이 긴급하지 않다고 판단되면 4단계에서 차단 적절성 검사를 먼저 수행하게 된다. 그림 3-61은 추가로 수집된 정보를 기반으로 보안 분석가가 분석 이후 2차 판단하는 화면이다. YES/NO 둘 중 한 가지를 선택한다. 이때 정탐 여부와 시급성 여부를 하나의 태스크에서 같이 처리하도록 구성했다.

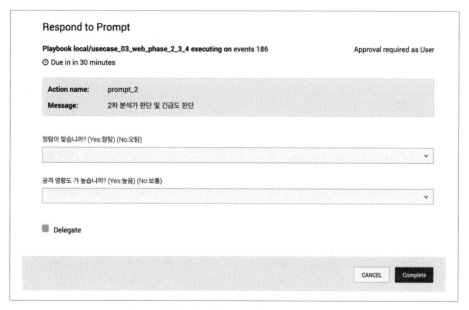

그림 3-61 웹 애플리케이션 공격 대응 – 분석가의 2차 판단

[4단계] 대응 및 보고

마지막 단계는 공격자 IP를 보안 솔루션의 차단 정책에 반영하고 보고하는 단계이다. 시급한 경우로 판단되면, 차단 적절성 검사 없이 즉시 IP를 보안 솔루션의 차단 정책에

반영한다. 이때 담당자에게 차단 메일을 발송하고 IP 차단을 수행한다. 그리고 차단 DB
에 업데이트해 이력을 관리한다. 마지막으로 해당 케이스를 검토하고, 이상 없으면 처
리한 내용을 보고서로 생성해 시스템에 기록하고 이메일 등으로 보고하고 종료하게 된
다. 그림 3-62의 워크북에는 각 단계의 처리 결과와 증적 자료들이 자동으로 입력되고
완료된다. 마지막 케이스 내용 검토 단계에서 보안 분석가는 검토 결과를 업데이트한
다. 해당 이벤트를 종료close하게 되면 이후에는 변경할 수 없다.

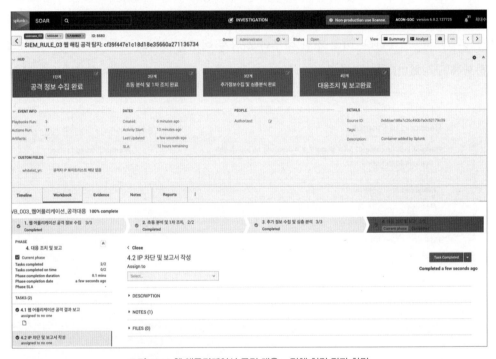

그림 3-62 웹 애플리케이션 공격 대응 – 전체 처리 결과 화면

요약

그림 3-63은 웹 애플리케이션 탐지 경보 이벤트의 자동화 처리 결과와 처리 소요 시
간을 표현한 대시보드이다. Splunk SOAR 솔루션은 처리 결과를 Splunk SIEM에 모두
저장할 수 있다. 그렇게 되면 다양한 대시보드와 보고서를 쉽게 작성할 수 있다. 다음
화면은 자동으로 처리하는 데 소요되는 시간과 내용을 모두 쉽게 파악할 수 있다. 자동

화를 통한 효과를 즉시 확인할 수 있다. 지금까지 웹 애플리케이션 공격 대응 업무 프로세스에 대한 자동화 처리 플레이북을 살펴봤다. 보안 분석가가 수동으로 업무를 처리할 경우 30~60분 이상 소요되는 업무들이 10분 이내로 빠르게 처리될 수 있다. 다음 화면에 약 7분 정도로 표현된 이유는 저자가 분석하면서 사용자 판단 부분의 응답을 늦게 했기 때문이다. 즉, 현실을 조금이라도 반영하기 위해 자동으로 수집한 내용들을 가상으로 확인하는 과정을 거쳤다. 실제 업무에서도 이러한 시간은 필요하다. 자동화를 통해 100% 자동으로 완료할 수도 있겠으나, 업무 유형에 따라서 보안 분석가의 확인 과정이 반드시 필요한 부분도 있다. 자동화 플레이북으로 구현하게 되면 항상 동일한 분석 품질을 유지하고 보안 분석가는 결과를 확인하고 추가적인 분석이 필요한 부분에 판단 역할을 수행하면 된다. 이전의 모든 활용 사례와 마찬가지로 보고서 생성, 알림, 이력 관리 관제 업무를 효율화할 수 있다.

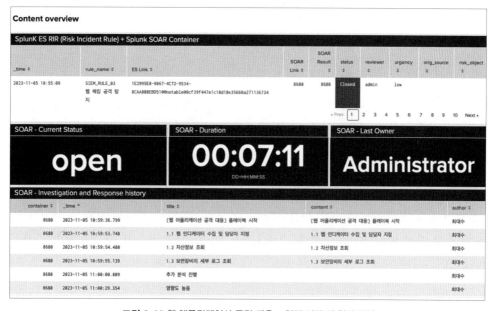

그림 3-63 웹 애플리케이션 공격 대응 – 처리 시간 및 처리 이력

3.4. KISA 보안 공지 및 취약점 정보 모니터링 및 대응 업무

3.4.1. 신규 보안 취약점 개요

한국인터넷진흥원KISA, Korea Internet & Security Agency은 기업의 안전한 인터넷과 사이버 보안을 위한 가이드와 정보를 제공한다. 특히 보안 취약점Vulnerability 관련 정보를 빠르게 제공한다. 보안 취약점이란 소프트웨어 또는 정보 시스템에 피해를 줄 수 있는 보안상의 약점을 말한다. 소프트웨어에 취약점이 존재한다는 것은 정보 시스템에 대한 불법적인 사용이 가능하는 의미이다. 해킹 및 정보 유출 사고가 가능하며 서비스를 정상적으로 작동하지 않도록 할 수 있다. 그래서 이러한 취약점에 대해서는 발견 즉시 빠르게 패치를 적용해 취약점이 악용되거나 피해를 받지 않도록 하는 일이 가장 중요하다. 가장 많이 알려진 취약점 관리 기준은 CVECommon Vulnerabilities and Exposures이다. CVE는 공개적으로 알려진 보안상의 취약점에 대해 취약점 및 노출을 공통 코드화해 목록으로 관리한다. 표준화된 CVE 코드는 CVE-(연도)-(일련번호) 순으로 관리된다. 국내는 신규 보안 취약점이 발견될 경우, 한국인터넷진흥원 보안 공지 게시판을 통해 공지하고 업데이트를 권고하고 있다.

각 권고 게시물 설명은 제품 이름과 버전 그리고 취약점 CVE 코드를 포함한 정보를 포함하고 있다. 기업은 해당 보안 제품과 취약한 버전을 사용 중인지 확인하고 업데이트해 보안 취약점을 제거해야 한다.

그림 3-65는 연도별 발생한 취약점 보고 건수를 비교한 그래프이다. 2022년을 제외하고 매년 발생한 취약점 건수가 증가함을 알 수 있다. 그만큼 기업의 보안 부서에서 대응해야 할 일이 많아짐을 의미한다. 그중 High, Medium의 개수를 합하면 계속 증가하고 있다.

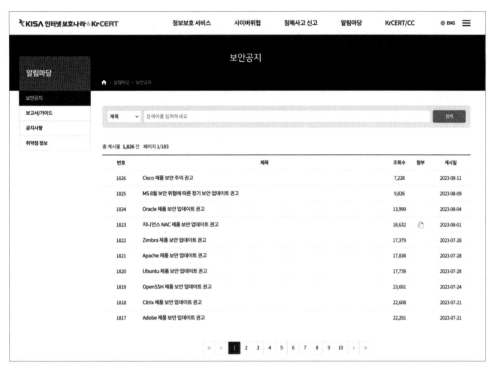

그림 3-64 한국인터넷진흥원의 보안 공지 게시판

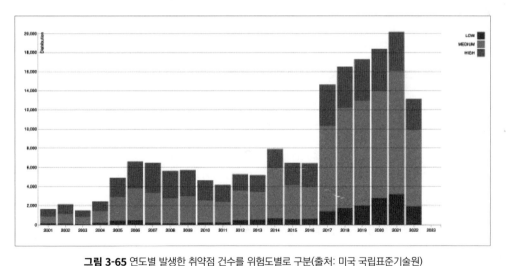

그림 3-65 연도별 발생한 취약점 건수를 위험도별로 구분(출처: 미국 국립표준기술원)
(https://nvd.nist.gov/general/visualizations/vulnerability-visualizations/cvss-severity-distribution-over-time)

3.4.2. 주요 업무 내용 및 대응 소요 시간

팔로알토 네트웍스의 침해사고 대응 보고서에 의하면 새로운 취약점 CVE가 공개된 이후 15분 이내에 해킹을 시도하는 것으로 보고하고 있다. 즉, 해커들도 마찬가지로 취약점 정보를 모니터링하고 있다가 관련된 취약한 시스템이 있는지 찾아보고 즉시 공격을 시작한다. 보안 담당자가 취약점 업데이트를 할 시간도 없이 바로 해킹에 노출되기 때문에, 공개된 보안 취약점은 즉시 업데이트가 필요하다. 한 조사에 따르면 기업에서 소프트웨어 업데이트를 적용하는 데 걸리는 평균 소요 기간이 102일이라고 한다. 그만큼 취약점으로 인한 보안 사고 발생 가능성은 매우 높다. 보안 부서에서 취약점 관리를 하기 위해 필요한 일을 구분하면 다음과 같다. ▲ 첫 번째로 신규 취약점 및 업데이트 공지에 대해 빠르게 인지해야 한다. 그리고 사용 중인 소프트웨어나 정보 시스템에 해당되는 취약 자산이 있는지 확인해야 하며, 이후 빠르게 패치 등의 조치를 취해야 한다. ▲ 두 번째로는 지속적으로 업데이트 적용 유무를 점검해야 한다. 많은 기업들이 주기적으로 점검을 진행하다 보니 빠른 대응이 현실적으로 어려운 게 사실이다. 보안 담당자의 상시 업무 또한 많다 보니 빠른 신규 취약점에 대한 대응이 쉽지 않다. 자동화 기능을 활용하면, 신규 취약점 공지에 대한 확인, 영향을 받는 자산에 대한 확인은 1~5분 이내로 빠르게 확인할 수 있다. 이후 패치 및 조치는 보안 분석가의 확인과 자산 소유자의 수행으로 빠르게 처리가 이뤄지도록 자동화될 수 있다.

3.4.3. 취약점 공지 확인 및 대응 업무 흐름도

한국인터넷진흥원 인터넷 보호 나라(https://www.boho.or.kr)는 보안 공지 및 취약점 정보 게시판을 운영하고 있다. 취약점 분석 팀은 국내외 소프트웨어에 신규 취약점이 발견되거나 발표되면, 빠르게 보안 업데이트할 수 있도록 필요한 정보를 게시한다. 기업의 보안 업무 담당자는 보안 공지 게시판을 주기적으로 확인하고 새로운 보안 공지 게시물을 확인한다. 그리고 취약한 소프트웨어 이름과 버전을 기업에서 사용 중인 소프트웨어 자산 정보와 비교한다. 발견된 취약 자산에 대해 업데이트할 수 있도록 내부 케이스 관리 시스템에 등록하고 내부 보안 공지 게시판에도 게시한다. 자산 소유자나 담당자에게 메일이나 문자 등으로 알림을 발송한다. 업무 자체는 매우 단순하지만 매일 반복적으로 수행해야 하기 때문에 보안 담당자가 재미있게 할 수 있는 일은 아니다. 그래서 매일매일 단순 반복적으로 수행하는 업무를 자동화한다면 보안 담당자의 지루한 반복적인 업무 시간을 최소화할 수 있다. 그래서 보안 담당자나 보안 분석가에게 좀 더 전문적인 보안 역량이 필요한 위협 사냥 등에 시간을 많이 할당할 수 있다.

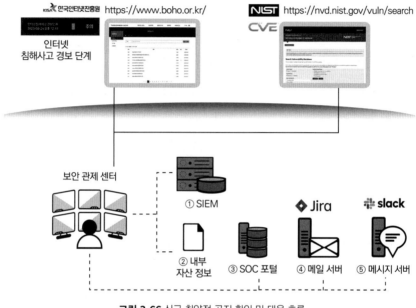

그림 3-66 신규 취약점 공지 확인 및 대응 흐름

3.4.4. 주요 업무 흐름

신규 취약점 정보 모니터링은 한국인터넷진흥원 보안 공지 게시물을 주기적으로 크롤링한다. 또한 한국인터넷진흥원에서 제공하는 국내 침해사고 경보 단계 수준 정보도 수집한다. SOAR 솔루션은 http 프로토콜로 정보를 수집하는 크롤링Crawling 기능을 제공한다. 게시물을 읽어와서 마지막으로 확인한 데이터 외 추가로 게시된 신규 취약점 공지 게시물이 있는지 확인하고, 취약점 점수 CVSSCommon Vulnerability Scoring System 스코어도 확인한다. 그리고 해당 취약점에 영향을 받는 소프트웨어가 기업 내부에 얼마만큼 존재하는지 내부 영향도 분석을 수행한다. 이후 패치 등 조치 방안을 확인해 기업 내부 정보 공유 게시판에 공지하거나 또는 케이스 관리 시스템을 통해 패치하도록 등

록한다. 이외에 취약점에 대한 POC^Proof Of Concept 공격 코드 등을 조사하고 취약점에 대한 공격 시도가 발생할 경우 탐지할 수 있도록 SIEM 솔루션에 적용할 수 있는 탐지 룰을 확인하는 과정이 있을 수 있다. 이 부분은 좀 더 선제적인 대책이 될 수 있다. 이 책에서는 지면상 대책 부분(탐지 룰 조사)은 추가하지 않았다. 독자들은 이 부분까지 플레이북을 확장해보길 바란다. 이는 좋은 연습 문제가 될 것이다.

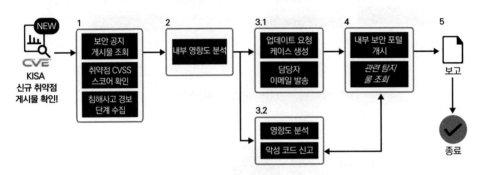

그림 3-67 신규 취약점 대응 – 주요 보안 관제 업무 흐름도

1단계로 한국 인터넷 진흥원은 보안 공지 게시판과 취약점 정보 게시판 두 가지가 있다. 이 책은 보안 공지 게시판의 신규 게시물에 대한 본문 내용을 읽어와서 취약 소프트웨어 이름, 버전 정보, 취약점 CVE 코드를 확인한다. 그리고 취약점의 심각도를 판단할 수 있는 CVSS 스코어를 확인한다. CVSS는 0.0~10.0 사이로 점수를 부여한다. 점수를 부여하는 방식에 따라 Version 2, Version 3로 두 가지 점수를 제공한다. 그림 3-68은 취약점 정보 게시물 예시이다. 본문의 테이블에 이러한 정보를 모두 포함하고 있다. 만약 CVSS를 포함하고 있지 않다면 NIST CVE 코드를 검색할 수 있는 사이트(https://nvd.nist.gov/vuln/search)에 접속해 CVSS 스코어를 조회한다. 그리고 한국인터넷 진흥원에서 제공하는 국내 보안 위협에 대한 경보 단계 정보도 수집한다. 사이버 위기에 대한 경보 단계는 1단계(정상), 2단계(관심), 3단계(주의), 4단계(경계), 5단계(심각)로 나눠져 있다. 국내 인터넷 침해사고에 대한 경보 단계를 따라 처리하는 보안 관제 업무 프로세스가 달라질 수 있다. 즉, 경보 단계 정보도 함께 수집해 내부 공지 및 업무에 활용한다.

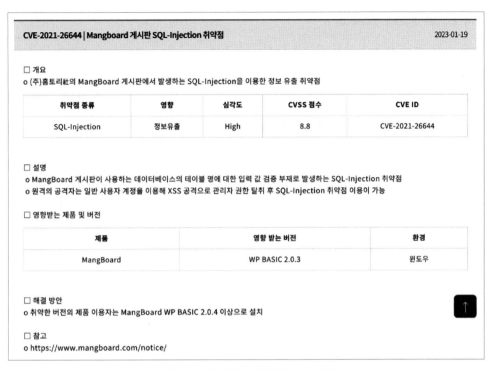

취약점 종류	영향	심각도	CVSS 점수	CVE ID
SQL-Injection	정보유출	High	8.8	CVE-2021-26644

□ 개요
o (주)홈토리社의 MangBoard 게시판에서 발생하는 SQL-Injection을 이용한 정보 유출 취약점

□ 설명
o MangBoard 게시판이 사용하는 데이터베이스의 테이블 명에 대한 입력 값 검증 부재로 발생하는 SQL-Injection 취약점
o 원격의 공격자는 일반 사용자 계정을 이용해 XSS 공격으로 관리자 권한 탈취 후 SQL-Injection 취약점 이용이 가능

□ 영향받는 제품 및 버전

제품	영향 받는 버전	환경
MangBoard	WP BASIC 2.0.3	윈도우

□ 해결 방안
o 취약한 버전의 제품 이용자는 MangBoard WP BASIC 2.0.4 이상으로 설치

□ 참고
o https://www.mangboard.com/notice/

CVE-2021-26644 | Mangboard 게시판 SQL-Injection 취약점 2023-01-19

그림 3-68 신규 취약 소프트웨어 게시물 예시

2단계는 영향을 받는 소프트웨어가 기업 내에 얼마만큼 사용 중인지 파악해 영향도를 분석한다. 영향도를 분석하는 방법은 명확한 기준이 있는 것은 아니다. 기업 환경에 맞게 커스텀하게 정의해 관리한다. 일반적으로 취약한 소프트웨어가 설치된 수량, CVSS 점수, 자산의 중요도를 결합해 계산할 수 있다. 취약 소프트웨어에 의한 기업 내 영향도가 매우 낮다면 공지 메일을 발송하고 종료할 수 있다. 영향도가 높다면 소프트웨어를 업데이트할 수 있도록 내부 케이스 관리 시스템에 등록하고 알림 메일을 발송한다. 내부 정보 공유 게시판에 공지 글을 게시한다. 또한 정보보안 관제 센터에서 이러한 공격을 탐지할 수 있는 상관 분석 룰을 확인하고 추가할 수 있도록 한다.

3.4.5. 상세 업무 흐름도

그림 3-69에서 신규 취약점 발생에 대한 구체적인 상세 업무 흐름을 도식화한 것을 볼 수 있다.

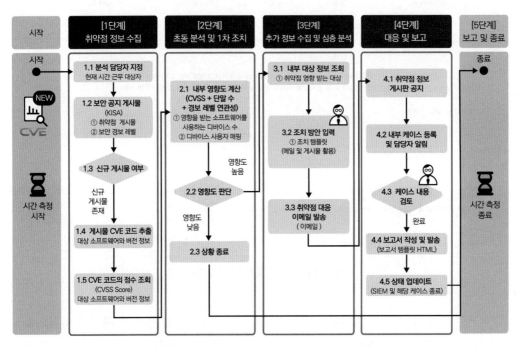

그림 3-69 신규 취약점 대응 – 상세 보안 관제 업무 흐름도

[1단계] 이전의 활용 사례와 마찬가지로 먼저 담당자를 지정하고 처리 상태를 '처리 중'으로 변경한다. 자동화 솔루션의 웹 페이지 크롤링 기능을 확인해 취약점 게시물과 사이버 위기 경보 단계 정보를 수집한다. 즉, HTTP Get 명령으로 정보를 수집하게 되는데, 이때 너무 빈번하게 크롤링하게 되면 웹사이트에 대한 서비스 거부 공격으로 판단돼 차단될 수 있으니 적절한 주기로 하는 게 좋다. 5~30분 주기로 크롤링하는 것도 나쁘지 않다. 이전에 처리한 게시물 정보를 내부에 기록하고, 크롤링한 정보가 신규 게시물인지 또는 이미 이전에 확인한 게시물인지 여부를 판단한다. 신규 게시물에 해당되면 게시물의 본문을 다시 읽어와 취약 소프트웨어 이름, 버전 그리고 CVSS 취약점 점수를 수집 기록한다.

[2단계] 취약점으로 인해 내부에 얼마나 영향이 큰지 영향도를 계산한다. 이러한 영향도를 평가하는 공식 기준이 있는 것은 아니고 기업마다 자체 수립한 기준으로 활용한다. 즉, 취약한 소프트웨어를 기업 내부에서 사용하는 수량이 많을 경우 영향도 높음으로 평가할 수 있을 것이다. 영향도가 낮음으로 판단되면 상황 종료로 분기되고 영향도가 높다면 추가 정보 수집 및 대응으로 진행된다.

[3단계] 영향을 받는 내부 대상 시스템을 조회하고 취약점에 대해 업데이트 조치를 할 수 있도록 가이드 내용을 작성한다. 이때는 게시물의 내용과 분석가가 추가적인 의견과 내용을 기입해 만들게 되며 이때 템플릿을 활용한다. 그리고 취약점 조치 대상자에게 메일이나 메시지로 알림을 발송한다.

[4단계] 취약점에 대해 내부 시스템에 게시하고 조치를 위해 케이스 관리 시스템에 등록한다. 케이스가 완료되면 담당자는 보고서를 작성하고 케이스를 완료한다. 내부에 별도 취약점 공유 게시판이 없다면 게시 부분은 생략할 수 있다.

> 참고로 조치 대상자에게 조치 요청 케이스를 생성하고, 플레이북을 완료할 수도 있으며, 또는 최종적으로 업데이트 조치가 완료됐는지 모두 확인하고 플레이북을 완료할 수 있다.

3.4.6. 시스템 연동 목록

자동화를 위해 SOAR 솔루션이 연동해야 하는 시스템과 필요한 동작을 표 3-14에 정리했다. 자동화 업무를 상세하게 정의하면서 실제로 자동화가 구현 가능한지 확인하기 위해서 대상 시스템 정보와 필요한 작업을 먼저 정리해야 한다. 시스템상에서 어떤 연동 방식을 활용하는지 구체적으로 파악해야 한다. 시스템 연동 목록을 작성할 때는 우선순위를 파악해야 한다. 자동화 구현을 위해 반드시 연동이 필요한 시스템부터 작업해야 한다.

표 3-14 연동 대상 시스템 및 연동 방식 조사

번호	유형	대상 시스템 예시 (버전)	연동 방식	필요한 작업	우선순위 (예)
1	Web	KISA KR CERT https://www.bobo.or.kr/	HTTP GET	웹 페이지 정보 수집	상
2	Web	NIST CVE 코드 검색 https://nvd.nist.gov/	HTTP GET 또는 API	웹 페이지 정보 수집	상
3	SIEM	자산 정보	API	소프트웨어 자산 정보 조회	상
4	정보 보호 포털	정보 보호 포털 정보 공유 게시판	API 또는 DB 입력	신규 취약점 보안 공지	상
5	Jira	Jira	API	내부 케이스 관리	상
6	Slack	Slack	API	메시지 알림	중
7	이메일	네이버 이메일	SMTP	알림 이메일 발송	중

대부분 SOAR 솔루션은 웹 페이지를 크롤링할 수 있는 HTTP Get 읽기 기능을 제공한다. 하지만 HTTP Get으로 읽어온 HTML 값을 자동으로 읽기 쉽게 변환해주지 않기 때문에 정규 표현식 또는 파이썬 커스텀 코드를 작성해 필요한 정보만 별도 작업으로 추출해야 한다. 기업에 정보 보호 포털 게시판이 있다면 수집한 취약점 정보를 게시해야 할 수도 있다. 일반적으로 API를 통해 게시물을 업로드한다. 그 외 내부 케이스 관리 시스템, 이메일, 메시지 등을 통해 알림을 발송한다.

3.4.7. 플레이북 유스 케이스 정의서

다음 단계는 지금까지 조사하고 분석한 정보를 기반으로 유스 케이스 정의서를 작성하는 것이다. 유스 케이스 정의서 작성 단계는 집을 지을 때 설계도를 작성하는 단계라고 여러 번 비유했다. 특히 외부 시스템을 연계하고 웹페이지의 게시판을 크롤링해 정보를 추출하는 일은 추후에 변경 가능성이 있다. 즉, 한국인터넷진흥원에서 홈페이지를

리뉴얼하면서 게시판 URL이나 메뉴 구성 등 정보가 변경될 수 있다. 그렇게 되면 플레이북의 크롤링 및 정보 추출 로직을 수정해야 한다. 그 전에 작업했던 설계도가 있다면 쉽게 이해하고 변경 작업할 수 있을 것이다. 만약 설계도 없이 플레이북을 작성하면 플레이북 내용을 보면서 업무의 전체 흐름을 다시 파악하고 변경 작업을 수행해야 한다. 그뿐 아니라 새로운 보안 솔루션이 도입돼 업무 흐름이 추가되거나 업무 프로세스가 개선, 변경될 때 유스 케이스 정의서는 이에 대한 이력 관리를 제공한다. 즉, 업무 흐름도와 유스 케이스 정의 문서를 잘 관리해야 플레이북에 대한 유지 보수를 쉽게 할 수 있다.

표 3-15 신규 취약점 대응 유스 케이스 정의서

항목	설명
유스 케이스 이름	신규 취약점 정보 수집 및 대응 플레이북
트리거 방법	설정한 주기에 따라 플레이북 시작(예: 5~30분 단위)
이벤트 구조와 매핑 사고 대응 프로세스의 일부로 필요한 인시던트 필드	소프트웨어 이름, 소프트웨어 버전, CVSS
이벤트 대응 프로세스 전반적인 응답 프로세스 및 처리 로직	**[1단계] 취약점 정보 수집** 1.1 분석 담당자 지정 1.2 KISA에서 게시물을 크롤링해 가져옴 　　a. KISA 인터넷 보호 나라 보안 공지 게시판 　　　https://www.boho.or.kr/kr/bbs/list.do?menuNo=205020&bbsId=B0000133 　　　최근 10개 제목을 읽어와 신규 게시물을 확인함 　　※ KISA 인터넷 보호 나라 취약점 정보 게시판 　　　https://www.boho.or.kr/kr/bbs/list.do?menuNo=205023&bbsId=B0000302 　　→ 이 책에서는 보안 공지 게시판으로 한정해 테스트함 　　b. KISA 인터넷 보호 나라 메인 페이지를 크롤링해 인터넷 침해사고 경보 단계를 읽음 　　　https://www.boho.or.kr/ 1.3 신규 게시물이 있을 경우 신규 게시물 본문 내용 수집 　　HTTP GET으로 크롤링했을 때 상세 페이지에 대한 링크가 포함돼 있음 　　신규 게시물 본문에 대해서 다시 크롤링함

항목	설명

이벤트 대응 프로세스
 	
전반적인 응답
프로세스 및 처리 로직
	1.4 신규 게시물 본문에 있는 취약한 소프트웨어 이름, 버전 정보, CVE 코드 수집, 그 외 연관 정보 수집
	
	1.5 CVE 코드에 대한 CVSS 취약점 점수를 수집함
	
	    a. NIST 사이트에서 취약점 CVE 코드를 입력해 수집함
	
	    https://nvd.nist.gov/vuln/search
	
	      – CVSS 버전 2, 버전 3, 두 가지 점수가 있으며 이 책에서는 버전 3의 점수를 사용
	
	  → 분석한 내용을 저장함
	
	[2단계] 초동 분석 및 1차 조치
	
	2.1 취약점에 대한 내부 영향도 분석
	
	    a. 취약 소프트웨어별로 점수를 산정함
	
	    b. 내부 영향도 계산식
	
	      – 취약 소프트웨어의 CVSS 점수
	
	      – 영향을 받는 자산의 중요도(상, 중, 하로 나누고 기본값은 하)
	
	    ※ 그 외 영향을 받는 자산의 개수 등 여러 요소를 활용할 수 있음
	
	    → 위 세 가지 점수를 합해 산정함
	
	2.2 취약 소프트웨어의 내부 영향도 판단
	
	    a. 영향도 점수 기준 미만인 경우 → 상황 종료
	
	    b. 영향도 점수 기준 이상인 경우 → [3단계] 추가 정보 수집으로 이동
	
	[3단계] 추가 정보 수집
	
	3.1 취약점 영향을 받는 대상 정보 조회
	
	    a. 대상 자산 담당자 정보 조회(이름, 부서, 이메일 주소)
	
	3.2 조치 방안에 대한 확인 및 입력
	
	    a. 크롤링한 정보 와 기본 템플릿 활용
	
	      – 담당자가 해당 내용을 검토하고 수정이 필요한 부분은 수정함
	
	3.3 취약점 대응 이메일 발송
	
	[4단계] 대응 및 보고
	
	4.1 신규 취약점에 대해 게시판 공지
	
	    a. 이 책은 Splunk SIEM 게시판에 공지(API 방식)
	
	4.2 내부 케이스에 등록해 업데이트 요청함(Jira API)
	
	    a. 3.2에서 사용한 템플릿 활용
	
	    b. 담당자 알림(Slack 메시지)

항목	설명

이벤트 대응 프로세스
전반적인 응답
프로세스 및 처리 로직
	4.3 케이스 내용 확인 후 사용자가 완료 여부 판단
	
	    a. 조치 내용까지 모두 완료되면 종료하거나, 담당자 알림으로 종료할지 담당자가 판단하도록 함
	
	       - 완료됐다고 판단하면 종료하고 그렇지 않으면 대기(sleep)하고 1시간 뒤 체크함
	4.4 보고서 작성 및 관리자에게 이메일 발송
	4.5 케이스 종료
	
	    a. SOAR, SIEM 솔루션에 케이스 종료 업데이트함

강화(Enrichment) 위협 인텔리전스 또는 내부 소스에서 IOC 강화	IP 자산 정보에 대한 담당자 부서, 이름, 이메일 주소
수동 업무 단계 분석가가 수동으로 수행해야 하는 모든 조사 단계	업무는 자동으로 처리됨

사용자 상호 작용
조사를 완료하는 데
필요한 최종 사용자와
대화식 단계
	[3단계] 추가 정보 수집
	3.2 조치 방안에 대한 확인 및 입력
	    - 보안 분석가는 템플릿 내용을 확인하고 추가 내용을 입력함
	[4단계] 대응 및 보고
	4.3 케이스 내용 확인 후 사용자가 완료 여부 판단
	    - 보안 분석가 확인 과정 수행

다음은 이벤트를 처리하고 화면에 표현하기 위해 필요한 주요 필드이다. SOAR에서 처리하는 이벤트 유형에 따라 표현해야 하는 정보가 다르다. 이때 사용하기 위한 필드를 정의하고 관리해야 한다. 그래서 이벤트 필드 정의서를 정의하고 커스텀 필드(사용자 정의 필드)를 추가해 관리할 필요가 있다.

표 3-16 주요 이벤트 필드 정의서

필드 설명	필드 이름	설명 또는 예시
취약점 이름	signature	MaxBoard 다중 취약점
소프트웨어	Software	MaxBoard
소프트웨어 버전	Software Version	1.9.5.1 및 이전 버전
CVE 취약점 코드	cve	CVE-2021-26634
취약점 점수	cvss	9.8
보안 경보 레벨	Security Urgency	Critical
패치 버전	SW Patch Version	1.9.6 이상
분석가 처리 내용	Analyst Decision	심각한 취약점으로 패치 필요
내부 영향도	Impact Analysis	심각, 보통, 일반 등
SLA 시간	SLA	24 hours
인시던트 결과	Close Status	In Progress, Closed 등

여기까지 정의하면 자동화 플레이북 구현을 위한 재료는 모두 준비됐다. 다음은 워크북과 플레이북을 구현한다.

3.4.8. 구현 플레이북

워크북

워크북은 보안 관제 업무에 대한 작업 일지이다. 즉, 플레이북을 통해 자동으로 처리되거나 수동으로 처리한 내용에 대한 이력 관리를 워크북을 통해 관리할 수 있다. 워크북은 각 단계별 세부 작업 그룹을 지정할 수 있고, 각 작업 그룹별로 담당자, SLA 시간, 플레이북을 지정할 수 있도록 템플릿화돼 있다. 설명과 이해를 쉽게 하기 위해서 상세업무 흐름도와 유스 케이스 정의서에서 정의한 내용들을 기반으로 유사하게 구성했다. 플레이북의 단계와 차이가 있을 수 있다.

WB_005_KISA 보안공지 및 취약점 정보

Edit

1. 보안 공지 및 취약점 정보 수집 단계
Phase SLA: -

TASK NAME	SLA	ACTIONS	PLAYBOOKS	OWNER
▸ 1.1 보안공지 게시물 조회				
▸ 1.2 취약점 CVSS 스코어 조회				
▸ 1.3 침해사고 경보 단계 정보 수집				

2. 초동 분석
Phase SLA: -

TASK NAME	SLA	ACTIONS	PLAYBOOKS	OWNER
▸ 2.1 취약 소프트웨어 사용 여부 및 내부 영향도 분석				

3. 추가 정보 수집
Phase SLA: -

TASK NAME	SLA	ACTIONS	PLAYBOOKS	OWNER
▸ 3.1 내부 대상 시스템 조회				
▸ 3.2 조치 방안 입력				
▸ 3.3 취약점 대응 메일 발송				

4. 취약점 대응 조치 및 보고
Phase SLA: -

TASK NAME	SLA	ACTIONS	PLAYBOOKS	OWNER
▸ 4.1 취약점 정보 내부 게시판 공지				
▸ 4.2 케이스 오픈하여 조치 요청 및 담당자 알림				
▸ 4.3 보고서 작성 및 케이스 종료				

그림 3-70 신규 취약점 대응 워크북

SOAR 솔루션마다 시각화된 플레이북 편집기를 제공한다. 플레이북 편집기를 활용해 플레이북을 구현하는 데 하나의 플레이북으로 전체 업무를 구현하면 굉장히 태스크의 개수가 많아지고 길어지게 된다. 그러면 테스트 및 관리가 어려워질 수 있다. 그래서 주요 작업 단위로 플레이북을 만드는 게 중요하다. 즉, 메인 플레이북과 서브 플레이북들로 구성할 수 있다. 신규 취약점 대응 플레이북도 1개의 메인 플레이북이 4개의 서브 플레이북으로 구성돼, 메인 플레이북에서 순차적으로 호출하게 구성했다. 4개의 서브 플레이북은 4단계의 주요 업무 흐름별도 구분해 작성했다. 이해를 돕기 위해 4개로 구성했으나 실제는 좀 더 자유롭게 구성할 수 있다. 즉, 반복적으로 활용되는 업무를 공통 플레이북으로 구성한다. 그림 3-71은 신규 취약점 모니터링 및 대응을 위한 메인 플레이북이다. 이전의 다른 유스 케이스와 마찬가지로 설명과 이해를 쉽게 하기 위해 워크북의 4개 단계로 서브 플레이북을 구성하고, 메인 플레이북에서 서브 플레이북을 호출한다.

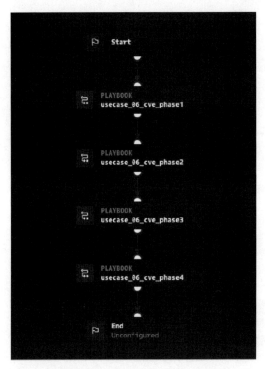

그림 3-71 신규 취약점 대응 – 메인 플레이북

그림에서 하나의 박스는 태스크라고 부르며 하나의 작업 단위를 의미하며, 서브 플레이북일 수도 있다. 태스크 박스를 클릭하면 세부 내용을 확인할 수 있는데 서브 플레이북 태스크일 경우 새로운 창에 플레이북이 열리게 된다. 각각 플레이북별로 작성하고 테스트 및 디버깅을 할 수 있다. 개별 서브 플레이북을 모두 테스트하고, 마지막에 메인 플레이북을 수행해 구현을 완료한다.

[1단계] 취약점 정보 수집 단계

첫 번째 단계는 한국인터넷진흥원의 보안 공지 게시물을 읽어오고 그중에서 신규 취약점 게시물을 읽어와 저장하는 단계이다. 그림 3-72와 같이 보안 공지 게시물은 기본적으로 10개의 게시물을 포함한다. 일반적으로 하루에 10개 이상의 취약점 게시물이 작성되진 않고 있다. 게시물 목록 중에서 오늘 날짜의 게시물 또는 이전에 처리하지 않은 신규 게시물을 찾아내 세부 내용을 다시 크롤링해 읽어온다.

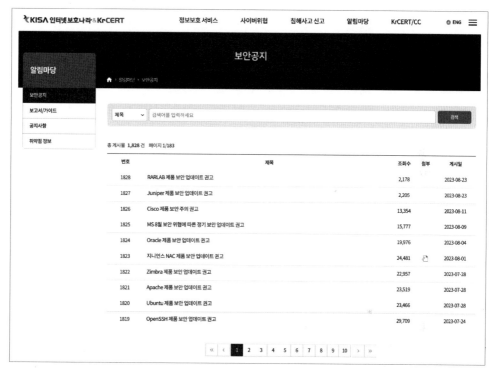

그림 3-72 한국인터넷진흥원의 보안 공지 게시판

예를 들어 그림 3-72의 1821번 항목 'Apache 제품 보안 업데이트 권고'라는 게시물이 신규 게시물이라면, 해당 게시물의 세부 게시물을 다시 HTTP Get으로 읽어와야 한다. 보안 공지 게시판을 읽어왔을 때 그림 3-73과 같이 제목별로 상세 게시물에 대한 추가 URL 정보가 포함돼 있다. 해당 URL에 접속해 다시 읽어오게 되면 상세 취약점 내용을 파악할 수 있다.

```html
<tr>
    <td class="num">1822</td>
    <td class="sbj tal">
        <a href="/kr/bbs/view.do?searchCnd=&amp;bbsId=B0000133&amp;searchWrd=&amp;menuNo=205020&amp;pageIndex=1&amp;categoryCode=&amp;nttId=71153">
        Zimbra 제품 보안 업데이트 권고
        </a>
    </td>
    <td class="count xs-hidden">22,975</td>
    <td class="attach xs-hidden">
    </td>
    <td class="date">2023-07-28</td>
</tr>
<tr>
    <td class="num">1821</td>
    <td class="sbj tal">
        <a href="/kr/bbs/view.do?searchCnd=&amp;bbsId=B0000133&amp;searchWrd=&amp;menuNo=205020&amp;pageIndex=1&amp;categoryCode=&amp;nttId=71152">
        Apache 제품 보안 업데이트 권고
        </a>
    </td>
    <td class="count xs-hidden">23,541</td>
    <td class="attach xs-hidden">
    </td>
    <td class="date">2023-07-28</td>
</tr>
<tr>
    <td class="num">1820</td>
    <td class="sbj tal">
        <a href="/kr/bbs/view.do?searchCnd=&amp;bbsId=B0000133&amp;searchWrd=&amp;menuNo=205020&amp;pageIndex=1&amp;categoryCode=&amp;nttId=71151">
        Ubuntu 제품 보안 업데이트 권고
        </a>
    </td>
    <td class="count xs-hidden">23,489</td>
    <td class="attach xs-hidden">
    </td>
    <td class="date">2023-07-28</td>
</tr>
```

그림 3-73 한국인터넷진흥원의 보안 공지 게시판 – HTML로 표현한 정보

첫 번째 단계에 대한 전체 플레이북 흐름이다. 다양한 기능을 넣는다면 복잡해질 수도 있지만 간략히 필수 태스크만을 포함했다. 게시판 내용을 읽어와서 리스트 중 신규 게시물을 파악하고 다시 신규 게시물의 상세 페이지를 읽어오고, CVE 코드에 대한 점수까지 함께 저장한다. 그림 3-74는 지금까지 설명한 내용을 구현한 플레이북이다. SOAR 솔루션마다 HTML 값에서 정보를 추출하는 기능을 제공하지만 다양한 HTML 구성에서 정확히 원하는 값을 읽어오기 위해선 커스텀 코드나 정규 표현식으로 작업이 필요하다. 그래서 SOAR 솔루션을 활용하기 위해서는 간단하게라도 정규 표현식, 파이썬 스크립트를 활용할 수 있는 역량이 있다면 많은 기능을 추가해 기능을 강화할 수 있고 플레이북도 빠르게 구현할 수 있다.

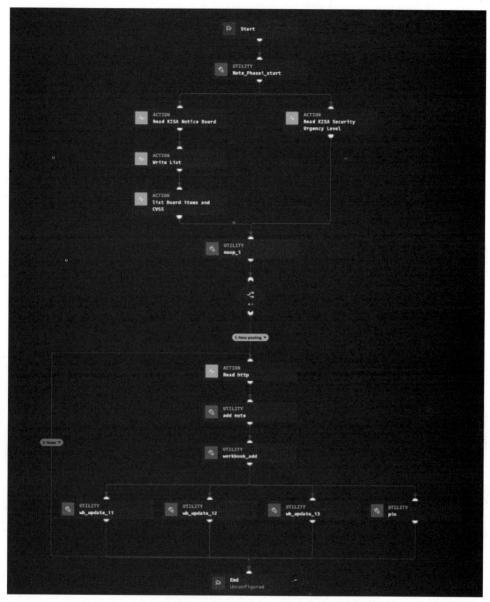

그림 3-74 신규 취약점 대응 - 1단계 취약점 정보 수집

이렇게 1단계에서 수집한 정보를 SIEM에 저장하고 그림 3-75와 같이 확인할 수 있다.

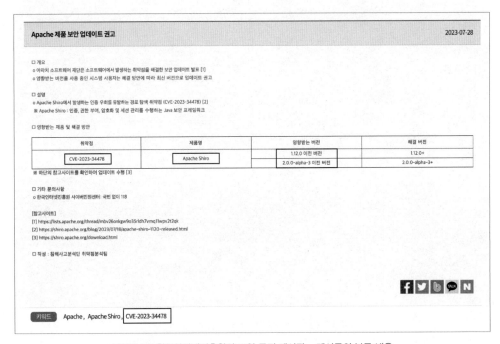

Usecase_06 KISA보안공지 및 신규 취약점				Edit	Export ▾	⋯
NO ⇕	Date ⇕	TITLE ⇕	Link ⇕			Count ⇕
1828	2023-08-23T00:00:00	RARLAB 제품 보안 업데이트 권고	/kr/bbs/view.do?searchCnd=&bbsId=B0000133&searchWrd=&menuNo=205020&pageIndex=1&categoryCode=&nttId=71177			2,202
1827	2023-08-22T00:00:00	Juniper 제품 보안 업데이트 권고	/kr/bbs/view.do?searchCnd=&bbsId=B0000133&searchWrd=&menuNo=205020&pageIndex=1&categoryCode=&nttId=71170			2,233
1826	2023-08-11T00:00:00	Cisco 제품 보안 주의 권고	/kr/bbs/view.do?searchCnd=&bbsId=B0000133&searchWrd=&menuNo=205020&pageIndex=1&categoryCode=&nttId=71160			13,379
1825	2023-08-09T00:00:00	MS 8월 보안 위협에 따른 정기 보안 업데이트 권고	/kr/bbs/view.do?searchCnd=&bbsId=B0000133&searchWrd=&menuNo=205020&pageIndex=1&categoryCode=&nttId=71167			15,796
1824	2023-08-04T00:00:00	Oracle 제품 보안 업데이트 권고	/kr/bbs/view.do?searchCnd=&bbsId=B0000133&searchWrd=&menuNo=205020&pageIndex=1&categoryCode=&nttId=71166			19,996
1822	2023-07-28T00:00:00	Zimbra 제품 보안 업데이트 권고	/kr/bbs/view.do?searchCnd=&bbsId=B0000133&searchWrd=&menuNo=205020&pageIndex=1&categoryCode=&nttId=71153			22,975
1821	2023-07-28T00:00:00	Apache 제품 보안 업데이트 권고	/kr/bbs/view.do?searchCnd=&bbsId=B0000133&searchWrd=&menuNo=205020&pageIndex=1&categoryCode=&nttId=71152			23,541
1820	2023-07-27T00:00:00	Ubuntu 제품 보안 업데이트 권고	/kr/bbs/view.do?searchCnd=&bbsId=B0000133&searchWrd=&menuNo=205020&pageIndex=1&categoryCode=&nttId=71151			23,489
1819	2023-07-24T00:00:00	OpenSSH 제품 보안 업데이트 권고	/kr/bbs/view.do?searchCnd=&bbsId=B0000133&searchWrd=&menuNo=205020&pageIndex=1&categoryCode=&nttId=71140			29,729

그림 3-75 한국인터넷진흥원의 보안 공지 게시판 내용을 수집해 저장 후 표현

이후 신규 취약점 정보에 대한 세부 게시물 내용을 보면 그림 3-76 과 같이 테이블 형태로 취약점, 제품명, 영향을 받는 버전 등 정보를 알 수 있다. 이 정보를 HTTP Get으로 읽어오면 그림 3-77과 같이 테이블 형태로 저장돼 있는 것을 볼 수 있다. 필요한 값만 정규 표현식 또는 커스텀 코드 등을 활용해 적절히 추출하는 작업이 필요하다.

Apache 제품 보안 업데이트 권고   2023-07-28

□ 개요
o 아파치 소프트웨어 재단은 소프트웨어에서 발생하는 취약점을 해결한 보안 업데이트 발표 [1]
o 영향받는 버전을 사용 중인 시스템 사용자는 해결 방안에 따라 최신 버전으로 업데이트 권고

□ 설명
o Apache Shiro에서 발생하는 인증 우회를 유발하는 경로 탐색 취약점 (CVE-2023-34478) [2]
※ Apache Shiro : 인증, 권한 부여, 암호화 및 세션 관리를 수행하는 Java 보안 프레임워크

□ 영향받는 제품 및 해결 방안

취약점	제품명	영향받는 버전	해결 버전
CVE-2023-34478	Apache Shiro	1.12.0 이전 버전	1.12.0+
		2.0.0-alpha-3 이전 버전	2.0.0-alpha-3+

※ 하단의 참고사이트를 확인하여 업데이트 수행 [3]

□ 기타 문의사항
o 한국인터넷진흥원 사이버민원센터: 국번 없이 118

[참고사이트]
[1] https://lists.apache.org/thread/mbv26onkgw9o35rldh7vrmq11wpv2t2qk
[2] https://shiro.apache.org/blog/2023/07/18/apache-shiro-1120-released.html
[3] https://shiro.apache.org/download.html

□ 작성: 침해사고분석단 취약점분석팀

키워드 Apache , Apache Shiro , CVE-2023-34478

그림 3-76 한국인터넷진흥원의 보안 공지 게시판 – 게시물의 본문 내용

SOAR 플레이북을 구현하다 보면 생각보다 플레이북 작성자의 노력이 많이 필요한 경우가 있다. 커스텀 코드를 작성해 스크립트를 반드시 추가해야만 하는 경우도 있다. 이러한 부분도 감안해야 하며 커스텀 코드 작성 없이 100% 완벽하게 구성할 수 있는 SOAR 솔루션은 거의 없다. 그래서 유스 케이스 정의서를 작성할 때 커스텀 코드가 필요한 부분을 파악할 수 있다면 사전에 구현 방안을 준비할 수 있을 것이다.

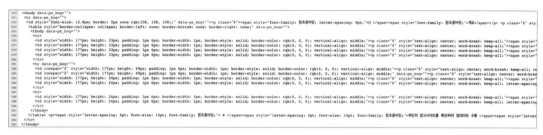

그림 3-77 한국인터넷진흥원의 보안 공지 게시판 – 게시물을 HTTP로 표현한 정보(일부분)

즉, HTTP Get으로 그림 3-77의 세부 게시물을 읽어오게 되면 그림 3-78과 같이 데이터를 확인할 수 있고, 필요한 내용을 적절히 필터링하고 저장하는 작업이 필요하다. SOAR 솔루션은 다양한 유틸리티 함수들을 제공하고 있어서 문자열을 필터링, 가공할 수 있다. 또한 커스텀 함수를 쉽게 추가할 수 있는 기능도 제공한다. 결과적으로 원하는 정보만 추출해 활용할 수 있다.

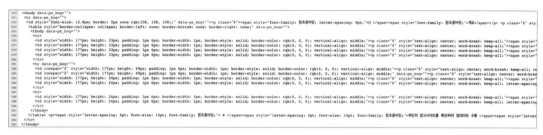

그림 3-78 HTTP Get 방식으로 수집한 정보

그림 3-79는 인터넷 침해사고 경보 단계이다. HTTP 값으로 내용을 확인해보면 아래 사각형에 저장된 값 "setp s03"으로 3단계를 의미하고 있다. 전체 5단계 중 3단계(주의)를 나타내고 있다.

이것도 마찬가지로 HTTP Get으로 HTML 본문을 읽어오고, 본문에서 '인터넷 침해사고 경보 단계' 문자열이 있는 곳을 찾아내고 값을 추출해 정보를 수집한다.

그림 3-79 한국인터넷진흥원 – 인터넷 침해사고 경보 단계 HTML 본문

[2단계] 영향도 분석 단계

그림 3-80은 2단계 내부 영향도 계산 및 판단 서브 플레이북이다.

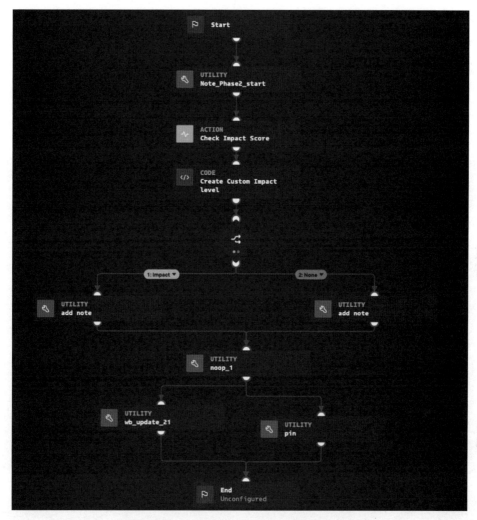

그림 3-80 신규 취약점 대응 – 2단계 내부 영향도 계산 및 판단

2단계는 취약한 소프트웨어 버전이 해당되는지 조회하게 된다. 예를 들어 취약한 버전의 자산이 100대 이상 확인이 된다면 영향도를 심각으로 판단할 수 있다. 내부 영향도 계산의 경우, 표준화된 계산 로직이 있는 것이 아니다. 기업마다 자체적으로 기준을 수립해 사용하면 되겠다. 이 부분은 커스텀 코드 형태로 기업마다 다르게 적용할 수 있다. 영향도를 분석하고 심각하다고 판단되면 3단계로 넘어가 해당 소프트웨어를 사용하는 자산의 정보를 추가로 조사하게 된다.

[3단계] 추가 정보 수집

그림 3-81은 영향도 분석 결과가 '심각'으로 판단돼, 조치가 필요한 경우 3단계가 진행된다. 취약점의 영향을 받는 대상 정보 시스템을 관리하는 사용자의 연락처 정보를 확인한다. 그리고 해당 취약점 정보와 조치 가이드에 대한 정보를 준비한다. 자산 소유자에게 이메일로 취약점 정보와 조치 가이드를 전달한다.

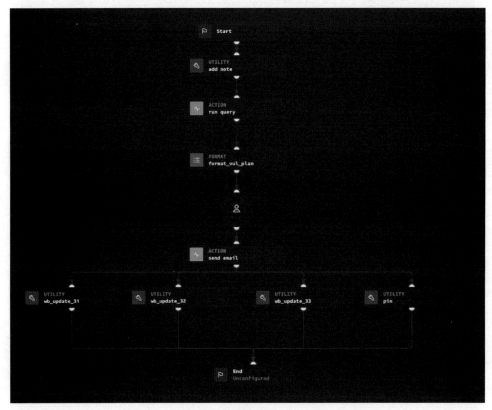

그림 3-81 신규 취약점 대응 – 추가 정보 수집

[4단계] 대응 및 보고 단계

마지막 단계는 그림 3-82 '대응 및 보고 단계'이다. 기업에서 정보보호 공유 게시판이 있다면 취약점 정보를 게시판에 등록하고 내부에 공지한다. 그리고 3단계에서 메일을 통해 담당자에게 패치 등 조치를 취할 수 있도록 전달했는데, 이 내용을 추적 관리

가 필요하다. 그래서 내부 케이스 관리 시스템에 신규 케이스를 생성해 등록한다. 이 책에서는 Jira를 사용했다. 또한 Slack 메시징 처리 시스템을 통해 담당자에게 알림을 보낸다. Jira와 Slack은 많은 기업에서 사용하기도 하지만 개인이 무료로 등록해 연동 테스트 및 사용할 수 있도록 제공하고 있다. 기업에서 사용하는 티켓팅 시스템과 메시지 시스템이 있다면 변경해 사용할 수 있다. 그리고 케이스가 등록된 다음 그때까지 처리한 내용을 보고서로 생성해 시스템에 기록하고 SIEM, SOAR 솔루션의 상태값을 '종료 Close'로 변경하고 종료하게 된다.

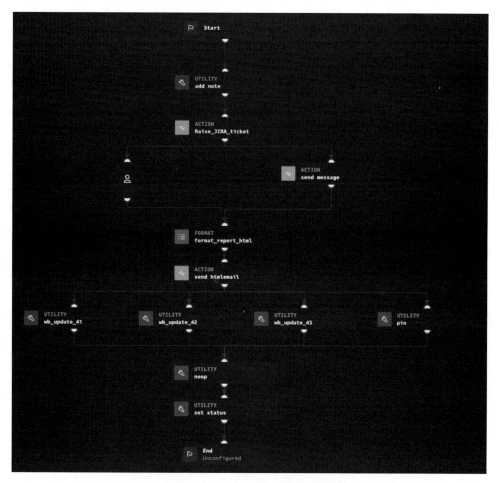

그림 3-82 신규 취약점 대응 – 대응 및 보고 단계

요약

웹사이트나 게시판을 주기적으로 모니터링해 정보를 수집하고 이후 자동화를 수행하는 플레이북은 SIEM 솔루션에서 경보가 발생해 플레이북이 시작되도록 하는 형태가 아니다. 즉, 배치 형태로 설정한 시간 주기(예: 5분, 1시간, 1일 등)마다 플레이북이 수행되는 스케줄링 방식의 플레이북이다. 그러다 보니 처리 상태나 결과를 다시 SIEM에 업데이트할 필요는 없다. 대신 처리한 이력과 결과를 SOAR에 갱신해 이력 관리한다.

그림 3-83과 같이 SOAR 화면에서 전체 4개의 서브 플레이북이 모두 처리된 것을 확인할 수 있고, 타임 라인에 태스크들이 완료된 현황을 표현하고 있다.

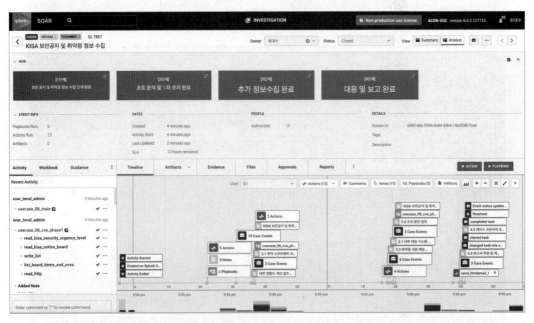

그림 3-83 신규 취약점 대응 – 전체 타임라인 및 진행 결과

3.5. 해킹 그룹 위험도 점수 기반 탐지 대응 업무 프로세스

3.5.1. 해킹 그룹의 APT 공격 개요

지금까지 단일 유형의 위협 탐지 경보를 살펴봤다. 이제 다양한 공격 탐지 이벤트를 묶어서 즉, 연관지어서 탐지 정확도가 높은 위협 탐지 경보를 알아보자. 해킹 공격 그룹들이 사용하는 일련의 공격 과정을 함께 탐지하는 위험도 점수 기반의 탐지 경보 이벤트를 알아보고 경보 이벤트를 자동으로 처리하는 대응 업무 프로세스를 살펴본다. 해킹 공격 그룹에 관해 들어봤을 것이다. 특히 북한의 해킹 공격 그룹, 라자루스Lazarus, 김수키Kimsuky, 스카크러프트Scarcruft 등에 대한 정보는 인터넷에서 쉽게 찾아볼 수 있다. 중국 인민해방국 소속 해커들이 일본 보안망 네트워크를 침투했다고 한다. 지능적인 사이버 공격의 배후에는 기업, 국가, 유명인사들을 대상으로 지속적이고 고도화된 APTAdvanced Persistent Threat 공격을 수행하는 전문 해킹 그룹이 존재한다. 그들은 특정 국가에 대한 사이버 간첩 활동 및 자금 확보를 위해 국가의 지원을 받으며 활동한다. 북한의 경우, 국방위원회 산하 조직 중에서 정찰 총국 아래 다수 해킹 부대가 존재하는 것으로 알려져 있다. 북한의 해킹 그룹은 독재 정권을 유지하는 버팀목이라고 해도 과언이 아니다. 2023년 6월 김수키 해킹 그룹의 활동이 보고되면서 미국 NSA와 한국 정부는 사이버 보안 권고문을 공동으로 발표하기도 했다. 북한 김수키 해킹 그룹은 전 세계의 싱크탱크·학계·미디어들을 대상으로 사회공학적 기법을 악용한 해킹 공격을 수행하고 있다. 이에 우리 정부는 경각심을 높이기 위한 합동 주의보를 발표했다.

그림 3-84 북한 해킹 그룹에 대한 주의보

이렇듯 전 세계에는 많은 해킹 그룹이 활동하고 있고 국가, 기업, 기관은 이를 막고 예방하기 위해 연구하고 새로운 기술과 방법론을 적극 활용하고 있다.

그림 3-85 각국의 해킹 그룹

3.5.2. MITRE ATT&CK 프레임워크와 공격 기술 분석

MITRE Corporation(마이터 코퍼레이션으로 읽으며 이하 'MITRE'로 표기)은 매사추세츠주 베드포드와 버지니아주 맥린 두 곳에 본사를 두고 있으며 1958년에 설립된 미국의 비영리 기관이다. 항공, 국방, 의료, 국토 안보 및 사이버 보안 분야에서 다양한 미국 정부 기관을 지원하는 연방 자금 지원 연구 개발 센터를 관리한다. 사이버 보안 분야에서 MITRE라는 조직은 1999년부터 CVE^{Common Vulnerabilities and Exposures}라고 부르는 '정보보안 취약점 표준 코드'를 만들어 소프트웨어와 펌웨어의 취약점을 파악하고 분류했다. 기업 및 개인이 보안 강화에 사용할 수 있도록 무료로 CVE 취약점 데이터베이스를 제공하고 있다(CVE 데이터베이스 웹사이트: https://cve.mitre.org).

MITRE의 ATT&CK 프레임워크는 Adversarial Tactics, Techniques, and Common Knowledge의 약어로서 일반적으로 'MITRE 어택' 또는 'MITRE 어택 프레임워크'라고 부른다. 사이버 공격자들의 행동과 공격 라이프 사이클 전반에 걸친 행동에 대한 분류를 체계화한 지식 베이스이다. 좀 더 쉽게 풀어 말하면, 공격 그룹들의 악의적인 행위에 대해서 공격 방식과 기술에 대한 정보를 체계적으로 분류해 목록으로 만들어 놓은 것이다. MITRE 어택의 시작은 Windows를 사용하는 기업에서 APT 공격에 대해 전술, 기술, 절차 세 가지를 영어 약어로 TTP^{Tactics, Techniques, Procedures}로 정리하면서 시작됐다. 1년에 2회 업데이트되는데 현재 버전은 13이며, 기업용 어택 버전에는 4개의 전술, 196개 기법, 411개 하위 기법, 138개 그룹, 2개 공격 캠페인, 740개의 소프트웨어가 포함돼 있다.

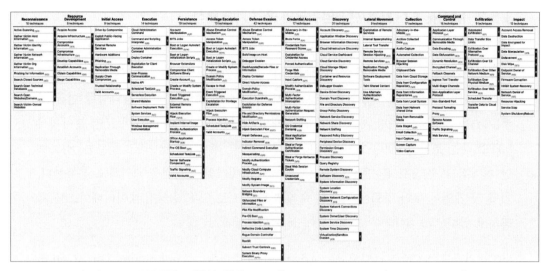

그림 3-86 MITRE 어택 프레임워크(출처: https://mitre-attack.github.io/attack-navigator/)

MITRE 어택은 공격을 분석하고 위협을 탐지하는 데 매우 유용한 도구이고 특히 정보보안 관제 센터에서 상관 분석 업무 수행 시 매우 유용하게 활용할 수 있다. MITRE 어택은 공격자의 일반적인 행동 패턴을 분석해 세분화된 전술, 기술, 절차 정보를 매핑하고 공격자 행위를 식별할 수 있는 프레임워크로 활용할 수 있다. 정보보안 관제 센터에서 공격자의 운영 방식을 이해하는 데 큰 도움이 된다. 그러다 보니 보안 위협 인텔리전스 분석 팀은 공격 동향 보고서에 MITRE 어택 기술과 매핑한 코드 정보를 함께 제공하다. 선진 정보보안 관제 센터들은 공격 기술에 대한 분류 체계를 이해하고 탐지에 적극 활용하고 있다. 표 3-17은 2023년 6월 한국인터넷진흥원에서 게시한 블랙캣 랜섬웨어 침해사고 기술 보고서에 포함된 MITRE 어택 공격 기술 매핑 정보이다. 블랙캣은 2021년 처음 발견돼 최근에도 많은 공격과 침해사고가 보고되고 있다(출처: https://kisa-irteam.notion.site/30bff71b5ae544f0b15aa7fc6c15bfc8).

표 3-17 블랙캣 랜섬웨어의 MITRE 어택 매핑 정보

전술 단계	기술 ID	세부 기술	설명
Initial Access	T1133	External Remote Services	외부 장비(VPN)를 통한 접근
Execution	T1059.001	Command and Scripting Interpreter: PowerShell	파워 셸을 이용한 Cobalt Strike 스크립트 다운로드 및 실행
Persistence	T1133	External Remote Services	외부 장비 외 추가 접근 환경 구성
Persistence	T1547.001	Boot or Logon Autostart Execution : Registry Run Keys / Startup Folder	접속 관련 레지스트리 변경
Persistence	T1053.005	Scheduled Task/ Job:Scheduled Task	작업 스케줄러에 악성 코드 등록
Privilege Escalation	T1078.002	Valid Accounts: Domain Accounts	도메인 계정 사용
Defense Evasion	T1562.001	Impair Defenses : Disable or Modify Tools	백신 강제 종료
Credential Access	T1003.002	OS Credential Dumping : Security Account Manager	계정 탈취 도구 사용
Discovery	T1046	Network Service Discovery	네트워크 스캔 도구 사용
Lateral Movement	T1021.001	Remote Services: Remote Desktop Protocol	원격 데스크톱(RDP)을 통해 원격 접속
Lateral Movement	T1021.005	Remote Services: VNC	원격 접근 프로그램 사용
Lateral Movement	T1570	Lateral Tool Transfer	악성 파일 사용해 공유 폴더 통한 원격 접근
Command and Control	T1219	Remote Access Software	원격 액세스를 활용하기 위한 공격 도구 사용
Impact	T1486	Data Encrypted for Impact	랜섬웨어 감염
Impact	T1529	System Shutdown/Reboot	랜섬웨어 감염 후 재부팅

3.5.3. 위험도 점수 기반 공격 탐지 개요

이번 활용 사례는 정보보안 관제 센터에서 MITRE 어택 매핑 정보를 SIEM 솔루션에서 스코어링 기반으로 분석해 탐지하는 사례를 설명한다. 그리고 해킹 공격 그룹을 탐지한 경보 이벤트를 생성한 이후에 세부 MITRE 어택의 전술, 기술 단계별 결과를 조사하고 정리하는 자동화 플레이북에 대해 살펴보겠다. SIEM 솔루션 제조사마다 스코어링 기반의 탐지 방식을 부르는 명칭이 조금씩 차이가 있다. 이 책은 Splunk의 RBA^{Risk Based Alerting}라고 부르는 기능을 활용해 설명한다. 그림 3-87과 같이 위험도 점수를 기반으로 연산해 정확도가 높은 위협을 탐지하는 방법이다. 위험도 점수 기반의 경보 이벤트 생성 방법은 기존의 경보 이벤트 생성 방식이 많은 오탐을 발생시키는 데 그 한계를 극복하고자 나온 방법이다.

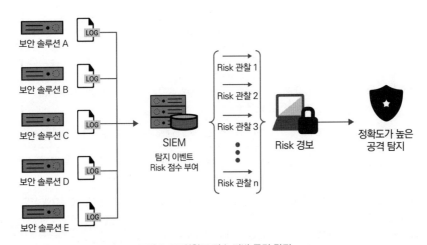

그림 3-87 위험도 점수 기반 공격 탐지

먼저 각각 개별 탐지 경보 이벤트에 해당하는 '리스크 관찰 이벤트^{Risk Observed Events}'를 생성한다. 위험도 점수와 위험도 점수를 산정한 근거가 되는 위험 요소^{Risk Factor}를 기록하고, 위험도 점수의 대상이 되는 객체^{Object}를 기준으로 점수가 계속 저장된다. 즉, 특정 디바이스^{IP}, 사용자 계정이 위험도 산정의 대상 객체에 해당되며, 위험도 점수를 산정한 근거가 되는 공격 패턴이나 공격 요소가 위협 요소^{Threat Factor}로 작용한다. 그림 3-88을 통해 구체적으로 알아보자.

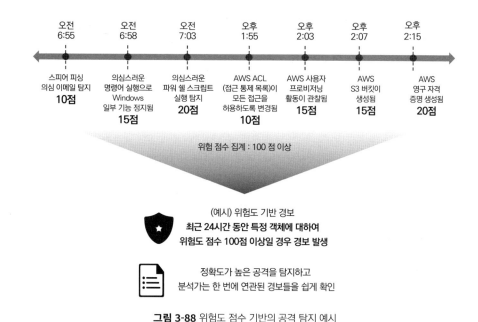

그림 3-88 위험도 점수 기반의 공격 탐지 예시

오전 6시 55분에 스피어 피싱 의심 이메일을 탐지했다. 하나의 탐지 이벤트만 보면 심각도가 높지 않아 대부분의 경우 분석가는 쉽게 넘기게 된다. 하지만 하나의 대상에 대해 다수의 위험도 점수 기반으로 위협 이벤트가 탐지되면 하나의 탐지 정확도가 높은 통합적인 탐지 경보 이벤트가 만들어진다. 그리고 개별 단위 경보 이벤트들은 중요한 컨텍스트로서 역할을 하게 된다. 보안 분석가는 이러한 충실도가 높은 경보 이벤트와 컨텍스트를 기반으로 정확도 높게 빠르게 탐지하고 조사하고 대응할 수 있다. 위험도 점수 기반 방법과 함께 앞에서 설명한 MITRE 어택 기법을 적용한다면 표 3-18과 같은 예시로 구성할 수 있다.

표 3-18 MITRE 어택 정보를 매핑한 위험도 점수 기반 공격 탐지

경보 이름	데이터 소스	전술 ID	점수
비표준 포트에 네트워크 통신 탐지	넷플로우	TA0011	10
잠재적인 명령 제어 서버와 통신 탐지	WEB 로그	TA0011	25
심각도가 낮은 침입 탐지 시스템 공격 탐지	IDS 이벤트	TA0001	15

경보 이름	데이터 소스	전술 ID	점수
새로운 프로그램 시작 레지스트리 키 등록 탐지	EDR	TA0003	30
새로운 예약 작업 생성 탐지	EDR	TA0002	35

※ EDR: Endpoint Detection and Response

위와 같이 다양한 데이터 소스에서 발생하는 심각도가 낮은 경보 이벤트들이 MITRE 어택의 전술 또는 기술 ID와 매핑해 최근 24시간 동안 100점 이상이 되면 경보를 발생 하도록 설정할 수 있다. 위와 같은 방법을 활용하면 최신 위협 동향 보고서에서 제공하 는 MITRE 어택 정보를 SIEM 솔루션의 상관 분석 룰에 매핑해 정확도가 높은 공격 탐 지와 관련된 컨텍스트(전후 상황 정보)를 한 번에 모아 확인할 수 있게 된다.

3.5.4. 주요 업무 내용 및 대응 소요 시간

그림 3-89는 김수키 북한 해킹 공격 그룹을 SIEM 솔루션에서 위험도 점수 기반 탐지 방법으로 분석해 경보 이벤트 생성한 결과 화면이다. 김수키 공격 그룹에서 사용하는 공격 방법들은 여러 정보보안 회사들의 분석 보고서에 정리돼 있다. 안랩은 블로그에 분석 보고서를 게시하고 있다. 이러한 MITRE 어택 공격 기술들을 위험도 점수 기반의 경보 설정과 매핑해 설정하고 탐지할 수 있다. Splunk SIEM 솔루션은 그림 3-89와 같 이 위험도 점수 기반의 경보로 정확도 높게 탐지하고, 공격 기술들에 대한 컨텍스트를 추가해 표현하고 있다. 많은 보안 솔루션들이 MITRE 어택을 채택하고 분석 결과로 매 핑해 함께 제공한다. 보안 분석가는 공격 대상(위협 객체)에 다수의 다양한 공격이 수행 된 것을 쉽게 확인할 수 있다.

그림 3-89 해킹 그룹을 위험도 점수 기반으로 탐지한 경보 이벤트 조회(SIEM 솔루션 화면)

그림 3-90은 공격 대상에 어떠한 위협 요소들이 공격을 수행했는지 위협 객체들을 확인할 수 있다. 즉, 파일 해시, 실행 파일, 파워 쉘 스크립트 등 공격에 영향을 준 요소를 함께 표현해 제공한다.

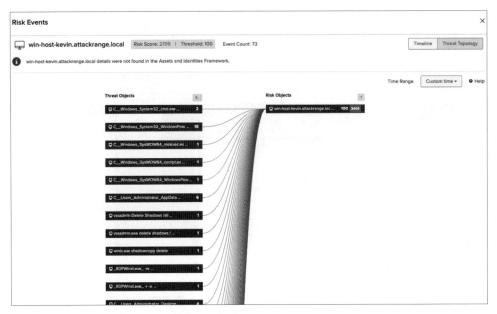

그림 3-90 해킹 그룹을 위험도 점수 기반으로 탐지 – 상세 위협 요소 조회(SIEM 솔루션 화면)

위험도 기반 탐지 경보가 발생한 이후에 분석가는 공격 대상 IP(피해 IP)에 대한 사용자와 부서 정보, 공격명에 대한 상세 정보, 과거의 공격 이력 등을 수집하고, 위험도 점수를 구성하는 개별 탐지 이벤트들을 조사한다. 즉, 공격 대상에 어떠한 위협 요소들이 공격을 행했는지 위협 객체들을 정리하게 된다. MITRE 어택 프레임워크의 정보를 기반으로 공격 단계별 내용을 정리한다. 이렇게 수집한 정보들을 기반으로 1차 판단을 한다. 만약 보안 분석가가 1차 분석 과정에서 명확히 공격 여부를 판단하기 어렵다면 심층 분석을 이동한다.

탐지 경보 이벤트 분석 및 조치 시간

많은 기업들이 위험도 점수 기반 탐지 경보를 적용해 효과를 거두고 있다. Viasat이라는 기업의 보안 관제 센터는 정확도가 낮은 탐지 경보 이벤트 즉, 충실도가 낮은 경보의 발생 수를 줄여서 경보의 수를 약 50~90%까지 감소할 수 있었다. 그뿐만 아니라 충실도가 높은 경보를 발생시켜서 연관된 컨텍스트를 함께 확인할 수 있어서 사고 조사의 용이성 또한 매우 높아졌다. 그래서 자연스럽게 분석 시간도 많이 감소될 수 있다.

내부 프로젝트 팀이 약 3개월 동안 MITRE 어택 기반의 위험도 점수 기반 경보[RBA, Risk Based Alerting] 방법을 적용해 전체 경보 이벤트의 발생 수를 획기적으로 감소시킬 수 있었다.

> Viasat은 캘리포니아주 칼즈배드에 본사를 둔 미국 통신 회사로, 미국 전역과 전 세계에 고속 위성 광대역 서비스 및 보안 네트워킹 시스템을 제공하는 업체이다.

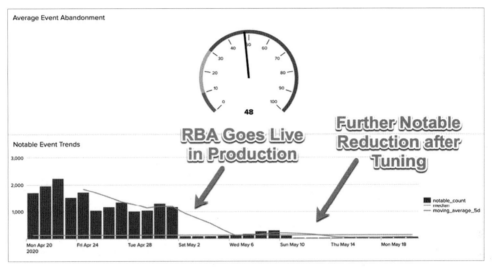

그림 3-91 위험도 점수 기반 방법의 효과(2020년 Splunk 글로벌 보안 행사에서 발표)
(출처: https://conf.splunk.com/files/2020/slides/SEC1391C.pdf)

위험도 점수 기반 경보 방법으로 위협을 탐지하게 되면 단일 탐지 이벤트에 관련된 콘텐츠를 모두 포함하기 때문에 보안 사고 조사의 업무 효율성을 향상시킨다. 즉, 품질이 높은 경보를 발생시키기 때문에 업무의 대응 시간을 줄이는 데에도 도움이 된다. MITRE 어택 프레임워크의 공격 기술 ID와 매핑해 분석 정보를 제공하기 때문에 분석 시간도 감소시키고 조사 및 보고서의 품질을 향상시킨다. 결과적으로 심각도가 낮은 경보는 줄이고 조사해야 할 중요한 경보만 제공한다.

자동화를 활용한 기대 효과

위험도 점수 기반 방법은 경보의 수를 감소시켜 줌으로서 보안 관제 센터 분석가들의 분석 시간을 단축시켜준다. 그러나 충실도가 높은 위험도 점수 기반 경보 자체도 보안 분석가가 각각의 단위 경보 이벤트들을 모두 확인해 보고서로 작성해야 한다. 이 부분을 자동화 플레이북을 적용한다면 대폭 시간을 단축시킬 수 있다. 마찬가지로 약 5분 이내에 완료한 경우가 많았고 평균적으로 약 5~10분 이내 완료가 됐다.

3.5.5. 해킹 그룹 공격 탐지 및 분석 흐름도

해킹 공격 그룹의 위험도 점수 기반 공격 대응 업무 프로세스를 살펴보자. 위험도 점수 기반 공격 탐지 방법은 특정 해킹 그룹의 공격 관련 내용을 탐지하기 위해 점수로 결합해 분석한 탐지 방법이다. 즉, 정확도가 높은 단일의 탐지 이벤트이지만, 그 경보를 구성하는 다수의 개별 경보 이벤트들은 모두 확인해야 하는 시간이 필요하다.

그림 3-92와 같이 정보보안 관제 센터는 다양한 보안 시스템에서 발생하는 로그와 이벤트를 SIEM 시스템을 활용해 통합 수집된 로그와 경보 이벤트들 간의 연관성을 분석해 위협 경보를 탐지하고 생성한다. 위험도 점수 기반 경보 이벤트가 탐지되면 보안 분석가는 위험도 점수를 구성하는 개별 단위 경보들을 모두 확인하고 조사한다. 공격 정보에 대한 평판 정보 또한 수집해 종합적으로 분석하고 통합보안 관제 시스템 또는 내부 티켓팅 시스템에 케이스를 생성해 정보를 입력하고 관리한다. 이메일 및 문자 메시지 등으로 담당자에게 알리는 활동을 수행한다.

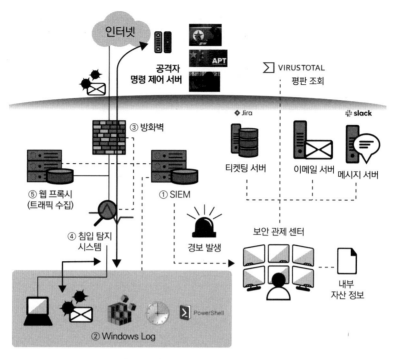

그림 3-92 위험도 점수 기반 해킹 그룹 공격 탐지 및 분석 흐름도

북한 해킹 그룹 김수키 공격 그룹을 분석한 안랩의 보고서는 6개의 전술 단계에서 총 12개의 공격 기술이 사용됐다고 설명하고 있다. 표 3-19에 정리했다. 만약 각각의 공격 기술별로 탐지 룰을 생성해 탐지한다면 보안 분석가는 개별 경보가 발생할 때마다, 공격 대상별로 경보 간의 연관성을 분석해야 한다. 즉, 사람이 수동으로 분석해야 한다. 위험도 점수 기반 탐지 방법을 사용하면, 이러한 수동 업무를 자동화할 수 있다.

표 3-19 김수키 공격 그룹의 MITRE 어택 기술 ID 매트릭스

번호	전술 ID	전술 단계	기술 ID	설명
1	TA0043	정찰(Reconnaissance)		
2	TA0042	자원 개발(Resource Development)	T1583	일반 블로그를 경유지로 사용

번호	전술 ID	전술 단계	기술 ID	설명
3	TA0001	초기 접근(Initial Access)	T1566	악성 코드를 첨부파일로 배포
3	TA0001	초기 접근(Initial Access)	T1566.001	T1566.001 스피어 피싱 이메일
4	TA0002	실행(Execution)		
5	TA0003	지속(Persistence)	T1547	레지스트리 편집을 통해 지속성 유지, Office 매크로 템플릿 사용, 작업 스케줄러 항목 추가를 통해 지속성 유지
5	TA0003	지속(Persistence)	T1547.001	
5	TA0003	지속(Persistence)	T1137	
5	TA0003	지속(Persistence)	T1053	
6	TA0004	권한 상승(Privilege Escalation)		
7	TA0005	방어 우회(Defense Evasion)		
8	TA0006	자격증명 접근(Credential Access)		
9	TA0007	발견(Discovery)		
10	TA0008	내부 확산(Lateral Movement)		
11	TA0009	수집(Collection)	T1005	시스템 정보 수집, 키 로깅
11	TA0009	수집(Collection)	T1056.001	
12	TA0011	명령 및 제어(Command and Control)	T1001	수집된 정보를 인코딩하고 악성 스크립트를 난독화함
12	TA0011	명령 및 제어(Command and Control)	T1132	
13	TA0010	유출(Exfiltration)	T1041	수집된 정보를 C2 서버로 유출
14	TA0040	효과(Impact)		

SIEM 솔루션의 위험도 점수 방법에 MITRE 어택 기술 ID 정보를 결합한 상관 분석 탐지 정책을 제공한다. 이를 활용해 탐지 경보 이벤트를 생성한다. 각 기업 환경에 맞게 탐지 정책 튜닝하거나 추가할 수도 있다. 그림 3-93은 SIEM 솔루션에서 기본 제공하는 상관 분석 룰별 MITRE 어택 테크닉 ID와 점수를 조회했다. 표 3-19에서 MITRE 어

택 ID "T1566"을 탐지하기 위해서는 관련된 상관 분석 룰을 활성화해야 한다. 그림 3-93에서 "1566"으로 조회했을 때 해당하는 상관 분석 룰이 조회되고, 룰마다 점수가 부여돼 있다. 이러한 탐지 룰을 활용하게 되면 해킹 그룹의 공격을 유용하게 탐지할 수 있다.

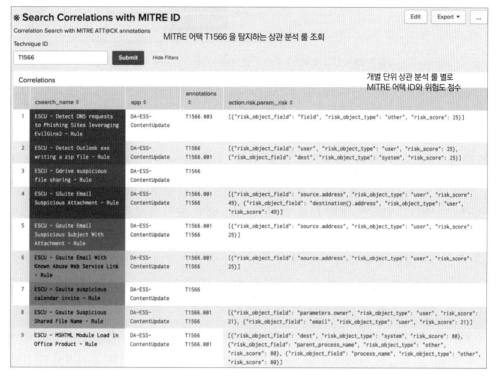

그림 3-93 상관 분석 룰별 MITRE 어택 ID와 점수 조회

3.5.6. 주요 업무 흐름

최근 많은 기업이 활용하고 있는 위험도 점수 기반으로 탐지한 이벤트를 조사하고 대응하는 업무 흐름을 일반화해 도식화했다.

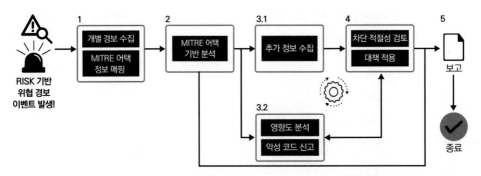

그림 3-94 해킹 그룹 위험도 점수 기반 대응 - 주요 보안 관제 업무 흐름도

해킹 그룹 위험도 점수 기반 보안 관제 주요 업무는 그림 3-94와 같이 이벤트 발생에서 시작해 보고서 작성까지 5단계로 구분할 수 있다. ①단계는 정보 수집 단계이며, ②단계는 MITRE 어택에 대한 기본 분석 단계, ③단계는 추가 정보 수집 및 심층 분석(영향도 분석) 단계이다. ④단계는 대책을 적용하는 대응 단계이며 ⑤단계는 종료 단계이다. ② MITRE 어택에 대한 기본 분석 단계는 개별 탐지 경보를 하나씩 살펴보면서 MITRE 어택 흐름을 구성한다. ③ 심층 분석 단계는 보안 분석가의 의사 결정이 필요하다. 즉, 조사 내용 및 분석 결과를 보안 분석가가 면밀히 살펴보고 선택할 수 있는 옵션(입력값 입력)이 필요하다. 또한 위협 경보 이벤트를 수집하고 ①단계부터 ⑤단계까지 전체 업무 소요 시간을 측정해 SLA 기준 시간 내에 완료했는지 모니터링한다. 해킹 그룹 위험도 점수 기반 보안 관제 업무는 앞에서 살펴본 활용 사례(악성 코드, 스팸 메일, 웹 애플리케이션)의 통합된 사례라고 볼 수 있다. 개별 탐지 경보들이 전부 묶여져서 구성될 수 있기 때문이다. 이제 각 단계별로 구체적인 업무 흐름을 상세하게 정의해 우리가 목표로 하는 자동화 플레이북 구현을 위한 기초 자료를 작성한다.

3.5.7. 상세 업무 흐름도

그림 3-95에서 단계별 업무 내용을 상세화했다. 사람 아이콘이 있는 업무는 분석가의 판단이 필요한 항목이다. 즉, 분석가의 판단에 의해 분기가 이뤄져 다른 업무를 수행하도록 구성된다.

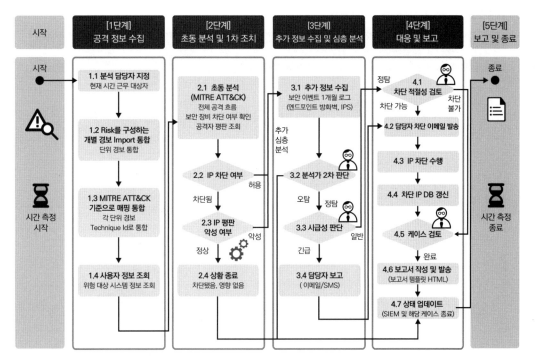

그림 3-95 해킹 그룹 위험도 점수 기반 탐지 대응 상세 보안 관제 업무 흐름도

3.5.8. 시스템 연동 목록

업무 흐름을 상세하게 정의한 후 자동화 시스템에 연동하기 위한 대상 시스템들과 필요한 자동화 행위가 무엇이지 식별하고 정리한다. 이 부분도 지금까지 앞에서 살펴본 연동 목록을 활용한다. 대상 시스템 정보와 필요한 동작을 정의하고 기술적으로 어떤 연동 방식을 사용하는지 파악하는 것이다. SOAR 프로젝트에서 '해킹 그룹 위험도 점수 기반 탐지 대응' 플레이북은 다른 플레이북을 구현하고 제일 마지막에 구현하는 것이 바람직하다. 앞에서 살펴본 활용 사례들이 모두 구현이 되면 연동 모듈과 주요 플레이북은 참고해 다시 활용할 수 있기 때문이다.

표 3-20 연동 대상 시스템 및 연동 방식 조사

번호	유형	대상 시스템 예시 (버전)	연동 방식	필요 동작	우선순위 (예)
1	SIEM	Splunk Enterprise 9.1 Splunk ES 7.x	API	(1) 경보 이벤트 수집 (2) 로그 검색 (3) 인시던트 상태 　　업데이트	상
2	Firewall Web Proxy	CISCO 방화벽 또는 Symantec Bluecoat 등	API	(1) 트래픽 정보 수집	상
3	트래픽 분석 시스템	Splunk Stream 또는 Arkime(오픈소스)	API	(1) 평판 정보 조회 　　IP, URL, File Hash	상
4	평판 조회	바이러스 토탈(VirusTotal)	API	(1) 악성 코드 의심 통신 (2) PC 격리 명령	상
5	엔드포인트	안랩 백신, EDR, Windows 로그	API	(1) 악성 코드 의심 통신 (2) PC 격리 명령	상
6	이메일	네이버 이메일	SMTP	이메일 송수신	중
7	케이스 관리	JIRA	API	케이스 관리 등록	하
8	메시지	SLACK	API	메시지 알림	하

다시 한번 말하면 대상 시스템의 버전 정보도 정확히 파악할수록 버전 차이로 인한 오류를 방지할 수 있다. 국내 제품의 경우 대상 시스템의 버전에 따라 제공하는 연동 모듈API이 다른 경우가 있었다. 만약 연동 방법이나 필요한 동작에 대한 API가 없다면 제조사에 요청해 개발 로드맵에 반영돼 있는지 확인해야 한다.

3.5.9. 플레이북 유스 케이스 정의서

다음 단계는 지금까지 조사하고 분석한 정보를 바탕으로 유스 케이스 정의서를 작성하는 것이다. 보안 관제 업무 프로세스를 디지털화된 플레이북으로 구현하기 위해서 보안 관제 시나리오를 정의하는 작업이다. 표 3-21에 플레이북 유스 케이스 정의서 양식에 맞춰 해킹 그룹 위험도 점수 기반 탐지 대응 업무에 관한 유스 케이스 정의서를 작성했다.

표 3-21 해킹 그룹 위험도 점수 기반 탐지 대응 유스 케이스 정의서

항목	설명
유스 케이스 이름	해킹 그룹 위험도 점수 기반 대응 플레이북
트리거 방법 자동화 플레이북 시작 방법	SIEM 솔루션에서 탐지 이벤트가 발생하면 이를 수집해 자동화를 시작함 : 일반적으로 폴링 방식 활용 ※ 두 가지 방식 중 선택 (1) 폴링 방식: SOAR 솔루션에서 1분마다 정보를 조회하는 방식으로 SIEM(예: Splunk SIEM)에 새로운 경보 이벤트가 있는지 확인해 수집함. 신규 경보 이벤트가 있을 경우 플레이북이 시작됨 (2) 푸시 방식: SIEM 솔루션에서 경보 이벤트 발생 시, SOAR 솔루션에 API 방식으로 전달함. 신규 경보 이벤트가 전달되면 해당 유형의 플레이북이 시작됨
이벤트 구조와 매핑 사고 대응 프로세스의 일부로 필요한 경보 이벤트 필드	1. 공격 대상(IP 또는 사용자) 2. 위험도 점수 3. 개별 탐지 이벤트 목록 4. MITRE 어택 기술 ID 구성 목록 5. MITRE 어택 기술 ID별 설명
이벤트 대응 프로세스 전반적인 응답 프로세스 및 처리 로직	**[1단계] 공격 정보 수집** 1.1 분석 담당자 지정 1.2 개별 경보 이벤트들의 정보 수집 　　※ 다수의 경보 이벤트 그룹들을 모두 수집함 1.3 개별 경보 이벤트들을 MITRE 어택 기준으로 매핑함 1.4 공격 대상(위험 객체)에 대한 정보를 조회함 **[2단계] 초동 분석 및 1차 조치** 2.1 초동 분석 　　a. [1단계]에서 수집한 전체 공격 내용을 확인함 　　　　– MITRE 어택 기술 ID별 　　　　– 보안 장비에 차단 로그가 있는지 확인 　　　　– 공격자에 대한 평판 조회 진행 2.2 위 내용을 검토해 분석가의 판단(선택) 과정 필요 　　a. IP 차단이 안되고 허용으로 판단 　　　　– [3단계] 추가 정보 수집으로 이동 　　b. IP 차단이면 다음 2.3으로 이동

항목	설명

이벤트 대응 프로세스
 	
전반적인 응답
프로세스 및 처리 로직
	2.3 공격자 IP 평판 정보 확인
	    a. 악성으로 판단(다수의 IP 중 악성이 존재하는 경우)
	        – [3단계] 추가 정보 수집으로 이동
	    b. 정상으로 판단
	        – 2.4로 이동
	2.4 상황 종료
	    a. 4.7로 이동해 상태 업데이트하고 상황 종료
	
	[3단계] 추가 정보 수집
	3.1 추가 정보 수집
	    a. 보안 이벤트(엔드포인트, 방화벽, 침입 방지 시스템) 과거 1개월간의 로그 수집
	    ※ APT 공격은 엔드포인트 로그 분석이 필요
	3.2 분석가의 2차 판단 수행
	    a. 정탐 판단
	        – 3.3 시급성 판단으로 이동
	    b. 오탐 판단(영향도 없음)
	        – 4.7로 이동해 상태 업데이트하고 상황 종료
	3.3 시급성 판단(분석가 판단)
	    a. 일반으로 판단
	        – [4단계] 4.1 차단 적절성 검토 로 이동
	    b. 긴급으로 판단
	        – 3.4 담당자에게 이메일로 보고하고
	          4.2 차단 이메일 발송으로 이동
	3.4 담당자 보고(이메일/SMS)
	
	[4단계] 대응 및 보고
	4.1 정탐으로 판단한 경우이며, 차단 적절성 검토(분석가 판단)
	    a. 차단 가능으로 판단
	        – 4.2로 이동
	    b. 차단 불가로 판단
	        – 4.5로 이동
	4.2 유관 담당자에게 이메일 발송
	4.3 IP 차단 수행
	4.4 차단 IP DB에 업데이트

항목	설명

이벤트 대응 프로세스
 	
전반적인 응답
프로세스 및 처리 로직
	4.5 케이스 검토(분석가 검토)
	4.6 보고서 작성 및 발송
	    a. 판단 근거 포함 처리 내용, HTML 템플릿 사전 구성
	4.7 케이스 종료 상태 업데이트
	    a. SOAR, SIEM 솔루션에 케이스 종료 업데이트함
	※ 위 내용은 구체적으로 상세하게 서술할수록 구현 시 용이함

강화(Enrichment) 위협 인텔리전스 또는 내부 소스에서 IOC 강화	공격 대상(목적지) IP에 대한 사용자 정보 파일 해시, 공격자 IP에 대한 평판 정보 ※ 2단계 초동 분석 시 수행
수동 업무 단계 분석가가 수동으로 수행해야 하는 모든 조사 단계	**[2단계] 초동 분석 및 1차 조치** 2.1 MITRE 어택 기반 초동 분석 a. 자동으로 정보가 정리되지만, 분석가에 의한 확인이 필요함 **[4단계] 대응 및 보고** 4.5 케이스 검토 ※ 현재는 리뷰 후 완료로 구성돼 있으나, 검토 후 반려 기능을 추가할 수도 있음
사용자 상호작용 조사를 완료하는 데 필요한 최종 사용자와의 대화식 단계	**[3단계] 추가 정보 수집** 3.2 분석가의 2차 판단 수행(오탐 또는 정탐) 3.3 시급성 판단 수행(일반 또는 긴급) a. 위험 점수를 기반으로 판단하는 방안 활용 **[4단계] 대응 및 보고** 4.1 차단 적절성 검토(차단 가능, 차단 불가)

탐지 이벤트를 처리하고 필드 값들을 화면에 표현할 수 있도록 주요 필드를 정의한다. 자동화 솔루션에서 제공하는 필드를 먼저 활용하고 정의되지 않은 필드가 존재한다면 커스텀하게 추가한다. 그리고 필드 정보들은 필드 정의서로 관리한다.

표 3-22 주요 이벤트 필드 정의서

필드 설명	필드 이름	설명 또는 예시
공격 대상(위험 객체)	risk_object	10.0.1.16 win-dc-dschoi-attack-range-9417. attackrange.local
위험도 점수	risk_score	192.168.105.214
위험 이벤트 개수	risk_events	15
공격 이름	signature	Risk Threshold Exceeded for an object over a 24 hour period
MITRE 어택 기술 ID	mitre_attack_id	T1041, T1053, T1053.005, T1547, T1547.001, T1566, T1566.001 등
개별 탐지 이벤트	events	Endpoint – RR – ESCU – Windows Exfiltration Over C2 Via Invoke RestMethod – Combined – Rule Endpoint – RR – ESCU – Windows Scheduled Task Created Via XML – Combined – Rule Endpoint – RR – ESCU – Windows Spearphishing Attachment Onenote Spawn Mshta – User – Rule Threat – RR – ESCU – Windows Boot or Logon Autostart Execution In Startup Folder – Combined – Rule
대상 정보	dest_info	홍길동
공격자 IP 차단 여부	ip_block_flag	Yes 또는 No
공격자 평판 정보	src_reputation	malicious, benign 등
SLA 시간	SLA	30 min 등
인시던트 결과	result	In Progress, Closed 등

여기까지 정의하면 모든 준비는 완료됐으며 플레이북 편집기를 활용해 플레이북을 구현하고 테스트하면 된다.

3.5.10. 구현 플레이북

워크북 구성

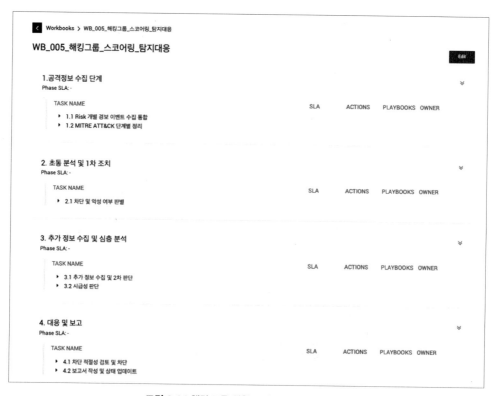

그림 3-96 해킹 그룹 위험도 점수 기반 대응 워크북

그림 3-96과 같이 워크북은 각 단계별 세부 작업 그룹을 지정할 수 있고 각 작업 그룹별로 담당자, SLA 시간, 플레이북을 지정할 수 있도록 템플릿화돼 있다. 해킹 그룹 위험도 점수 기반 탐지 이벤트 분석은 MITRE 어택 기술 ID별로 개별 경보 이벤트를 잘 정리하는 것이 핵심이다. 이외에도 3단계, 4단계의 업무 흐름은 이미 2장의 활용 사례에서 설명한 내용과 유사하다. 워크북의 구성도 이러한 점을 감안해 간략하게 구성했다. 그림 3-97은 위험 점수 기반 탐지 및 대응을 위한 메인 플레이북이다. 하나의 플레이북으로 전체 업무를 구현하면 태스크의 개수가 굉장히 많아지고 플레이북도 길어지게 된다. 그렇게 되면 테스트 및 관리가 어렵다. 그래서 4개의 서브 플레이북으로 구성했

다. 4개의 서브 플레이북은 4단계의 주요 업무 흐름별도 구분해 작성했다. 이전의 다른 유스 케이스와 마찬가지로 설명과 이해를 쉽게 하기 위해 워크북의 4개 단계로 서브 플레이북을 구성하고, 메인 플레이북에서 서브 플레이북을 호출한다.

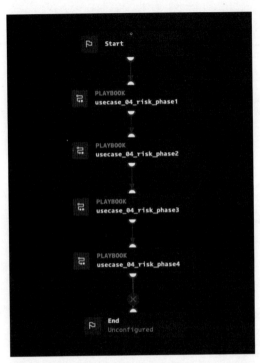

그림 3-97 해킹 그룹 위험도 점수 기반 탐지 대응 – 메인 플레이북

[1단계] 공격 정보 수집 단계

그림 3-98은 첫 번째 단계로 탐지 이벤트에서 세부 개별 이벤트 정보를 조회하는 서브 플레이북이다. 먼저는 해당 경보 이벤트 담당자 정보를 지정하고 처리 상태를 '처리 중'으로 변경한다. 그리고 위험Risk 점수를 구성하는 개별 단위 탐지 경보 이벤트를 조회해 정보를 통합한다. 즉, 다수의 경보가 합쳐져서 정확도가 높은 위험도 점수 기반 경보 이벤트가 탐지됐기 때문에 개별 경보의 정보를 읽어와야 된다. 그 결과 화면은 그림 3-99에 표현했다. 그리고 MITRE 어택 프레임워크의 공격 기술 ID별로 단위 경보 이벤트를 매핑해 구성한다. 만약 수동으로 업무를 수행한다면 보안 분석가가 개별 내

용들을 수기로 정리하고 보고서를 만들어야 되는 내용이다. 자동화 플레이북은 이러한 수작업을 자동으로 분류하게 된다. 그밖에 공격 대상 IP(피해 IP)의 소유자(이름, 부서 등)에 대한 정보를 조회한다. 그림 3-98 플레이북 안에서 다른 서브 플레이북을 호출한다. 지면 관계상 세부적인 내용을 모두 표현할 수가 없어 요약, 구성했다.

이 책을 통해 독자들이 전체 큰 흐름과 개념을 명확히 파악하는 데 목적을 뒀다. 세부 내용을 모두 표현하지 못했지만 플레이북 흐름을 이해하면 된다.

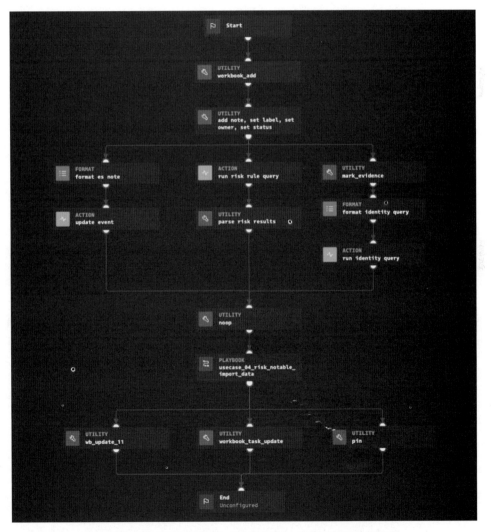

그림 3-98 해킹 그룹 위험도 점수 기반 탐지 대응 – 1단계 정보 수집 플레이북

플레이북이 자동으로 정보를 수집하고 그 결과를 화면에 표현하면 이 정보를 기반으로 보안 분석가는 초동 분석을 수행한다. 1단계에서 위험도를 구성하는 단위 경보 이벤트를 모두 조회해 정리하면 그림 3-99와 같다.

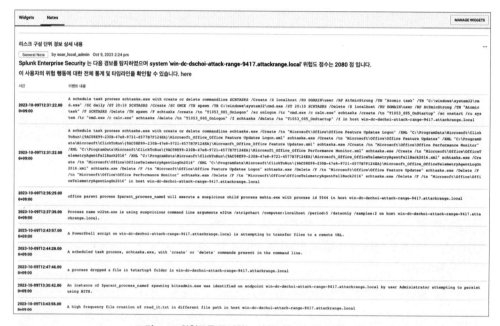

그림 3-99 위험도를 구성하는 단위 경보 이벤트 취합 화면

전체 공격 흐름을 분석하기 위해 MITRE 어택 프레임워크의 단계별로 경보 내용을 정리하면 다음과 같다. 즉, 상관 분석 룰에 매핑돼 있는 MITRE 어택 기술 ID와 전술 단계별로 매핑해 정리한다. 사람이 수작업으로 진행한다면 굉장히 많은 시간이 소요돼 자동화의 효과를 얻을 수 있다.

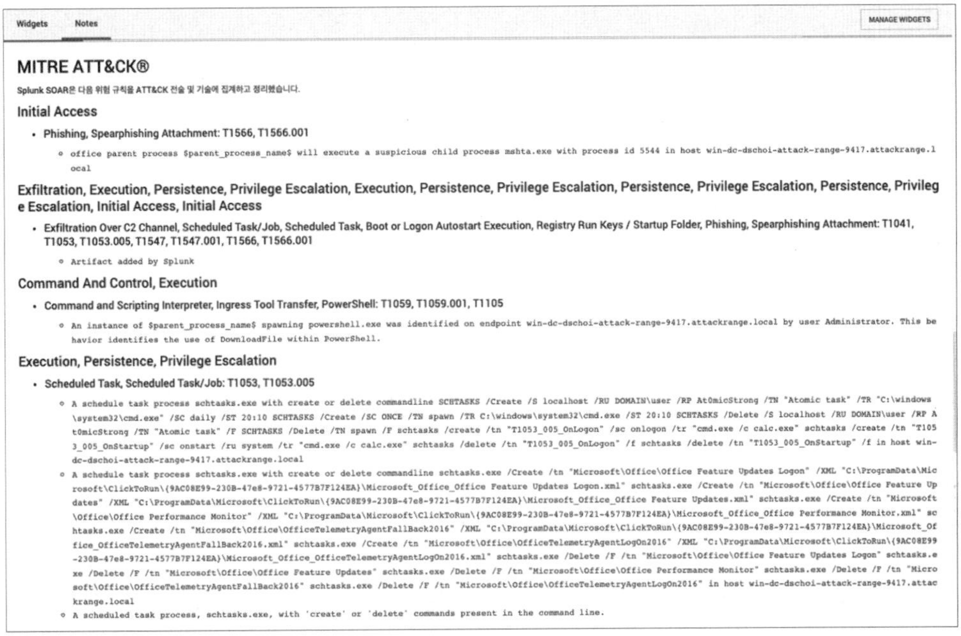

그림 3-100 MITRE 어택 단계별로 단위 탐지 경보 이벤트를 취합 정리

[2단계] 초동 분석 및 1차 대응 단계

2단계는 수집한 정보를 확인해 전체 공격 흐름을 분석하고 1차 대응하는 단계이다. 보안 장비나 솔루션에서 공격자 IP가 차단돼 있는지 로그를 조회해 확인하고 공격자 IP에 대한 평판 정보를 조회한다. 만약 공격에 사용된 IP들이 차단되지 않았다면 추가 분석 단계로 이동한다. 이후에 차단돼 있더라도 IP 평판 조회 결과가 악성이라면 심층 분석 단계로 이동해 추가 분석을 수행한다. IP가 차단돼 있고 평판 조회가 정상이라면 상황을 종료한다.

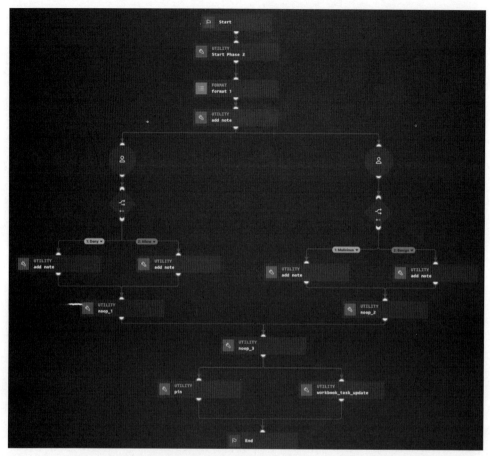

그림 3-101 해킹 그룹 위험도 점수 기반 탐지 대응 - 2단계 초동 분석 및 1차 대응 단계

2~4단계 까지 2장에서 설명한 다른 활용 사례와 유사해 간단히 설명하겠다.

[3단계] 추가 정보 수집 및 심층 분석

관련된 보안 로그 가운데 최근 1개월 데이터를 확인한다. 해킹 그룹들은 APT 공격을
수행하기 때문에 엔드포인트, 방화벽, IPS 등의 로그를 분석한다. 이후 보안 분석가는
2차 판단으로 정오탐을 판별한다. 이후 긴급도에 따라 조치를 수행한다.

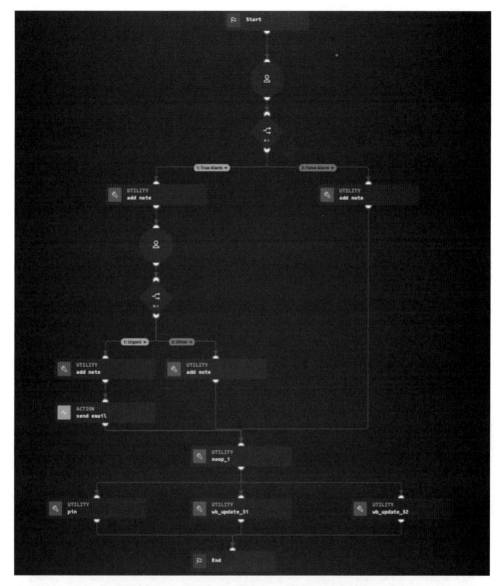

그림 3-102 해킹 그룹 위험도 점수 기반 탐지 대응 – 심층 분석 및 영향도 분석

[4단계] 대응 및 보고 단계

마지막 단계는 공격 IP에 대해서 차단해도 문제없는지 차단에 대한 적절성을 확인하고 실제 차단을 진행하는 단계이다. 그리고 차단 IP 목록에 정보와 케이스 상태를 업데이

트한다. 이후 보고서를 작성하고 완료한다. 해당 단계는 악성 코드 공격 대응 업무 플레이북과 웹 애플리케이션 공격 대응 플레이북의 4단계 서브 플레이북과도 유사하다. 활용 사례 플레이북 구성 시 서브 플레이북으로 모듈화하고 독립적으로도 수행될 수 있도록 구성하면 향후 작성하는 다른 플레이북에서도 해당 서브 플레이북을 호출해 사용할 수 있다.

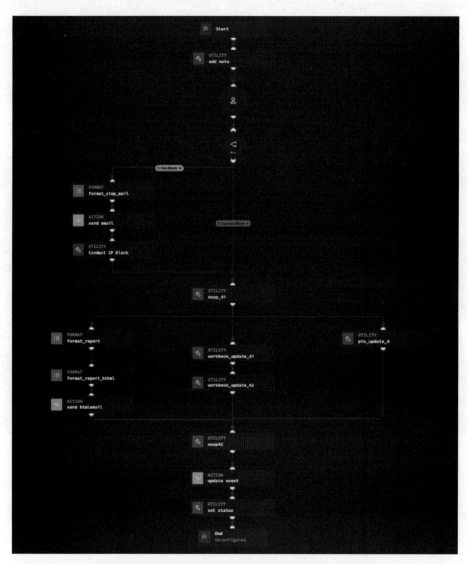

그림 3-103 해킹 그룹 위험도 점수 기반 탐지 대응 – 대응 및 보고 단계

해킹 그룹 위험도 점수 기반 탐지 대응 워크북에서 각 서브 플레이북에서 처리한 내용과 처리 시간을 확인할 수 있다. 플레이북을 구성하면서 자동으로 워크북에 처리한 결과를 입력하도록 구성했다. 플레이북을 통해 자동화하게 되면 분석가의 업무가 대부분 자동화된다. 보안 분석가는 결과를 빠르게 확인하고 관리할 수 있도록 해주는 시각화 부분이 제일 중요하다. 워크북을 통해 결과를 관리하게 되면 업무 효율성을 향상시키고 이력 관리가 매우 용이해진다. 그림 3-104는 플레이북 전체 타임라인 화면이다. 자동화로 처리한 이력을 유형별로 분류해 필터링하거나 빠르게 확인할 수 있다.

워크북뿐 아니라 SOAR 솔루션에서 제공하는 기능을 활용해 필요한 내용을 필터링하고 자동화 처리 이력을 추적할 수 있다.

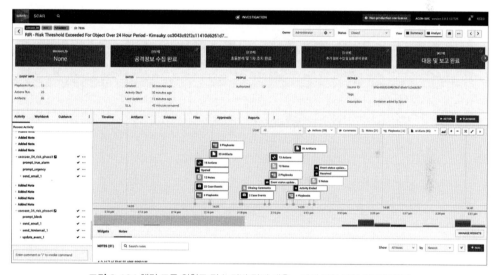

그림 3-104 해킹 그룹 위험도 점수 기반 탐지 대응 – 전체 타임 라인 및 진행 결과

요약

지금까지 해킹 그룹 위험도 점수 기반 탐지 대응 업무 프로세스에 대한 자동화 처리 플레이북을 살펴봤다. 보안 분석가가 수동으로 업무를 처리한다면 30분 이상 소요되는 업무들이 5분 정도로 빠르게 처리될 수 있다. 특히 MITRE 어택 프레임워크의 어택 정보들을 수작업으로 의미를 파악하면서 분석해야 하는 일을 신속하게 완료할 수 있었

다. 또한 항상 동일한 분석 품질을 유지하고 보안 분석가는 결과를 확인하고 추가적인 분석이 필요한 부분에 판단 역할을 수행하면 된다.

그림 3-105 해킹 그룹 위험도 점수 기반 탐지 대응 – 소요 시간 및 처리 이력

3.6. AWS 클라우드 위협 탐지 대응 업무 프로세스

3.6.1. 클라우드 환경의 공격 개요

최근 많은 기업은 서버나 인프라를 데이터 센터나 사내에 직접 구축하는 온프레미스on-premise 형태에서 클라우드 서비스를 활용하는 방향으로 전환하고 있다. 서버나 하드웨어 같은 장비를 직접 구매하고 운영체제, 소프트웨어를 직접 설치하거나 운영하지 않고 클라우드 서비스를 이용해 필요한 자원과 인프라를 필요한 만큼 빠르게 임대해 사용할 수 있게 됐다. 기업이 이러한 퍼블릭 클라우드를 활용해 빠르게 서비스를 제공할

수 있어서 디지털 트랜스포메이션을 구현할 수 있는 가장 합리적인 방안으로 고려되고 있다. 많은 기업이 클라우드 환경으로 전환하다 보니 해킹 사고도 증가하고 있다. 클라우드라는 편의성과 민첩성은 굉장한 장점이지만, 보안 설정을 잘못하거나 통제를 제대로 하지 못하면 침해사고를 쉽게 당할 수 있다. 또한 퍼블릭 클라우드를 사용하는 10개 기업 중 8개 기업은 민감한 데이터를 클라우드에 보관하고 있다고 한다. 그중에서도 약 52%는 데이터 침해사고를 경험했다고 한다. 표 3-23은 클라우드 환경에서의 주요 보안 사고를 정리한 것이다. 이러한 고객/개인정보 유출 사고 내용은 인터넷에서 쉽게 확인할 수 있고 언급한 내용 외에도 Facebook(현 Meta), Instagram, Yahoo, LinkedIn, Uber 등 많은 기업이 클라우드 환경에서 정보가 유출되는 사고를 겪었다.

표 3-23 클라우드 환경에서 주요 보안 사고

피해 기업	유형	내용
미국 대형 금융지주회사 Capital One – 2019년 7월	고객 개인정보 유출 사고	AWS에 저장된 1억6천만 명 고객 개인정보 해킹 – 고객 정보 접근에 적절한 보안 설정이 미흡
미국 대형 통신사 Verizon – 2017년		AWS S3 클라우드 서버 노출돼 1400만 명 고객 개인정보 유출
일본 자동차 제조사 Toyota – 2022년, 2023년		클라우드에 저장된 26만 명 고객 정보 유출 – 잘못 설정된 클라우드 환경 설정
중국 최대 소셜 미디어 Wavo – 2022년		중국 국민 10억 명의 개인정보 유출 사고 – 클라우드(가상 서버)에 보관하던 개인정보가 해킹되 면서 정보 유출

기업에서 많이 사용하는 클라우드 서비스 공급자CSP는 Amazon의 AWS^{Amazon Web Services}, Microsoft의 Azure, Google의 GCP^{Google Cloud Platform}가 있으며 국내에도 네이버클라우드, KT클라우드 등이 있다. 기업들은 정보보안 및 서비스 영속성을 강화하기 위해 멀티 클라우드 환경에서 서비스를 제공하는 방향으로 클라우드를 활용하고 있다. 클라우드 환경에서 보안 위협을 잘 탐지하고 빠르게 분석 및 조치하는 사례 또한 매우

중요하다. 3.6.2절에서는 AWS 클라우드 환경에서 공격이 탐지됐을 때 보안 관제 프로세스를 어떻게 자동화할 수 있는지 살펴보겠다.

3.6.2. 주요 업무 내용 및 대응 소요 시간

AWS 클라우드 환경 공격 탐지 이벤트는 공격자 정보, 공격 대상 정보, 공격 이름 또는 공격 패턴signature 정보, EC2 인스턴스 정보 등이 포함된다. 통합보안 관제 시스템은 클라우드 환경에서 제공하는 여러 로그와 탐지 이벤트를 분석해 그림 3-106과 같이 탐지 경보 이벤트를 발생시키며 주요 정보를 요약해 표현한다.

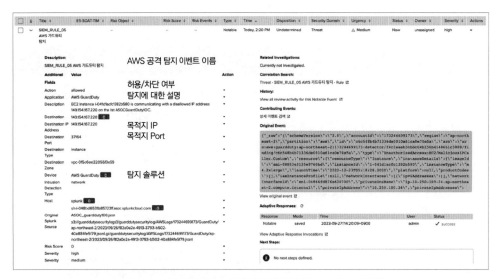

그림 3-106 AWS 클라우드 환경 공격 탐지 경보(SIEM 솔루션 화면)

탐지 경보 이벤트가 발생하면 보안 분석가는 탐지 경보에 포함된 주요 내용과 추가 정보를 수집한다. 공격자 IP 정보가 있다면 공격자 IP에 대한 국가 정보 및 기존에 공격했던 공격자(블랙리스트) 여부를 수집한다. 인스턴스 ID와 소유자, 인스턴스의 보안 정책 설정 정보와, 탐지 장비의 여러 로그도 조회한다. 그리고 네트워크 트래픽(VPC Flow) 로그도 조회한다. 이렇게 수집한 정보를 기반으로 1차 판단을 한다. 만약 보안 분석가가 1차 분석 과정에서 명확히 공격 여부를 판단하기 어렵다면, 추가 분석을 위해, 인스턴스 소유자에게 네트워크 접속에 관해 소명 정보도 수집해 분석한다. 이후에 분석가는 종합적으로 판단해 조치를 취하고 보고서를 작성한 다음 완료한다.

탐지 경보 이벤트 분석 및 조치 시간

AWS 클라우드 환경에서 탐지 경보 이벤트에 대한 정보 조사와 추가 분석에 소요되는 시간도 기존 온프레미스 환경에서 처리 시간과 유사하다. 즉, 전체 분석 시간 및 조치 시간은 기업 환경에 따라 달라질 수 있다. 일반적으로 15~60분 정도 소요된다. 확인해야 할 로그 종류가 많거나 연관된 로그량이 많을 경우 1시간 이상 소요될 수도 있다.

자동화를 활용한 기대 효과

평균적으로 약 5~15분 이내 완료되는 경우가 많았다. AWS 등 퍼블릭 클라우드 환경은 연동을 위한 API가 제공돼 자동화를 통한 효과는 더욱 커진다. 소명 확인 등 수동 업무를 포함해도 약 10~20분 이내에 완료됐다. AWS 클라우드 환경에서 자동화를 구현하게 되면 보안 관제 센터는 업무를 더욱 효율화/고도화해 업무 시간을 단축시킬 수 있다.

3.6.3. AWS 클라우드 환경의 공격 탐지 및 분석 흐름도

AWS 클라우드 환경에서 공격 대응 업무 프로세스를 살펴보자. AWS 클라우드의 경우는 로그를 기록하고, 수집해 분석할 수 있는 기능을 제공한다. 그리고 AWS 클라우드 환경에서 보안 위협을 탐지할 수 있는 보안 서비스를 함께 제공한다. AWS는 가드듀티 GuardDuty라는 보안 모니터링 서비스를 제공하고 있다. 가드듀티는 로그 데이터 소스로 CloudTrail에 저장되는 관리 이벤트 로그, CloudTrail S3 데이터 이벤트 로그, VPC 플로우 로그를 분석해 위협을 탐지한다. AWS 클라우드를 사용하는 경우, 가드듀티를 활용해 보안 위협 탐지를 권장하며, 가드듀티가 모두 탐지하지 못하기 때문에 AWS 클라우드 로그들과 가드듀티 탐지 이벤트를 SIEM 솔루션에 통합해 분석하는 것이 좋다. 이외에도 AWS에서 제공하는 여러 보안 서비스가 있지만, 이번 유스 케이스는 가드듀티 사례로 한정해 설명한다. AWS 클라우드 환경에서도, 기존 온프레미스 환경에서 사용하던 보안 솔루션들이 SaaS 형태로 제공되기 때문에 기존 로그도 같이 수집하고 통합 분석할 수 있다. 그림 3-107과 같이 정보보안 관제 센터는 다양한 보안 시스템에서 발생하는 로그와 이벤트를 ① SIEM 솔루션으로 수집하고 로그와 경보 이벤트 간의 연관성을 분석해 위협 경보를 탐지하고 생성한다. AWS 클라우드 환경에서 무슨 일이 일어나고 있는지, AWS 서비스와 리소스의 활동은 모두 클라우드와치^{CloudWatch} 로그로 기록된다. 네트워크 로그(VPC Flow)도 함께 CloudWatch에 기록된다. 클라우드트레일^{CloudTrail}은 AWS 클라우드 계정에서 발생하는 활동, API 호출들이 기록된다. AWS 클라우드 서비스들은 S3, 이벤트 브리지 등 다양한 로그 연계 방식을 통해서 로그를 통합할 수 있다. 이 책은 이 부분에 대해서는 다루지 않는다. 이렇게 통합된 이후 위협을 탐지한 이벤트를 자동화해 빠르게 분석하고 대응할 수 있는지 다룬다.

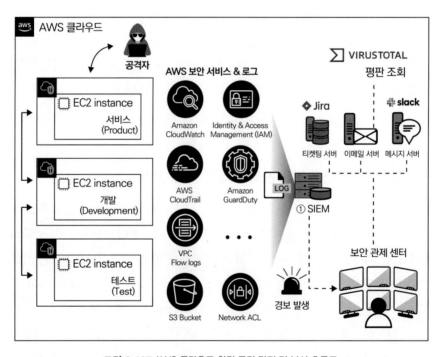

그림 3-107 AWS 클라우드 환경 공격 탐지 및 분석 흐름도

공격자는 AWS 클라우드 서비스의 취약점 등을 찾아 침투하고, 침투한 이후 내부에서 이동해 고객 또는 개인정보 등을 유출한다. SIEM 솔루션에서 위협 경보 이벤트가

탐지되면 보안 관제 센터 분석가는 관련된 여러 이벤트와 로그(①SIEM, CloudWatch, CloudTrail, VPC Flow 등)에서 정보를 수집한다. 공격 정보에 대한 평판 정보를 수집해 종합적으로 분석하고, 통합보안 관제 시스템 또는 내부 티켓팅 시스템에 케이스를 생성해 인스턴스 담당자에게 소명 정보를 확인해 입력하고 관리한다. 이메일 및 문자 메시지 등으로 담당자에게 알리는 활동을 수행한다.

SIEM 솔루션은 AWS 클라우드 환경의 공격을 탐지할 수 있는 다양한 상관 분석 탐지 정책을 제공한다. 이를 활용해 탐지 경보 이벤트를 생성한다. 각 조직마다 탐지 정책을 튜닝하거나 추가해 관리한다. 다음과 같은 SIEM 탐지 정책들은 AWS 클라우드 환경의 공격을 탐지하고 공격 대응 관제 업무 프로세스를 수행한다.

표 3-24 AWS 클라우드 환경 공격 탐지 상관 분석 룰 예시(SIEM 참고)

번호	SIEM 상관 분석 탐지 정책 예시	설명
1	ESCU – ASL AWS Concurrent Sessions from Different Ips – Rule	2개 이상 IP 주소에서 동시 접속한 AWS IAM 계정을 탐지함 피해자 브라우저에서 쿠키를 추출하고, 다른 IP(위치)에서 기업 온라인 리소스에 접근하기 위해 쿠키를 추출한 세션 하이재킹 공격을 의심 인증 후 사용자가 AWS 콘솔을 탐색하면 API 호출 이벤트 이름 'DescribeEventAggregates'가 AWS CloudTrail 로그에 기록됨
2	ESCU – ASL AWS Defense Evasion Delete CloudTrail – Rule	CloudTrail 로그에서 AWS 'DeleteTrail' 이벤트를 탐지함 즉, 공격자는 공격 이후에 흔적을 지우기 위해 CloudTrail 로그 삭제를 시도함
3	ESCU – AWS AMI Attribute Modification for Exfiltration – Rule	공격자가 AMI 이미지를 다른 AWS 계정과 공유하거나 전체 AMI 이미지를 공개하는 것과 같은 의심스러운 AWS AMI 속성 수정 행위를 탐지함 공격자는 이러한 API를 남용해 AWS 리소스에 저장된 민감한 조직 정보를 유출하는 것으로 알려져 있음 CloudTrail 로그에서 이러한 API 행위 모니터링이 매우 중요
4	ESCU – AWS Create Policy Version to allow all resources – Rule	사용자가 계정의 모든 리소스에 액세스할 수 있는 정책 버전을 만든 AWS CloudTrail 로그 이벤트를 탐색함

번호	SIEM 상관 분석 탐지 정책 예시	설명
5	ESCU – AWS Credential Access RDS Password reset – Rule	Amazon RDS DB 인스턴스의 마스터 사용자 비밀번호는 Amazon RDS 콘솔을 사용해 재설정할 수 있음 공격자가 비밀번호를 재설정해 DB의 민감한 데이터에 액세스할 수 있음. 관련된 로그 이벤트를 탐색함
6	ESCU – AWS Defense Evasion PutBucketLifecycle – Rule	만료 기간이 짧은 S3 버킷에 대한 새로운 수명주기 규칙을 생성하는 것을 탐지함 즉, CloudTrail 로그에서 'PutBucketLifecycle' 이벤트를 식별 공격자는 이 API 호출을 사용해 객체 만료일을 1일로 변경해 S3 버킷에서 로그를 제거, 그렇게 되면 CloudTrail 로그가 삭제됨
7	ESCU – AWS detect permanent key creation – Rule	영구 키 생성 계정을 탐지함 영구 키는 기본적으로 생성되지 않으며 프로그래밍 방식으로만 생성. 영구 키 생성은 모니터링해야 할 중요한 이벤트임
8	ESCU – AWS Disable Bucket Versioning – Rule	사용자가 버킷 버전을 일시 중단하는 AWS CloudTrail 이벤트를 탐지함 버전 관리를 통해 AWS 관리자는 삭제된 데이터를 복구하는 데 사용할 수 있는 다른 버전의 S3 버킷을 유지함 공격자는 랜섬웨어 공격 중에 버전 작성을 비활성화해 피해자가 데이터를 복구할 수 없도록 함
9	ESCU – AWS EC2 Snapshot Shared Externally – Rule	AWS CloudTrail 로그를 사용해 EC2 스냅숏 권한이 다른 AWS 계정과 공유되도록 수정될 때를 탐지함 공격자가 EC2 스냅숏을 유출하는 데 사용됨
10	ESCU – AWS Lambda UpdateFunctionCode – Rule	IAM 사용자가 AWS CLI를 통해 AWS Lambda 코드를 업데이트/수정해 AWS 환경에 대한 지속성을 얻고, 백도어를 심기 위해 설계 공격자는 악성 코드를 Lambda 함수에 업로드할 수 있으며, 이는 함수가 트리거될 때 자동으로 실행됨
11	ESCU – AWS Network Access Control List Created with All Open Ports – Rule	AWS CloudTrail 로그에서 지정된 CIDR에서 모든 포트가 열려 있는 네트워크 ACL이 생성됐는지 여부를 탐지함
12	ESCU – Detect Spike in AWS Security Hub Alerts for User – Rule	이 검색에서는 4시간 간격으로 AWS IAM 사용자에 대한 AWS 보안 허브 경보가 급증하는 것을 탐지함

표 3-24와 같은 AWS 클라우드 환경의 탐지 경보 이벤트가 발생되면 보안 분석가의 조사 및 분석 업무를 위한 수동 업무 프로세스가 시작된다. 이를 자동화하기 위해 구체적으로 AWS 클라우드 보안 관제 업무 흐름을 정리해보자.

3.6.4. 주요 업무 흐름

다수의 기업이 공통적으로 수행하는 업무를 참조해 AWS 클라우드 환경에서 공격 탐지에 대한 업무 흐름을 일반화해 도식화했다. AWS라는 클라우드 환경은 동일하기 때문에 기업마다 즉시 활용할 수 있다. 이외에도 AWS 클라우드 환경에서 SaaS 형태로 사용하는 보안 시스템들도 연동해 관제 업무에 추가할 수 있다. 이 부분은 기업마다 사용하는 SaaS 보안 시스템과 보안 관제 축적 노하우가 다르기 때문에, 보안 관제 프로세스가 동일하지 않고 차이가 있을 수 있다.

> 지금까지 탐지 대응 프로세스와 주요 흐름은 유사하다. AWS라는 인프라 환경과 보안 시스템만 달라진 것이고, 전체적인 보안 관제 프로세스와 단계는 동일하다.

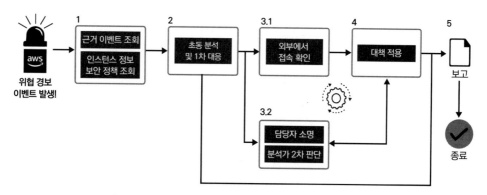

그림 3-108 AWS 클라우드 환경 공격 대응 – 주요 보안 관제 업무 흐름도

AWS 클라우드 환경의 공격 대응 보안 관제 주요 업무는 그림 3-108과 같이 위협 경보 탐지 이벤트 발생에서 시작해 보고서 작성까지 5단계로 구분할 수 있다. ①단계는 공격 정보 수집 단계이며 ②단계는 초동 분석 및 1차 대응 단계, ③단계는 추가 정보

수집 및 심층 분석 단계이다. 분석가가 추가 분석이 필요하다고 판단한 경우 인스턴스 소유자에게 정보를 확인하게 된다. ④단계는 대책을 적용하는 대응 단계이며, 인스턴스 정지시키는 정책을 적용하기 전에 담당자의 판단 과정이 필요하다. 이 과정은 AWS 클라우드 환경의 Security Group에 정책을 추가할 수도 있다. ⑤단계는 종료 단계이다. ②단계 초동 분석에서는 수집 및 분석한 결과에 추가 분석이나 오탐 처리로 분기해 작업이 수행된다. 특히 ③단계 심층 분석 단계에서는 보안 분석가의 2차 판단이 필요하다. 조사 내용 및 분석 결과를 보안 분석가가 면밀히 살펴보고 판단을 수행해야 한다. 위협 경보 이벤트를 수집하고 ①단계부터 ⑤단계 까지의 전체 업무 소요 시간을 측정해 SLA 기준 시간 내에 완료했는지 모니터링한다. 이제 각 단계별로 구체적인 업무 흐름을 상세하게 정의한다. AWS 클라우드 환경에서 공격 대응 자동화 플레이북 구현을 위한 기초 자료로 활용된다.

3.6.5. 상세 업무 흐름도

그림 3-109에서 단계별 업무 내용을 상세화했다. 다른 활용 사례와 마찬가지로 사람 아이콘이 있는 업무는 분석가의 판단이 필요하다. 분석가의 판단에 의해 분기가 이뤄져 다른 업무를 수행하도록 구성된다. 전체 공격 대응에 대한 각 단계가 한눈에 파악될 수 있어야 한다. 플레이북으로 구현하기 위해서는 상세한 유스 케이스 정의서를 작성하고 각 단계별로 상세한 자동화 처리 로직과 내용을 구체화해 기술해야 한다. 그림 3-109에 대한 설명은 뒷부분에 나오는 AWS 클라우드 환경 플레이북 유스 케이스 정의서에서 상세히 설명하겠다.

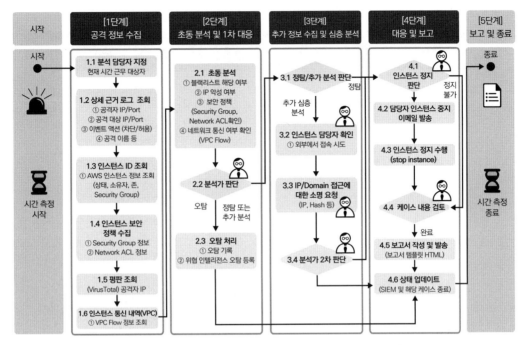

그림 3-109 AWS 클라우드 환경 공격 대응 – 상세 보안 관제 업무 흐름도

3.6.6. 시스템 연동 목록

업무 흐름을 상세하게 정의한 후 자동화 시스템에 연동하기 위한 AWS 클라우드 환경의 대상 시스템들과 필요한 자동화 행위가 무엇이 필요한지 식별하고 정리한다. 대상 시스템 정보와 필요한 동작^{Action}을 정의하고 기술적으로 어떤 연동 방식을 사용하는지 파악해야 한다. AWS 인프라는 API를 제공하기 때문에 대부분 연동 앱을 제공하고 있다. 물론 새로운 AWS 클라우드의 서비스나 새로운 보안 시스템에 대해서는 API를 활용한 연동 앱 구현이 필요할 수 있다.

연동 작업을 수행할 때 중요도가 높은 순으로 우선순위를 파악해야 한다. 연동 대상의 우선순위를 파악해야 하는 이유는, 자동화 구현을 위해 반드시 연동이 필요한 필수 시스템을 파악하고 먼저 작업을 시작하기 위함이다. 만약 반드시 연동이 돼야만 자동화가 구현이 되는 필수 시스템에서 연동 방식이 지원되지 않으면 연동 인터페이스를 개발하거나 또는 다른 방식을 협의해 연동을 구현해야 하기 때문이다.

표 3-25 연동 대상 시스템 및 연동 방식 조사

번호	유형	대상 시스템 예시 (버전)	연동 방식	필요 동작	우선순위 (예)
1	SIEM	Splunk Enterprise 9.1 Splunk ES 7.x	API	(1) 경보 이벤트 수집 (2) 로그 검색 (3) 인시던트 상태 업데이트	상
2	AWS EC2	AWS EC2	API	(1) EC2 인스턴스 정보 조회 (2) VPC 정보 조회 (3) Security Group 정책 조회 (4) EC2 인스턴스 중지	상
3	AWS IAM	AWS IAM	API	(1) 사용자 정보 조회 (2) 사용자 중지	상
4	평판 조회	바이러스 토탈(VirusTotal)	API	(1) 평판 정보 조회 (IP, URL, File Hash)	상
5	이메일	네이버 이메일	SMTP	이메일 송수신	중
6	케이스 관리	Jira	API	케이스 관리 등록	하
7	메시지	Slack	API	메시지 알림	하

AWS 클라우드의 서비스들은 대부분 연동 앱을 제공하고 있지만, 필요한 행위[Action]를 제공하는지 확인해야 한다. 더불어 연동 대상 시스템의 버전 정보도 명확히 파악해야 한다. 버전에 따라 제공하는 연동 내용이 다른 경우가 종종 있다. 만약 연동 방법이나 필요한 동작에 대한 API가 없다면 제조사에 요청하거나 개발 로드맵에 반영이 돼 있는지 확인해야 한다. SOAR 자동화 솔루션마다 연동 모듈을 앱 형태로 제공하며, 인증 및 연동 정보만 설정하면 쉽게 연동이 완료된다. 그림 3-110은 AWS EC2 서비스 연동 앱에서 제공하는 동작을 표시하고 있다.

AWS EC2 Publisher: Splunk Version: 2.4.1 Documentation

CONFIGURE NEW ASSET

This app integrates with AWS Elastic Compute Cloud (EC2) to perform virtualization actions

▼ 30 supported actions

- **list autoscaling groups** - Display autoscaling groups
- **list network interfaces** - Display network interfaces
- **create vpc** - Create a VPC with the specified IPv4 CIDR block
- **remove instance** - Removes an instance from a security group
- **assign instance** - Assign an instance to a security group
- **list security groups** - Describe one or more security groups
- **remove acl** - Remove ACL from an instance. The default network ACL and ACLs associated with any subnets cannot be deleted
- **add acl** - Add ACL to an instance
- **get acls** - Get one or more network ACLs
- **remove tag** - Remove specified tag from an instance
- **add tag** - Add a tag to an instance
- **get tag** - Get the value of a tag for the given instance ID
- **snapshot instance** - Snapshot AWS instance that has the given IP address or instance ID
- **delete snapshot** - Delete snapshot of given AWS instance
- **deregister instance** - Deregister an instance from a Classic AWS Elastic Load Balancer
- **register instance** - Register an instance to a Classic AWS Elastic Load Balancer
- **delete vpc** - Delete a VPC
- **attach instance** - Attach an instance to an autoscaling group
- **detach instance** - Detach an instance from an autoscaling group
- **describe subnets** - Describe one or more subnets
- **describe images** - Describe one or more images
- **describe vpcs** - Describe one or more vpcs
- **copy snapshot** - Copies a point-in-time snapshot of an EBS volume and stores it in Amazon S3
- **describe snapshots** - Describe one or more snapshots
- **delete security group** - Deletes a security group
- **create security group** - Creates a security group
- **describe instance** - Describe one or more instances
- **stop instance** - Stop one or more instances
- **start instance** - Start one or more instances
- **test connectivity** - Validate the asset configuration for connectivity using supplied configuration

▶ 1 configured asset

그림 3-110 AWS EC2 연동 모듈

이외에도 사용자, 그룹, 역할, 정책 등의 정보를 확인하고 관련 정책을 추가할 수 있는
AWS IAM 연동 모듈을 제공한다.

AWS IAM Publisher: Splunk   Version: 2.1.5   Documentation

This app integrates with Amazon Web Services Identity Access Management (AWS IAM) to support various

▼ 16 supported actions

- **remove policy** - Remove managed policy association with the user
- **assign policy** - Assign managed policy to the user
- **detach policy** - Detach managed policy from a role
- **attach policy** - Attach managed policy to a role
- **remove role** - Remove role from AWS IAM account
- **add role** - Add new role in AWS IAM account
- **enable user** - Enable login profile and access keys of a user
- **disable user** - Disable login profile and access keys of a user
- **delete user** - Delete user from AWS IAM account
- **remove user** - Remove user from a group
- **add user** - Add user to a group
- **list roles** - List roles available in AWS IAM
- **list users** - List users of AWS IAM
- **list groups** - List groups of AWS IAM
- **get user** - Get details of all the groups and attached policies for the user
- **test connectivity** - Validate the asset configuration for connectivity using supplied configuration

▸ 1 configured asset

그림 3-111 AWS IAM 연동 모듈

이번 유스 케이스에서 사용하진 않지만 S3 객체와 관련해 생성, 삭제, 조회할 수 있는 연동 앱이 있다.

AWS S3 Publisher: Splunk   Version: 2.4.11   Documentation

This app integrates with AWS S3 to perform investigative actions

▼ 11 supported actions

- **delete object** - Delete an object inside a bucket
- **create object** - Create an object
- **update object** - Update an object
- **get object** - Get information about an object
- **list objects** - List objects in a bucket
- **delete bucket** - Delete a bucket
- **update bucket** - Update a bucket
- **create bucket** - Create a bucket
- **get bucket** - Get information about a bucket
- **list buckets** - List all buckets configured on S3
- **test connectivity** - Validate the asset configuration for connectivity using supplied configuration

▸ 1 configured asset

그림 3-112 AWS S3 연동 모듈

추가로 다양한 AWS 서비스를 API로 연동해 조회하고 정책을 반영할 수 있는 앱 목록이다.

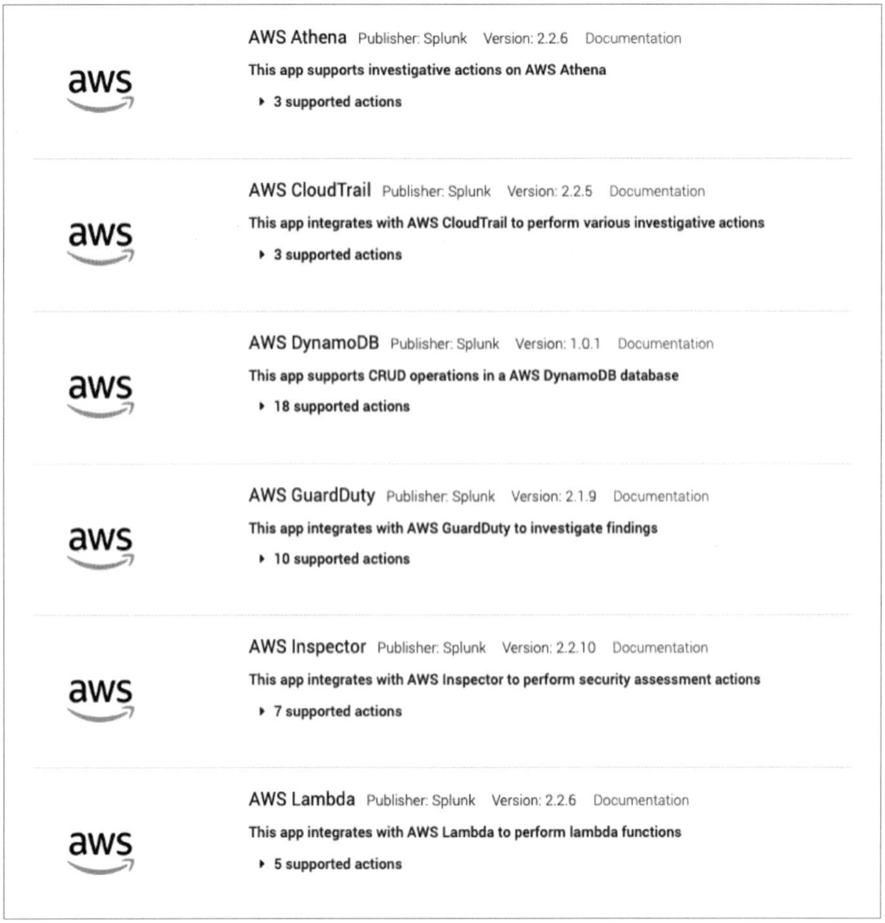

그림 3-113 AWS의 다양한 서비스 연동 앱

3.6.7. 플레이북 유스 케이스 정의서

다음은 지금까지 조사하고 분석한 정보를 바탕으로 유스 케이스 정의서를 작성하는 단계이다. 보안 관제 업무 프로세스를 디지털화된 플레이북으로 구현하기 위해서 보안 관제 업무 시나리오를 명확하게 정리하는 작업이다. 구체적인 내용을 정리하면서, 필요시 보안 분석가와의 인터뷰를 통해 명확히 파악할 필요가 있다. 많은 기업에서 보안 관제 프로세스를 문서화해 관리하고 있지만, 상세한 판단 기준까지는 명시되지 않고 분석가의 판단과 상황에 의존하는 경우가 많기 때문에, 상세한 부분을 파악해 문서로 정

리하는 과정이 반드시 필요하다. 표 3-26에 유스케이스 양식에 맞춰 AWS 클라우드 환경 공격 대응 업무에 관한 유스 케이스 정의서를 작성했다.

표 3-26 AWS 클라우드 환경 공격 대응 유스 케이스 정의서

항목	설명
유스 케이스 이름	AWS 클라우드 환경 공격 대응 플레이북
트리거 방법 자동화 플레이북 시작 방법	SIEM 솔루션에서 AWS 공격 탐지 이벤트가 발생하면 수집해 시작 – 두 가지 방식 중 선택 (1) 폴링 방식: SOAR 솔루션에서 1분마다 폴링(polling) 방식으로 SIEM(예: Splunk)에 새로운 경보 이벤트가 있는지 확인해 수집함. 신규 경보 이벤트가 있을 경우 플레이북이 시작됨 (2) 푸시 방식: SIEM 솔루션에서 경보 이벤트 발생 시, SOAR 솔루션에 API 방식으로 전달함. 신규 경보 이벤트가 전달되면 해당 유형의 플레이북이 시작됨
이벤트 구조와 매핑 사고 대응 프로세스의 일부로 필요한 경보 이벤트 필드	1 출발지 IP, Port 2 목적지 IP, Port 3 이벤트 액션(차단/허용) 4 공격 이름 및 설명 5 인스턴스 ID, 6 AWS Account ID 및 AWS 정보
이벤트 대응 프로세스 전반적인 응답 프로세스 및 처리 로직	**[1단계] 공격 정보 수집** 1.1 분석 담당자 지정 1.2 상세 근거 로그 조회 1.3 AWS 인스턴스 정보 조회 　　– 인스턴스 상태, 소유자, Security Group, VPC ID 1.4 AWS 인스턴스 관련 보안 정책 정보 수집 　　– Security Group 정보, Network ACL 정보 1.5 출발지/목적지 IP에 대한 평판 정보 조회(바이러스 토탈) 1.6 네트워크 통신 내역 조회 　　– VPC Flow 정보 조회

항목	설명

이벤트 대응 프로세스
 	
전반적인 응답 프로세스 및
처리 로직
	[2단계] 초동 분석 및 1차 조치
	
	2.1 초동 분석
	
	    a. 보안 분석가는 수집한 정보를 확인함
	
	        – 블랙리스트 해당 여부
	
	        – IP 악성 여부
	
	        – 보안 정책 허용 여부(Security Group, Network ACL)
	
	        – 네트워크 통신 여부(VPC Flow)
	
	2.2 분석가의 1차 판단 수행(수동)
	
	    a. 오탐 : 정상 IP에 대한 통신 또는 정책에서 차단
	
	        → 2.3으로 이동
	
	    b. 정탐 또는 추가 분석: 불분명한 대상 IP로 통신이 허용돼 있음
	
	        → 3.1로 이동
	
	2.3 오탐 처리 수행
	
	    a. 처리 이력 정보 저장
	
	    b. 위협 인텔리전스 오탐 정보 등록
	
	        → 이후 상황 종료
	
	[3단계] 추가 정보 수집
	
	3.1 추가 정보 수집 또는 정탐으로 완료 판단
	
	    a. 유해 IP로 판별된 경우, 정탐으로 판단해 4.1로 이동
	
	3.2 불분명 IP에 대해 확인
	
	    a. 외부 네트워크에서 대상 시스템에 접속해 정보 수집
	
	3.3 불분명 IP에 대한 접근을 인스턴스 소유자에게 확인 요청
	
	    a. 통신 IP에 대해 인스턴스 담당자 확인
	
	        – 통신에 대한 소명 확인
	
	3.4 분석가의 2차 판단 수행(정탐, 오탐 중 선택)
	
	    a. 정탐 판단
	
	        – 4.1로 이동해 시급성 판단
	
	    b. 오탐 판단
	
	        – 상황 종료
	
	[4단계] 대응 및 보고
	
	4.1 인스턴스 정지 판단
	
	    a. 정지 가능 선택: 4.2로 이동
	
	    b. 정지 불가능 선택: 4.4로 이동

항목	설명

이벤트 대응 프로세스
 	
전반적인 응답 프로세스 및
처리 로직
	4.2 인스턴스 소유자에게 인스턴스 정지 이메일 발송(HTML 포맷 활용)
	4.3 인스턴스 정지 수행
	  ※ 시급성에 따라 Network ACL/Security Group 정책으로 차단
	    본 활용 사례에서는 간단히 인스턴스 정지로 자동화 대응 수행
	4.4 케이스 내용 검토
	4.5 처리 결과 보고서 작성 및 관리자에게 이메일 발송(HTML 템플릿)
	4.6 상태 업데이트 및 케이스 종료
	  a. SOAR, SIEM 솔루션에 케이스 종료 업데이트함
	※ 위 내용은 구체적으로 상세히 서술할수록 좋음

강화(Enrichment) 위협 인텔리전스 또는 내부 소스에서 IOC 강화	1.2 공격자 IP 국가 정보 조회(MaxMind) 1.3 인스턴스 소유자 정보 조회(AWS EC2, IAM 정보) 1.5 공격자 IP 평판 조회(VirusTotal)
수동 업무 단계 분석가가 수동으로 수행해야 하는 모든 조사 단계	**[3단계] 추가 정보 수집** 3.2 대상 IP에 대해 외부에서 접속 확인 3.3 인스턴스 담당자에게 IP와 통신 접근에 대한 소명 요청 **[4단계] 대응 및 보고** 4.4 케이스 내용 검토
사용자 상호작용 조사를 완료하는 데 필요한 최종 사용자와의 대화식 단계	**[2단계] 초동 분석 단계** 2.2 분석가의 1차 판단(오탐, 정탐 또는 추가 분석 여부) **[3단계] 추가 정보 수집** 3.4 분석가의 2차 판단(오탐, 정탐 여부) **[4단계] 대응 및 보고** 4.1 인스턴스 정지 판단(정지, 정지 불가)

탐지 이벤트를 처리하고 화면에 표현할 때 사용하는 주요 필드를 정의할 필요가 있다. 자동화 솔루션에서 제공하는 필드를 먼저 활용하고 사전에 정의되지 않은 필드가 있다면 커스텀하게 추가하고 이러한 정보들을 필드 정의서로 관리한다.

표 3-27 주요 이벤트 필드 정의서

필드 설명	필드 이름	설명 또는 예시
공격자(출발지) IP	src	192.168.0.1
공격 대상(목적지) IP	dest	10.0.0.2
공격 이름	signature	EC2 instance is communicating with a disallowed IP address
이벤트 액션	action	allowed
애플리케이션	application	AWS GuardDuty
분석가의 정오탐 판단 내용	decision_fp	정탐 또는 오탐
인스턴스 ID	instance_id	i-041d1acfc1382b580
Security Group ID	securitygroup_id	sg-05e8a907e505b147a
VPC ID	vpc_id	vpc-0f5c6ee32056f3e59
Account ID	account_id	173244699173
기차단 여부	src_block_flag	Yes 또는 No
SLA 시간	SLA	10min
인시던트 결과	result	In Progress, Closed 등

여기까지 정의하면 모든 준비는 완료됐으며 플레이북 편집기를 활용해 플레이북을 구현하고 테스트하면 된다.

3.6.8. 구현 플레이북

플레이북 관리와 테스트를 편리하게 하기 위해 메인 플레이북과 메인 플레이북 안에서 호출하는 서브 플레이북으로 구성할 수 있다. 전체 업무 단계는 4단계로 구성되며, 플레이북 구성을 1개의 메인 플레이북이 4개의 서브 플레이북으로 구성했고, 메인 플레이북에서 순차적으로 호출하게 했다.

워크북 구성

워크북은 각 단계별 세부 작업 그룹을 지정할 수 있고, 각 작업 그룹별로 담당자, SLA 시간, 플레이북을 지정할 수 있도록 템플릿화돼 있다. 상세 업무 흐름도와 유스 케이스 정의서에서 정의한 내용들과 거의 유사하게 구성했다.

그림 3-114 AWS 클라우드 환경 공격 대응 워크북

AWS 클라우드 환경 공격 대응 플레이북은 4단계로 구성되며, 메인 플레이북과 4개의 서브 플레이북으로 구성했다. 즉, 이해를 쉽게 하기 위해 유스 케이스 정의서에서 정의한 4개 단계에 맞춰 플레이북도 4개 서브 플레이북으로 구성했다. 각 단계에서 어떻게 업무를 플레이북으로 구성했는지 살펴보자. 태스크는 서브 플레이북이거나, 개별 독립

224

된 작업일 수도 있다. 다음 그림에서 사각형 박스를 클릭하면 세부 내용을 확인할 수 있는데 서브 플레이북 태스크일 경우, 새로운 창에 서브 플레이북이 열리며 내용을 확인하고 편집할 수 있다. AWS 클라우드 환경에서 달라진 업무 태스크를 중심으로 설명하겠다.

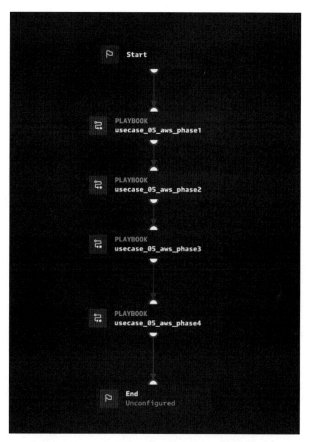

그림 3-115 AWS 클라우드 환경 공격 대응 – 메인 플레이북

[1단계] 공격 정보 수집

1단계의 첫 번째 자동화는 AWS 환경의 공격 이벤트 정보를 자동으로 수집하는 것이다. 그림 3-116 'AWS 클라우드 환경 공격 대응 - [1단계] 공격 정보 수집 서브 플레이북'이다. 태스크 개수가 많지 않거나 통합해 작성해도 유지 관리와 테스트에 문제가 없다면 그다음 단계와 유연하게 통합해 관리할 수 있다. 1단계 공격 정보 수집 플레이북의 첫 번째 태스크는 이력을 저장하고 관리하기 위한 워크북을 지정한다. 앞 페이지의 그림 3-114 'AWS 클라우드 환경 공격 대응 워크북'을 지정한다. 그런 다음 SIEM 및 SOAR 솔루션에 상태를 '처리 중'으로 업데이트한다. 그 외 담당자 지정 및 관련 정보를 설정한다. 이제 경보와 관련된 상세 정보를 수집한다. SIEM 상관 경보 룰에는 경보의 근거가 되는 원본 로그를 조회하는 검색문이 포함돼 있다. 즉, 검색문을 수행해 SIEM 경보의 근거가 되는 로그들을 검색하고 저장한다. 그리고 공격자 IP에 대해 국가 정보와 평판 정보를 조회한다. AWS 환경의 탐지 경보에는 EC2 인스턴스에 대한 정보가 포함돼 있다. 인스턴스 ID를 기준으로 인스턴스의 상세 정보를 조회한다. 인스턴스 IP, 소유자, VPC 정보, Security Group 정보 등을 확인할 수 있고 이 정보를 기반으로 세부적인 네트워크 정책(차단/허용)을 확인할 수 있다. 그리고 VPC Flow 로그를 조회해 출발지 IP와 목적지 IP 간의 통신 내역(접근 포트, 차단/허용 여부, 전송 바이트) 등을 확인할 수 있다.

이러한 조회 업무가 완료되면 정보를 화면에 표현하고 다음 단계로 넘어간다.

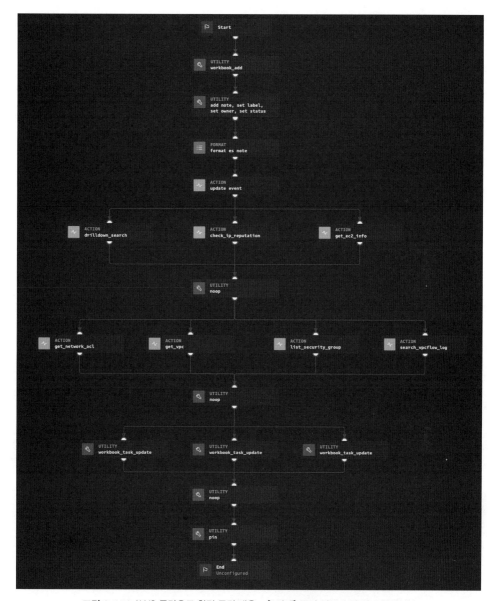

그림 3-116 AWS 클라우드 환경 공격 대응 – [1단계] 공격 정보 수집 서브 플레이북

독립적으로 수행될 수 있는 작업들은 병렬로 구성해 동시에 수행할 수 있다. 단, 솔루션에서 처리 가능한 태스크의 개수 등을 확인하고 하드웨어 성능을 고려해 적절하게 구성해야 한다.

플레이북이 자동으로 정보를 수집하고 그 결과를 화면에 표현한다. 이 정보를 기반으로 2단계 초동 분석 단계에서 보안 분석가는 IP 차단 여부, 이종의 탐지 이벤트 여부, IP 악성 여부를 판단한다. 그림 3-117은 공격자 IP에 대한 평판 정보를 조회한 화면이다. 향후에 보안 대응 정책을 세분화할 경우 평판과 함께 IP의 위치 정보에 서로 다른 가중치를 부여해 평가할 수도 있다. 즉, 해외 또는 국내 IP에 따라 보안 대응 정책을 다르게 가져갈 수도 있다.

그림 3-117 IP에 대한 평판 조회

위 예시의 경우 149.154.167.220의 바이러스 토탈 평판 조회 결과 Malicious 1, Suspicious 1로 판단됐다.

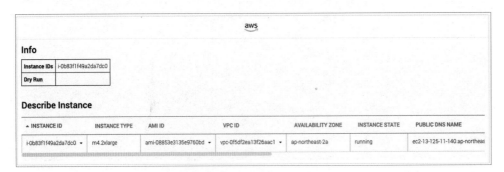

그림 3-118 인스턴스 정보를 조회한 화면

인스턴스 ID에 대해 현재 상태가 실행 중running이며 인스턴스의 유형, VPC ID, 소유자 등 상세 정보를 조회할 수 있다.

[2단계] 초동 분석 및 1차 조치

플레이북이 자동으로 정보를 수집하게 되면 그 결과는 내부에 저장돼 화면에 표현되고 보안 분석가는 초동 분석 및 1차 조치를 수행한다. IP의 평판 조회 결과를 확인해 악성 여부를 판단한다. 블랙리스트 IP에 해당하는지도 판단한다. 그리고 EC2 인스턴스가 수행 중인지, 인스턴스의 보안 그룹Security Group과 네트워크 접근 통제 목록Network ACL 정책에 해당 IP가 허용돼 있는지도 확인한다. 그리고 네트워크 트래픽 로그를 확인해 해당 IP와 통신이 허용돼 기록이 돼 있는지도 확인한다. 이러한 내용을 종합적으로 비교해 보안 분석가의 1차 판단이 수행된다. IP 평판 조회 결과 정상Benign IP이며, 블랙리스트에도 포함되지 않고, 트래픽 로그에도 허용되지 않았다면 오탐으로 기록하고 종료한다. 유해 IP로 평판 조회가 되고, 네트워크에 통신 이력이 있다면 정탐 및 추가 심층 분석 단계로 넘어간다.

IP가 악성으로 판별되고 해당 IP가 VPC Flow 트래픽 로그에서 허용Allowed돼 통신이 이뤄져 있다면, 즉, 차단되지 않고 있다면 3단계 추가 정보 수집 및 심층 분석 단계로 이동한다. VPC Flow 트래픽 로그는 현재 일 기준으로 과거 30일간의 IP에 대한 통신 내역을 모두 조회한다.

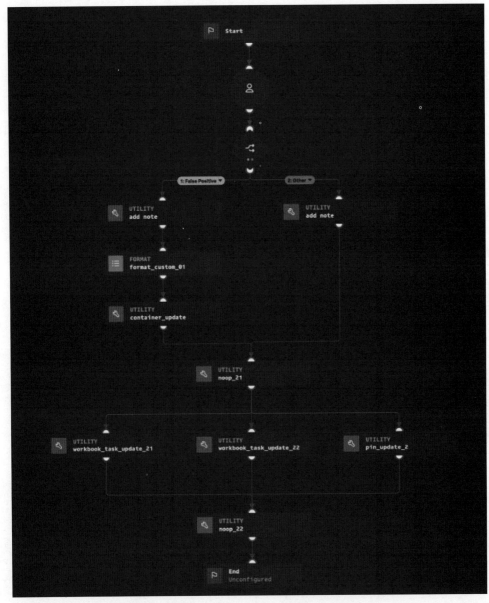

그림 3-119 AWS 클라우드 환경 공격 대응 – [2단계] 초동 분석 및 1차 대응

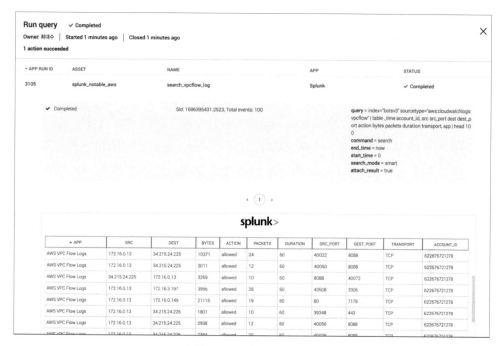

그림 3-120 VPC Flow 로그 조회

이외 가드듀티 탐지 내용 중 동일한 IP나 인스턴스와 관련된 내용을 추가로 조회할 수 있다. SIEM에 수집돼 있는 VPC Flow 데이터를 조회하기 위한 검색문을 템플릿화해 준비하고, 가드듀티에 데이터를 검색하기 위한 검색 조건을 미리 준비해 IP 값만 동적으로 변경해 검색을 수행하도록 설정한다. 기업에서 사용하고 있는 보안 시스템의 데이터 조회를 태스크로 추가해 보안 분석가가 판단하기 충분하도록 데이터 수집을 자동화한다.

[3단계] 추가 정보 수집 및 심층 분석

추가 분석을 선택했다면 그림 3-121 'AWS 클라우드 환경 공격 대응 - [3단계] 추가 정보 수집 및 심층 분석'이 진행된다. 보안 분석가는 정탐 또는 추가 분석을 선택하게 된다. 탐지한 공격과 유해 IP가 명확하다면 즉시 4단계 대응 및 보고 단계로 넘어간다. 즉, 평판 정보 조회한 결과, Malicious가 10개 이상이고, VPC Flow 트래픽 로그에 통신 허용 이력이 존재하는 경우에 해당한다. 그러나 Malicious가 10개 미만으로 확인이 필요한 경우에 인스턴스를 외부에서 유해 IP에 접속해 정보를 수집해 분석하고, 인스턴스에 대한 소유자 정보를 확인하고, 소유자에게 네트워크 접속에 대한 소명을 진행한다. 만약 파일 해시 등 추가 정보가 있다면 이에 대해서도 함께 제공해 확인한다. 이때 Slack 메시지를 통해 인스턴스와 경보 정보를 인스턴스 담당자와 공유하고 빠르게 확인한다. 그리고 소명 등 정보 확인을 위해서는 기업에서 사용 중인 케이스 관리 시스템을 이용해 케이스를 생성한다. 본 활용 사례에서는 Jira 솔루션을 사용했다. 이렇게 확인하고 수집한 데이터를 기반으로 보안 분석가는 2차 판단을 수행한다. 지금까지 설명한 내용을 플레이북으로 구현하면 그림 3-121 'AWS 클라우드 환경 공격 대응 - [3단계] 추가 정보 수집 및 심층 분석'과 같다.

이어지는 그림 3-122는 추가로 수집된 정보를 기반으로 보안 분석가가 2차 판단하는 화면이다. 정탐 또는 오탐, 두 가지 중 한 가지를 선택한다.

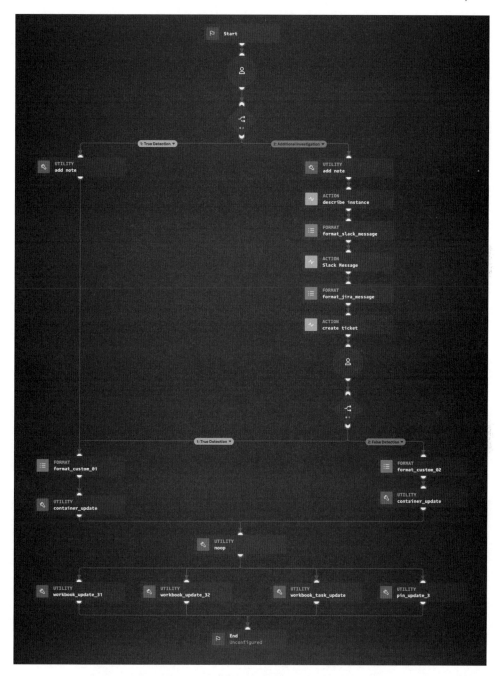

그림 3-121 AWS 클라우드 환경 공격 대응 - [3단계] 추가 정보 수집 및 심층 분석

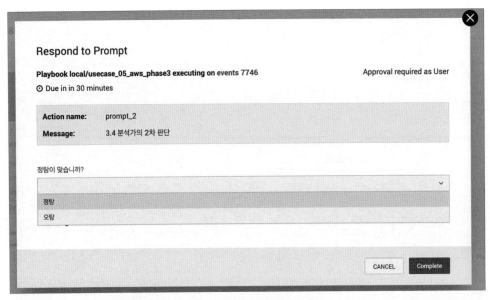

그림 3-122 AWS 클라우드 환경 공격 대응 – 분석가의 2차 판단

다음은 기업의 메신저를 활용해 인스턴스 담당자에게 확인하는 화면이다. 본 활용 사례에서는 Slack 메시지를 이용했고, 관련 정보를 복사해 빠르게 확인받으려고 했다.

그림 3-123 Slack을 통해 인스턴스 담당자에게 확인 요청

그리고 이후에 케이스 관리 시스템을 통해서 담당자에게 소명을 요청하는 화면이다. Jira 케이스 관리 시스템을 연동해 활용했고, 담당자를 지정해 메시지를 전달해 소명 내용을 확인하게 된다.

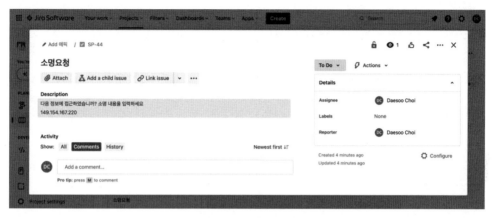

그림 3-124 케이스 관리(Jira)를 통한 소명 정보 요청

[4단계] 대응 및 보고

마지막 4단계는 해당 인스턴스를 중지시키고 보고하는 단계이다. 시급한 경우로 판단되면, 보안 분석가는 담당자에게 인스턴스 중지에 관한 공지 메일을 발송하고, 중지를 수행한다. 만약 시급하지 않거나 중지가 불가능한 경우는 다음 과정으로 넘어간다. 지금까지 진행한 케이스 내용을 검토하고 수정할 사항이 없으면 전체 처리한 내용을 보고서로 생성해 시스템에 기록하고 필요 시 이메일 등으로 보고하고 종료하게 된다.

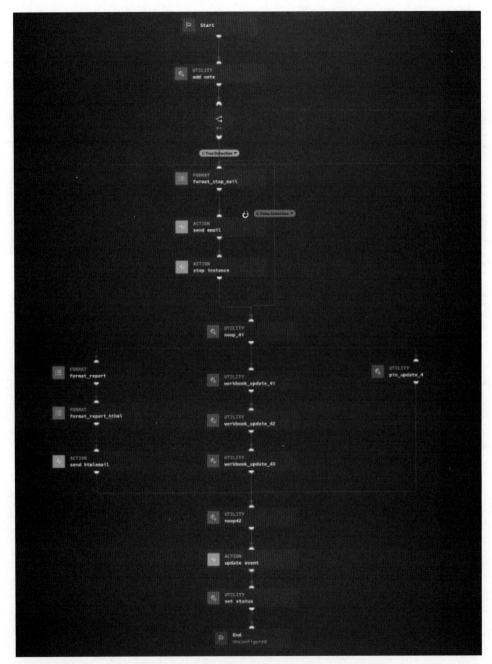

그림 3-125 AWS 클라우드 환경 공격 대응 – [4단계] 대응 및 보고

워크북의 각 단계에 처리 결과와 증적 자료들이 자동으로 입력되고 완료된다. 마지막 케이스 내용 검토 단계에서 보안 분석가는 내용을 업데이트할 수 있다. 해당 이벤트를 종료Close하게 되면 변경할 수 없다.

그림 3-126 AWS 클라우드 환경 공격 대응 – 전체 처리 결과 화면

요약

다음은 AWS 클라우드 환경 탐지 경보 이벤트의 자동화 처리 결과, 처리 소요 시간을 표현한 대시보드이다. Splunk SOAR 솔루션은 처리 결과를 Splunk SIEM에 모두 저장할 수 있다. 그렇게 되면 다양한 대시보드와 보고서를 쉽게 작성할 수 있다. 다음 화면은 자동으로 처리하는 데 소요되는 시간과 내용을 모두 쉽게 파악할 수 있다. 자동화를 통한 효과를 즉시 확인할 수 있다.

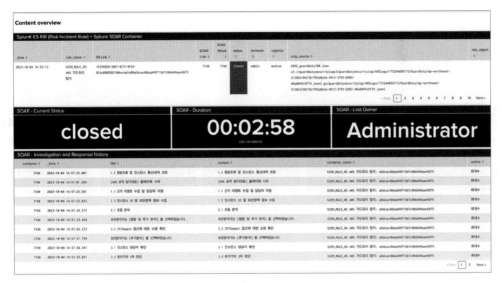

그림 3-127 AWS 클라우드 환경 공격 대응 – 처리 시간 및 처리 이력

지금까지 AWS 클라우드 환경 공격 대응 업무 프로세스에 대한 자동화 처리 플레이북을 살펴봤다. 보안 분석가가 수동으로 업무를 처리할 경우 30~60분 이상 소요되는 업무들이 5분 이내로 빠르게 처리될 수 있다. 또한 항상 동일한 분석 품질을 유지하고 보안 분석가는 결과 확인하고 추가적인 분석이 필요한 부분에 판단 역할을 수행하면 된다. 뿐만 아니라 보고서 생성, 알림, 이력 관리 관제 업무를 효율화할 수 있다.

3.7. 내부 정보 유출 이상 징후 탐지 대응 업무 프로세스

3.7.1. 내부 정보 유출 이상 징후 개요

최근 ○○ 회사는 핵심 기술이 포함된 내부 자료를 외부로 유출한 혐의로 A씨를 해고하고 수사를 의뢰했다. 내부 중요 자료 수십 건을 외부 개인 메일로 발송했고 이중 일부를 다시 본인의 또 다른 외부 이메일 계정으로 2차 발송한 뒤 보관하다가 적발됐다고 한다.

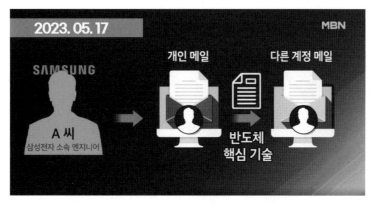

그림 3-128 ○○ 회사의 내부 핵심 기술 정보 유출 사고 사례
(출처: MBN 네이버 뉴스 – https://tv.naver.com/v/36055491)

최근 조사에 따르면 내부자(내부 직원 또는 협력사 직원)에 의한 정보 유출 보안 사고가 점점 증가하는 추세이다. 코로나19 기간 동안에 재택 근무로 내부자 관리가 소홀해지면서 기업의 정보 유출 사고는 더욱 증가하고 있다. 국가정보원에 따르면 최근 5년간 (2018~2022년) 적발한 국내 산업 기술의 해외 유출 사건은 총 93건으로, 그중 국가 핵심 기술은 33건이었고 이로 인한 경제적 피해액은 25조 원에 이르는 것으로 추산하고 있다.

표 3-28 최근 5년간 국내 산업 기술 해외 유출 건수(출처: 국가정보원, 그래픽: 국회도서관)

구분	2018년	2019년	2020년	2021년	2022년	합계
산업 기술	20건	14건	17건	22건	20건	93건
국가 핵심 기술	5건	5건	9건	10건	4건	33건

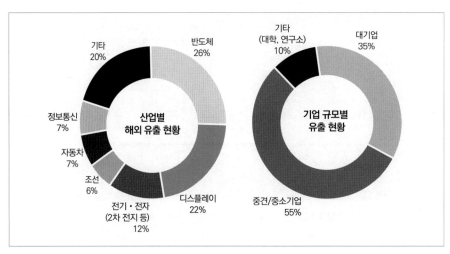

그림 3-129 산업 및 기업 규모별 산업 기술 해외 유출 현황(출처: 국가정보원, 그래픽: 국회도서관)
(https://www.donga.com/news/lt/article/all/20230705/120096748/1)

해외로 기술 유출이 발생한 산업별 비중을 살펴보면 ▲반도체(26%) 기술의 해외 유출이 가장 많았고, ▲디스플레이(22%) ▲전기·전자(12%) ▲자동차·정보 통신(각각 7%) ▲조선(6%) 분야가 뒤를 따르고 있다. 기업 규모로 보면 중견·중소기업(55%)과 대기업(35%) 순이다. 기술이 유출되는 경로로 ▲퇴직자·현직자에 의한 유출이 가장 많았으며 ▲업무 제휴·기술 협력에 의한 유출 ▲사이버 해킹에 의한 유출 ▲제품·기술 수출에 의한 유출 ▲대외 투자에 의한 유출이 그 뒤를 이었다.

많은 기업에서 이러한 정보 유출 행위와 관련된 이상 징후를 탐지하고 방지하기 위한 기술적 보호 조치를 취하고 있다. 대표적으로 행위 로그들을 통합해 이상 징후 탐지 룰을 통해 모니터링하고, 탐지 경보가 발생했을 때 진위 여부를 확인하는 과정을 수행한다.

3.7절에서는 정보 유출 이상 징후 공격이 탐지됐을 때 보안 분석 및 대응 프로세스를 어떻게 자동화할 수 있는지 살펴보겠다.

3.7.2. 주요 업무 내용 및 대응 소요 시간

정보 유출 이상 징후 탐지 이벤트는 다양한 형태의 정보를 포함할 수 있다. 위 사례처럼 내부의 정보를 개인 메일을 통해 외부로 발송하는 경우는 웹 메일 관련 트래픽 정보에 관련 내용이 기록된다. 그리고 인쇄해 정보를 외부로 반출하는 경우는 인쇄 로그에 누가 언제 어떤 문서를 인쇄했는지 기록된다.

다음 정보 유출 이상 징후 탐지 경보 예시는 문서 보안과 연관된 사례이다. 많은 기업은 문서 보안을 강화하기 위해 DRM^{Digital Right Management} 솔루션을 사용한다. 즉, 문서와 같은 디지털 자산에 암호화와 권한을 지정하고, 권한이 있는 사람만 보거나 편집할 수 있도록 하는 것이다. 권한이 없는 사람은 복호화 권한이 없어서 내용을 열람할 수 없도록 하는 보안 솔루션이다.

만약 권한이 있는 내부 직원이 DRM이 적용된 중요한 파일을 복호화하고 이를 외부 메일로 발송하게 되면 권한이 없는 사람도 내용을 열람할 수 있게 된다. 업무를 수행하다 보면 외부에 전달하기 위해 예외 처리 허가를 받아 복호화하는 경우도 있지만, 악의적인 목적이나 실수로 암호화가 해제된 일반 문서를 외부로 전달한다면 정보가 유출될 수 있다. 이러한 사례의 경우 정보 유출 이상 징후 탐지 이벤트에는 복호화된 문서 이름, 복호화를 수행한 사용자, 수행한 PC 등 관련 정보를 포함한다. 통합보안 관제 시스템은 그림 3-130과 같이 탐지 경보 이벤트를 발생시키며, 주요 정보를 요약해 표현한다.

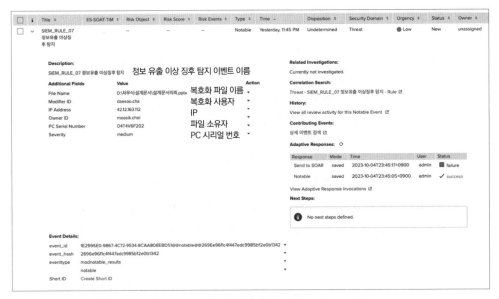

그림 3-130 정보 유출 이상 징후 탐지 경보(SIEM 솔루션 화면)

이상 징후 탐지 경보 이벤트가 발생하면 보안 분석가는 탐지 경보의 진위 여부를 파악하기 위한 추가 정보를 수집한다. 복호화 사용자 정보가 있다면 이름과 부서 정보를 확인하고 부서장 정보도 함께 조회한다. 그리고 복호화 권한이 있는 사용자가 맞는지 혹은 문서 복호화 예외 처리 사용자인지 확인한다. 그리고 해당 문서를 인쇄했거나 외부 개인 메일이나 외부에 전송했는지 프록시 로그를 함께 조회한다. 또한 보안 장비에서 해당 트래픽이 허용돼 유출 가능성이 있는지 혹은 차단돼 외부로 전달이 실패했는지도 함께 조회한다. 이렇게 수집한 정보들을 기반으로 1차 판단을 한다.

보안 분석가가 1차 분석 판단을 수행해 정보 유출 이상 징후 판단에 대해 담당자에게 소명을 요청한다. 즉, 이상 징후로 판단되지만 적법한 과정을 거쳐 정보 유출이 아닌 정상적인 업무 행위일 수 있기 때문에 담당자의 소명 과정을 진행한다. 이후 소명 내용을 확인하고 추가 분석 및 판단 과정을 거친 후, 정보 유출 판정의 심각도에 따라 부서장에게 통보하고 기술적 보호 조치를 즉시 수행한다.

탐지 경보 이벤트 분석 및 조치 시간

통계에 의하면 내부 정보 유출 사고 1건을 처리하는 데 평균 85일이 소요됐다고 한다. 이상 징후를 탐지하는데도 오래 걸리고, 연관된 로그와 증적 자료들을 조사하고 확인하는 데 그 많은 시간이 필요했었다. 그러나 지금은 정보 유출 이상 징후 모니터링 솔루션을 구축하거나 SIEM 솔루션을 통해 로그와 이벤트를 통합해 이상 징후를 탐지하고 있다. 정보 유출 측면에서 모니터링 솔루션으로 1건 처리하는데 어느 정도 소요되는지 명확히 보고된 자료는 없으나, 일반적으로 대략 1~7일이 소요되고 있다. 업종별 보안 조직이나 보안 관제 센터마다 차이가 있으나, 보안 관제 업무 프로세스의 복잡도와 축적 노하우에 따라 조사 범위가 달라질 수 있기 때문이다.

자동화를 활용한 기대 효과

정보 유출 이상 징후 경보를 탐지한 이후, 분석 및 대응을 자동화를 활용한 경우, 약 1시간에서 1일 이내로 완료하는 경우가 많았다. 담당자에게 소명을 요청하고 확인하는 시간에 따라 달라질 수 있으나 대략 1시간 이내로 완료할 수 있다. 이렇게 자동화를 활용하면서 1일 이상 소요되는 업무를 1시간 이내로 단축할 수 있고, 경험이 축적된 보안 관제 센터는 점점 업무를 효율화/고도화해 시간을 더욱 줄였다.

3.7.3. 정보 유출 이상 징후 탐지 및 분석 흐름도

정보 유출 이상 징후 대응 업무 프로세스를 살펴보자. 기업은 다양한 정보보안 시스템을 설치해 사이버 위협을 탐지하고 있다. 그림 3-131과 같이 보안 관제 센터에서 다양한 보안 시스템의 로그와 이벤트를 ① SIEM 시스템으로 수집한다. 통합된 로그와 경보 이벤트들 간의 연관성을 분석해 위협 경보를 탐지하고 생성한다.

정보 유출 이상 징후와 관련해 DRM 솔루션은 문서를 암호화하고 복호화 해, 문서 보안을 수행하며, 인쇄 행위에 대해서도 누가 어떤 문서를 얼마만큼 인쇄했는지 기록한다. SIEM 솔루션은 이러한 정보 유출 관점의 행위 로그를 통합하고 이상 징후 탐지 룰을 실행해 경보 이벤트를 탐지하게 된다. 정보 유출 이상 징후 경보 이벤트가 탐지되면, 보안 관제 센터 분석가는 관련된 여러 보안 시스템(① SIEM ② DRM 문서 복호화 ③ 프린터 로그 ④ 웹 프록시 트래픽 분석 시스템 등)에서 정보를 수집한다. 이상 행위를 수행한 사용자 정보를 조회하고, 종합적으로 분석하며 통합보안 관제 시스템 또는 내부 티켓팅 시스템에 케이스를 생성해 정보를 입력하고 관리한다. 이상 행위 대상자의 소명에 대한 이력 관리도 수행한다. 이메일 및 문자 메시지 등으로 담당자에게 알리는 활동도 함께 수행한다.

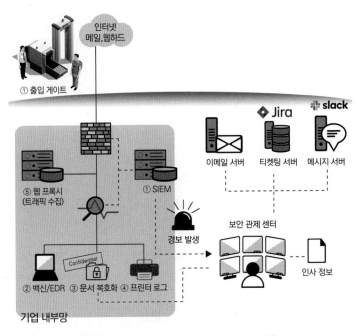

그림 3-131 정보 유출 이상 징후 탐지 및 분석 흐름도

SIEM 시스템은 정보 유출 이상 징후를 탐지할 수 있는 다양한 상관 분석 탐지 정책을 제공한다. 이를 활용해 탐지 경보 이벤트를 생성하고 각 조직마다 탐지 정책을 튜닝하거나 추가해 관리한다. 다음과 같은 SIEM 탐지 정책들은 정보 유출 행위를 탐지하고, 정보 유출 이상 징후 대응 관제 업무 프로세스를 수행한다.

표 3-29 정보 유출 이상 징후 탐지 상관 분석 룰 예시(SIEM 참고)

번호	SIEM 상관 분석 탐지 정책 예시	설명
1	AD Audit Log Cleared	Active Directory 또는 Windows 로컬 감사 로그 삭제 관련 이상치 행위 탐지
2	Anomalous USB Activity	높은 볼륨의 USB 활동 이상치 탐지
3	Excessive Data Transmission	과도한 양의 데이터를 전송하는 사용자를 프로파일링 기반 이상치 탐지
4	Confidential Print	기밀 문서를 인쇄한 사용자를 프로파일링 기반 이상치 탐지
5	Excessive Database Records Deleted	비정상적으로 많은 수의 데이터베이스 레코드 삭제 행위를 프로파일링 기반 이상치 탐지
6	DLP Web Personal	사용자가 개인 이메일 계정이나 파일 저장 웹사이트에 민감한 데이터를 게시하는 이상 행위 탐지
7	Disabled Account Activity	Active Directory에서 비활성화된 자격 증명 사용 이상 행위를 탐지
8	Email Attachment Size	비정상적으로 큰 이메일 첨부파일을 프로파일링 기반으로 이상치 탐지
9	Excessive Data Printed	많은 양의 데이터를 인쇄하는 사용자를 프로파일링 기반으로 이상치 탐지
10	Failed Badge Accesses on Multiple Doors	여러 출입문에서 실패한 액세스 시도가 감지됐을 때, 프로파일링 기반으로 이상치 탐지
11	Excessive Box Downloads	파일 공유 서비스(Box 등)에서 비정상적으로 많은 양의 바이트를 다운로드한 사용자를 프로파일링 기반으로 이상치 탐지
12	Unusual Time of Badge Access	비정상적인 시간대의 출입 이력(배지의 접근)을 프로파일링해 이상치 탐지

표 3-29와 같은 형태의 정보 유출 이상 징후 탐지 경보 이벤트가 발생되면 보안 분석가의 조사 및 분석 업무를 위한 수동 업무 프로세스가 시작된다. 이를 자동화하기 위해, 구체적으로 보안 관제 업무 흐름을 정리해보자.

3.7.4. 주요 업무 흐름

다수의 기업이 공통적으로 수행하는 업무를 참조해 정보 유출 이상 징후 분석 및 대응에 대한 업무 흐름을 일반화해 도식화했다. 기업마다 보호해야 할 대상이 다르고, 운영하는 보안 시스템과 제조사도 다르고, 축적된 보안 관제 노하우가 다르기 때문에, 보안 관제 프로세스가 동일하지 않고 차이가 있다.

> 정보 유출 이상 징후 대응 프로세스는 일반적인 보안 관제 프로세스와 전체 흐름은 유사하지만 소명 과정 부분이 차이가 있다. 즉, "정보 유출 이상 징후"라는 말처럼 의심 징후를 탐지한 것이기 때문에 반드시 행위자(내부자)에게 소명할 수 있는 기회가 있어야 되고, 그 소명이 충분히 타당하고 합리적인지 파악해야 한다. 보안 분석가는 분석한 내용과 소명의 타당성을 종합해 판단하고, 정보 유출이 심각하다고 충분히 판단되면 부서장에게 통보하고 내부 절차에 의해 즉시 기술적 및 관리적 보호 조치를 취해야 한다. 이러한 부분이 일반적인 외부 해킹에 의한 보안 관제와 차이가 있다.

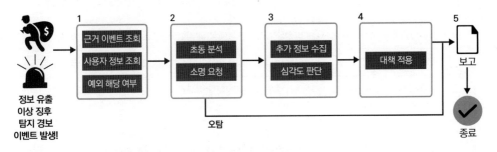

그림 3-132 정보 유출 이상 징후 대응 – 주요 보안 관제 업무 흐름도

정보 유출 이상 징후 대응 보안 관제 주요 업무는 그림 3-132와 같이 경보 이벤트 발생에서 시작해 보고서 작성까지 5단계로 구분할 수 있다.

①단계는 정보 수집 단계이며 ②단계는 초동 분석 및 소명 요청 단계, ③단계는 추가 정보 수집 및 심각도 판단 단계이다. 이 단계에서는 정보 유출의 판단과 심각도를 판단하게 된다. ④단계는 대책을 적용하는 대응 단계이며, 심각도에 따라 부서장에게 즉시 통보하고 PC 차단 등 기술적 보호 조치를 수행한다. ⑤단계는 종료 단계이다.

③단계 소명 요청 단계는 수집한 결과와 분석한 결과에 따라 몇 가지 상황으로 분기해 서로 다른 업무 처리를 수행하게 된다. 즉, 보안 분석가의 의사 결정이 필요하다. 즉, 조사 내용 및 분석 결과를 보안 분석가가 면밀히 살펴보고 선택할 수 있는 옵션(입력값 입력)이 필요하다. 오탐, 보통, 심각 등의 심각도에 따라 적절한 대응 과정으로 분기하게 된다. ①단계부터 ⑤단계까지의 전체 업무 소요 시간을 측정해 SLA^{Service Level Agreement} 기준 시간 내에 완료했는지 모니터링한다. 이제 각 단계별로 구체적인 업무 흐름을 상세하게 정의해 우리가 목표로 하는 정보 유출 이상 징후 대응 자동화 플레이북 구현을 위한 기초 자료를 구성해보자.

3.7.5. 상세 업무 흐름도

그림 3-133에서 단계별 업무 내용을 상세화했다. 사람 아이콘이 있는 업무는 분석가의 판단이 필요한 항목이다. 소명 등 사람의 입력이 필요한 부분은 아이콘으로 구분했다. 보안 분석가의 판단에 의해 분기가 이뤄져 다른 업무를 수행할 때 분석가의 입력이 필요하다. 정보 유출 이상 징후 대응에 대한 전체 흐름이 한눈에 파악될 것이다. 플레이북으로 구현하기 위해서 상세한 유스 케이스 정의서를 작성해 각 세부 단계별로 자동화 처리 로직과 내용을 상세히 기술해야 한다. 다음 그림에 대한 설명은 뒷부분에 나오는 정보 유출 이상 징후 대응 플레이북 유스 케이스 정의서에 설명하겠다.

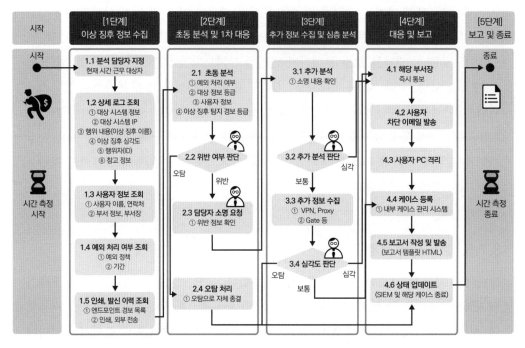

그림 3-133 정보 유출 이상 징후 대응 – 상세 보안 관제 업무 흐름도

3.7.6. 시스템 연동 목록

업무 흐름을 상세하게 정의한 후 자동화 시스템에 연동하기 위한 대상 시스템과 필요한
자동화 행위를 식별하고 정리한다. 대상 시스템 정보와 필요한 동작을 정의하고, 기술
적으로 어떤 연동 방식을 사용하는지 파악해야 한다. 아울러 연동 작업을 수행할 때 중
요도가 높은 순으로 우선순위를 파악해야 한다.

연동 대상의 우선순위를 파악해야 하는 이유는 자동화 구현을 위해 반드시 연동이 필
요한 필수 시스템을 파악하고 먼저 작업을 시작하기 위함이다. 필수 시스템에서 연동
방식이 지원되지 않게 되면 대상 시스템에서 연동 인터페이스를 개발하거나 또는 다른
방식을 협의해 연동을 구현해야 하기 때문이다.

표 3-30 연동 대상 시스템 및 연동 방식 조사

번호	유형	대상 시스템 예시 (버전)	연동 방식	필요 동작	우선순위 (예)
1	SIEM	Splunk Enterprise 9.1 Splunk ES 7.x	API	(1) 경보 이벤트 수집 (2) 로그 검색 (3) 인시던트 상태 　　업데이트	상
2	EDR	백신 EDR	API	(1) PC 격리 명령	상
3	이메일	네이버 이메일	SMTP	이메일 송수신	중
4	케이스 관리	Jira	API	케이스 관리 등록	하
5	메시지	Slack	API	메시지 알림	하

버전에 따라 제공하는 연동 내용이 다른 경우가 발생할 수 있어 버전 정보도 파악해야한다. 만약 연동 방법이나 필요한 동작에 대한 API가 없다면 제조사에 요청하거나 개발 로드맵에 반영돼 있는지 확인해야 한다.

3.7.7. 플레이북 유스 케이스 정의서

조사하고 분석한 정보를 바탕으로 유스 케이스 정의서를 작성하는 단계이다. 보안 관제 업무 프로세스를 디지털화된 플레이북으로 구현하기 위해서 보안 관제 업무 시나리오를 명확하게 정리하는 작업이다. 구체적인 내용을 정리하면서 필요시 보안 분석가와의 인터뷰를 통해 명확히 파악할 필요가 있다. 많은 기업에서 보안 관제 프로세스를 문서화해 관리하고 있지만 상세한 판단 기준까지 명시되지 않고 분석가의 판단과 상황에 의존하는 경우들이 많다. 그래서 상세한 부분을 파악해 문서로 정리하는 과정이 반드시 필요하다. 플레이북 유스 케이스 양식에 맞춰 정보 유출 이상 징후 탐지 대응 업무에 관한 유스 케이스 정의서를 작성했다.

표 3-31 정보 유출 이상 징후 탐지 대응 유스 케이스 정의서

항목	설명
유스 케이스 이름	정보 유출 이상 징후 탐지 대응 플레이북
트리거 방법 자동화 플레이북 시작 방법	SIEM 솔루션에서 탐지 이벤트가 발생하면 수집해 시작 – 두 가지 방식 중 선택 (1) 폴링 방식: SOAR 솔루션에서 1분마다 polling 방식으로 SIEM(예: Splunk)에 새로운 탐지 경보 이벤트가 있는지 확인해 수집함 　신규 탐지 경보 이벤트가 있을 경우 플레이북이 자동 시작됨 (2) 푸시 방식: SIEM 솔루션에서 경보 이벤트 발생 시, SOAR 솔루션에 API 방식으로 전달함 　신규 경보 이벤트가 전달되면 해당 유형의 플레이북이 자동 시작됨
이벤트 구조와 매핑 사고 대응 프로세스의 일부로 필요한 경보 이벤트 필드	대상 시스템 정보(IP, PC 정보) 사용자 ID(문서 복호화 행위자) 행위 정보(문서 복호화) 파일명 파일 생성자 ID ※ 정보 유출 이상 행위와 관련한 다양한 이벤트 필드가 있음 본 사례에서는 문서 복호화 사례로 한정해 표현함
이벤트 대응 프로세스 전반적인 응답 프로세스 및 처리 로직	**[1단계] 이상 징후 정보 수집** 1.1 분석 담당자 지정 1.2 상세 로그 정보 조회 1.3 사용자 정보 조회 　　a. 사용자 이름, 연락처, 부서, 부서장 정보 1.4 예외 처리 정보 조회 　　a. 예외 정책, 예외 기간 1.5 인쇄 이력, 발신 이력 조회 　　a. 인쇄 로그, 프록시 로그 조회 　　→ 분석한 내용을 저장함 **[2단계] 초동 분석 및 1차 조치** 2.1 초동 분석 　　a. 보안 분석가는 수집한 정보를 확인해 분석 　　　– 예외 처리 여부, 대상 정보, 사용자 정보, 탐지 경보 등급 등

항목	설명

이벤트 대응 프로세스
 	
전반적인 응답 프로세스
및 처리 로직
	2.2 분석가에 위한 정보 유출 여부 판단
	
	 → 위반: '2.3 담당자 소명 요청' 진행
	
	 → 오탐: 모두 차단, 이벤트가 없고, 정상인 경우는 상황 종료
	
	2.3 담당자 소명 요청
	
	 a. 케이스를 생성해 담당자에게 확인을 요청함
	
	 b. 이후 [3단계]로 이동
	
	2.4 오탐 처리
	
	 a. 오탐 확인으로 자체 종결 처리함
	
	[3단계] 추가 정보 수집
	
	3.1 추가 분석
	
	 a. 소명 내용 조사
	
	  – 소명 내용이 정상이고, 적법한지 판단
	
	  – 수집한 정보와 대조해 충분히 타당한지 판단
	
	3.2 추가 분석 판단
	
	 a. 소명 내용이 부족해 심각하게 정보 유출 의심되거나 그 외의 경우
	
	  → 심각: [4단계] 로 이동
	
	  → 보통: '3.3 추가 정보 수집'으로 이동
	
	3.3 추가 정보 수집
	
	 a. VPN, Proxy, 출입 게이트 (배지) 로그 조회
	
	  – 소명 내용은 심각한 정보 유출로 판단되지 않으나 추가 확인 필요
	
	3.4 분석가의 2차 심각도 판단 수행(심각, 보통, 오탐 중 선택)
	
	 a. 심각 판단
	
	  – '4.1 해당 부서장 즉시 통보'로 이동해 대응
	
	 b. 보통 판단
	
	  – '4.4 내부 케이스 관리 시스템에 케이스 등록'으로 이동해 정보 유출 이상 징후 의심 등록
	
	   ※ 추가 별도의 자체 프로세스 진행하거나 종결
	
	    해당 프로세스는 기업별 자체 기준 참고
	
	 c. 오탐 판단
	
	  – 상황 종료
	
	[4단계] 대응 및 보고
	
	4.1 부서장 즉시 통보
	
	 a. 심각한 정보 유출 이상 징후로 판단돼 즉시 보고 필요

항목	설명
이벤트 대응 프로세스 전반적인 응답 프로세스 및 처리 로직	4.2 사용자 차단 메일 발송(HTML 포맷 활용) 4.3 사용자 PC 격리(또는 IP 차단 수행) 　a. 심각한 정보 유출로 판단돼 기술적 보호 조치 즉시 수행 4.4 내부 케이스 관리 시스템에 케이스 등록 　a. 케이스 등록해 해당 부서장과 대상 내부 직원의 추가 소명 및 이력 관리 수행 4.5 처리 결과 보고서 작성 및 관리자에게 이메일 발송(HTML 템플릿) 4.6 케이스 종료 　a. SOAR, SIEM 솔루션에 케이스 종료 업데이트함 　※ 위 내용은 상세하게 서술할수록 좋음
강화 (Enrichment) 위협 인텔리전스 또는 내부 소스에서 IOC 강화	1.3 대상자 정보 조회 　– 대상자 및 부서장의 연락처 등
수동 업무 단계 분석가가 수동으로 수행해야 하는 모든 조사 단계	**[2단계] 초동 분석 단계** 2.3 정보 유출 대상 직원에게 위반 정보에 대한 소명 요청
사용자 상호작용 조사를 완료하는 데 필요한 최종 사용자와의 대화식 단계	**[2단계] 초동 분석 단계** 2.2 분석가의 위반 여부 판단(오탐, 위반) **[3단계] 추가 정보 수집** 3.2 분석가의 2차 추가 분석 판단(보통, 보통) 3.4 심각도 판단(오탐, 보통, 심각)

탐지 이벤트를 처리하고 화면에 표현할 때 사용하는 주요 필드를 정의할 필요가 있다. 자동화 솔루션에서 제공하는 필드를 먼저 활용하고, 사전에 정의되지 않은 필드가 있다면 커스텀하게 추가하고 이러한 정보들을 필드 정의서로 관리한다.

표 3-32 주요 이벤트 필드 정의서

필드 설명	필드 이름	설명 또는 예시
대상 IP	dest_ip	192.168.10.111
문서 변경자 ID	user_id	dschoi.cha

필드 설명	필드 이름	설명 또는 예시
문서 생성자	owner_id	gildong.hong
이벤트 액션	action	modified
파일명	file_name	D:\차무식\설계문서\설계문서의뢰.pptx
PC 시리얼 번호	serial_number	D4T4V6F202
행위 시간	log_time	20231203-112122
1차 판단 결과	decision	분석가의 판단 내용
소명 내용	explanation	예외 처리 사유 입력
SLA 시간	SLA	2 hour
인시던트 결과	result	In Progress, Closed 등

여기까지 정의하면 모든 준비는 완료됐으며 플레이북 편집기를 활용해 플레이북을 구현하고 테스트하면 된다.

3.7.8. 구현 플레이북

플레이북 관리와 테스트를 편리하게 하기 위해 메인 플레이북과 메인 플레이북 안에서 호출하는 서브 플레이북들로 구성할 수 있다. 전체 업무 단계는 4단계로 구성했다. 플레이북 구성을 1개의 메인 플레이북과 4개의 서브 플레이북으로 구성했고, 메인 플레이북에서 순차적으로 호출하게 했다.

워크북 구성

워크북에는 각 단계별 세부 작업 그룹을 지정할 수 있고, 각 작업 그룹별로 담당자, SLA 시간, 플레이북을 지정할 수 있도록 템플릿화돼 있다. 상세 업무 흐름도와 유스 케이스 정의서에서 정의한 내용과 거의 유사하게 구성했다. 논리적 흐름을 실제 디지털화된 업무 플레이북으로 구현하다 보면 정확히 매핑이 안 되거나 통합해 작성할 때 더 용이할 경우가 있다. 본 유스 케이스는 3단계 플레이북에 4단계 업무를 대거 통합 작성했다. 실제 플레이북 구현할 때에는 구현의 용이성 등을 판단해 유동적으로 구현할 수 있다.

그림 3-134 정보 유출 이상 징후 탐지 대응 워크북

정보 유출 이상 징후 탐지 대응 플레이북은 4단계로 구성했다. 이해를 쉽게 하기 위해 유스 케이스 정의서에서 정의한 4개 단계로 구성하고, 서브 플레이북은 총 4개로 구성했다. 각 단계에서 어떻게 업무를 플레이북으로 구성했는지 살펴보자. 플레이북의 세부 태스크들을 모두 설명하기보다 정보 유출 이상 징후 분석과 관련된 주요 작업을 중심으로 설명하겠다.

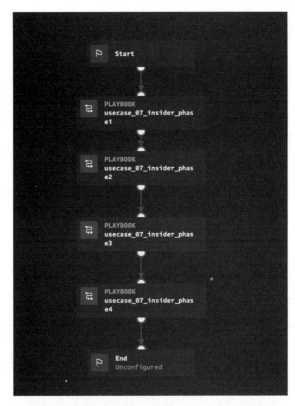

그림 3-135 정보 유출 이상 징후 탐지 대응 – 메인 플레이북

[1단계] 공격 정보 수집

첫 번째 자동화는 정보 유출 이상 징후 탐지 이벤트 정보를 자동으로 수집하는 것으로 그림 3-136 '정보 유출 이상 징후 탐지 대응 – [1단계] 공격 정보 수집 서브 플레이북' 이다. 태스크가 수가 많지 않거나 통합해 작성해도 플레이북 유지 관리와 테스트에 문제가 없다면 그 다음 단계와 유연하게 통합해 관리해도 무방하다. 지금은 [1단계]에 해당되는 내용을 서브 플레이북으로 구성했다. 분석 담당자를 지정하고, 징후 대상자(내부 사용자)에 대한 정보를 조회하고, SIEM 솔루션에 수집돼 있는 추가 로그 정보들을 조회한다. 그리고 상태 정보도 설정한다. 해당 경보 이벤트 담당자 정보를 지정하고, 처리 상태를 '처리 중'으로 변경한다. 이 과정을 플레이북으로 구성하면 그림 3-136과 같이 구성할 수 있다.

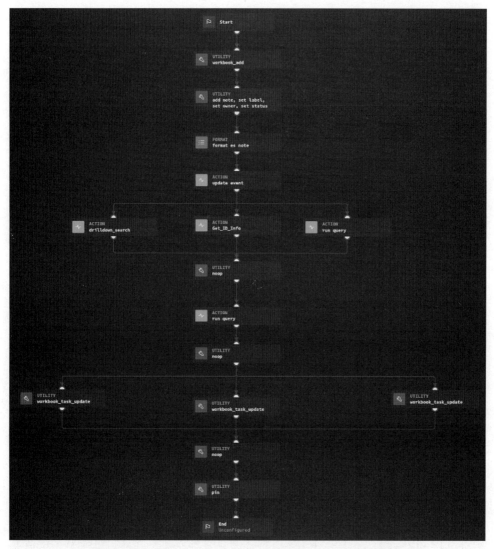

그림 3-136 정보 유출 이상 징후 탐지 대응 – [1단계] 공격 정보 수집 서브 플레이북

독립적으로 수행될 수 있는 태스크들은 병렬로 구성해 동시에 수행할 수 있다. 단, 솔루션에서 처리 가능한 태스크의 수 등을 확인하고 하드웨어 성능을 고려해 적절히 구성해야 한다.

플레이북이 자동으로 정보를 수집하고 이 정보를 기반으로 [2단계] 초동 분석 단계에서 보안 분석가는 대상 정보의 등급, 사용자 정보, 예외 여부 로그의 내용들을 확인하고 정보 유출 여부를 판단한다. 그림 3-137은 SIEM에 저장된 사용자 정보를 조회한 화면이다. 어느 부서의 누구이고 부서장은 누구인지 인사 정보를 파악하게 된다. 이상 징후의 심각성에 따라 연락처 정보를 활용해 즉시 알림 진행 시 활용하게 된다.

그림 3-137 사용자 ID에 대한 신원 정보 조회

다음은 문서 변환 예외 신청에 대한 정보를 조회한 화면이다. 문서를 복호화해 정보 유출 이상 징후로 탐지한 이벤트에 대해 해당 사용자가 문서 복호화 권한 보유 여부와 예외 신청한 자료가 있는지 조회해 확인한다. 그림 3-138 조회 화면은 특정 기간(2023년 1월 1일~2023년 12월 31일) 동안 문서 복호화에 대한 예외가 가능한 사용자임을 확인할 수 있다.

그림 3-138 사용자 ID에 대한 예외 신청 이력 조회

[2단계] 초동 분석 및 1차 조치

플레이북이 자동으로 정보를 수집하게 되면 그 결과는 내부에 저장돼 화면에 표현되고 이 정보를 기반으로 보안 분석가는 2단계 초동 분석 및 1차 조치를 수행한다. [1단계]에서 수집한 정보들과 예외 처리 권한이 있는지 확인하고, 인쇄 및 회사 외부로 전달한 로그가 있는지 검토한다. 해당 정보를 기반으로 위반 여부를 판단한다. 위반으로 판단되면 사용자에게 소명 요청을 진행한다. 소명 요청은 내부 케이스 관리 시스템을 활용해 요청하고 이력을 관리한다. 오탐 즉, 위반이 아닌 정상 행위로 판단되면 시스템의 상태를 '종료'로 변경하고 완료한다.

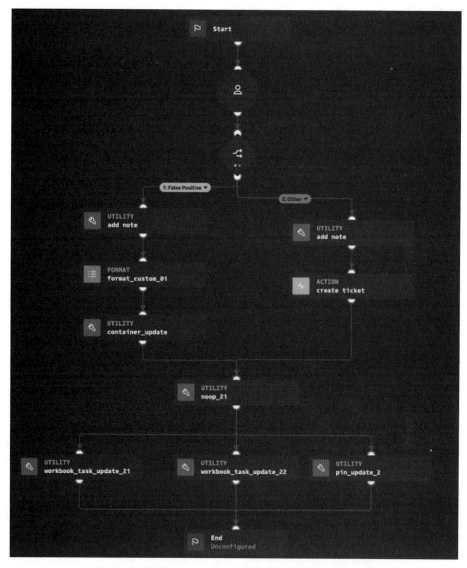

그림 3-139 정보 유출 이상 징후 탐지 대응 – 추가 정보 수집 및 심층 분석

그림 3-140은 Jira 케이스 관리 시스템을 활용해 소명을 요청한 화면이다. 탐지한 내용과 관련 자료를 기반으로 대상자에게 케이스를 생성해 소명을 작성하도록 요청한다.

이 책의 예시는 Jira를 활용했으나 사내 케이스 관리 시스템이나 이메일 등을 통해 소명을 받을 수도 있다. 기업 환경에 맞도록 변경해 활용할 수 있다. 정보 유출 이상 징후의 경우, 시스템이 아닌 대면으로 호출해 소명할 수도 있다. 기업의 정보 유출 대응 프로세스에 적합하게 수행할 수 있다. 충분한 소명의 기회를 제공할 수 있도록 시스템적으로 창구를 제공하고, 이력을 관리하기 위해서 티켓팅 시스템 활용도 필요하다.

그림 3-140 정보 유출 이상 징후 탐지 대응 – 케이스 관리 시스템을 활용한 소명 요청

이 책의 정보 유출 이상 징후 탐지 대응 플레이북은 3단계와 4단계의 태스크들을 3단계에 대부분 통합해 구성했다. 즉, 3단계에서 추가 분석한 결과에 따라 분기해 4단계 대응 과정을 진행하게 되는데 이 부분을 단일 플레이북으로 구성하는 것이 용이하다고 판단했다.

단, 시스템의 상태를 업데이트하는 관리적인 태스크는 4단계에 남겨뒀다.

[3단계] 추가 정보 수집 및 심층 분석

소명 요청을 하고, 소명 응답을 받으면 3단계로 넘어가 관련된 추가 분석 및 판단 과정을 진행한다. 1단계에서 수집한 정보와 소명의 내용이 적법하고 판단에 충분한지 확인한다. 만약 결과가 정보 유출로 상당하다고 판단된다면, 즉시 해당 부서장에게 통보하게 된다. 그리고 사용자에게 차단 메일을 발송하고 사용자 PC를 격리하는 기술적 보호 조치를 자동화로 수행한다. 조치 부분은 4단계에 해당하는 부분이지만 플레이북 구현시 3단계에 함께 구현하는 것이 용이하다고 판단해 3단계에 통합했다. 정보 유출로 의심은 되지만 추가 정보 확인이 필요하다고 판단되면 즉, '보통'으로 판단이 되면 사용자의 다른 행위 로그들 즉, 최근 30일간의 VPN, 프록시, 출입 등의 로그를 수집하고 2차 판단을 수행한다. 심층 분석한 이후에 심각으로 판단된다면 즉시 해당 부서장에게 통보하고 사용자에게 차단 이메일/메시지를 발송하고, 사용자 PC를 격리하는 기술적 보호 조치를 자동화로 수행한다. 그리고 이후에 케이스 관리 시스템에 등록해 이력을 관리하고 이후에 이어지는 사고 조사 과정도 함께 통합해 이력 관리한다. 심층 분석한 이후 보통으로 판단된다면 긴급 알림과 기술적 보호 조치는 제외하고, 케이스 관리 시스템에 등록해 이력 관리 과정으로 넘어간다.

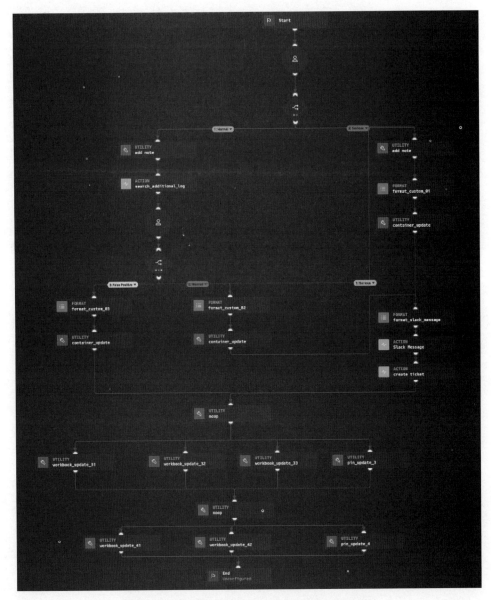

그림 3-141 정보 유출 이상 징후 탐지 대응 – 분석가의 2차 판단

그림 3-142는 해당 부서장에게 긴급 알림을 Slack을 통해 메시지로 전달한 내용이다. 이메일, 메시징 시스템 등을 통해 담당자에게 알리고, 케이스에 이러한 대응 이력을 기록하게 된다.

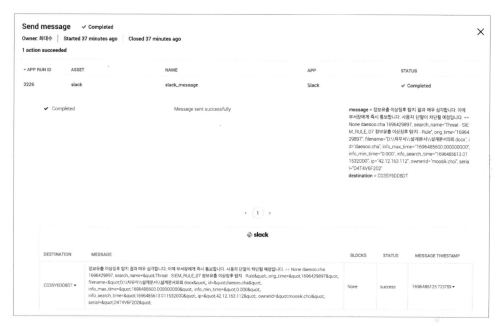

그림 3-142 이메일 알림 이력에 대한 내용

[4단계] 대응 및 보고

4단계는 이미 3단계 과정에 모두 포함돼 있고, 마지막으로 처리한 내용을 보고서로 생성해 시스템에 기록하고 필요 시 이메일 등으로 보고하고 종료하게 된다.

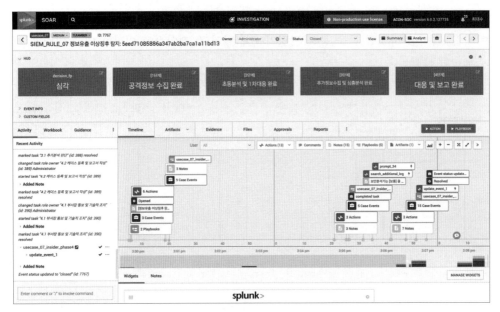

그림 3-143 정보 유출 이상 징후 탐지 대응 - 전체 처리 결과 화면

워크북의 각 단계에 처리 결과와 증적 자료들이 자동으로 입력되고 완료된다. 마지막 케이스 내용 검토 단계에서 보안 분석가는 내용을 업데이트할 수 있다. 해당 이벤트를 종료close하면, 이후엔 수정할 수 없다. 단 관리자는 수정이 가능하다.

요약

그림 3-144는 정보 유출 이상 징후 탐지 경보 이벤트의 자동화 처리 결과, 처리 소요 시간을 표현한 대시보드이다. Splunk SOAR 솔루션은 처리 결과를 Splunk SIEM에 모두 저장할 수 있다. 그렇게 되면 다양한 대시보드와 보고서를 쉽게 작성할 수 있다. 다음 화면은 자동으로 처리하는 데 소요되는 시간과 내용을 모두 쉽게 파악할 수 있으며, 자동화를 통한 효과를 즉시 확인할 수 있다.

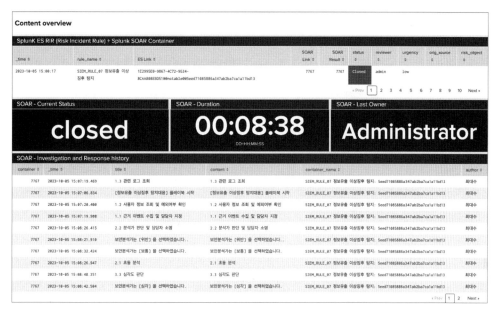

그림 3-144 정보 유출 이상 징후 탐지 대응 – 처리 시간 및 처리 이력

지금까지 정보 유출 이상 징후 탐지 대응 업무 프로세스에 대한 자동화 처리 플레이북을 살펴봤다. 보안 분석가가 수동으로 업무를 처리할 경우 하루 이상 소요되는 업무들이 1시간 이내로 빠르게 처리될 수 있다. 또한 항상 동일한 분석 품질을 유지한다. 보안 분석가는 분석 내용과 결과를 확인하고 필요한 부분에 판단 역할을 수행하면 된다. 이 외에도 보고서 생성, 알림, 이력 관리 관제 업무를 효율화할 수 있다.

정보보안 관제 자동화 운영 방안

4장은 정보보안 자동화 시스템 운영 프로세스와 절차에 대해 설명한다. 정보보안 관제 센터의 업무는 하루도 빠짐없이 24시간 동안 운영되는 업무이다 보니 무엇보다 안정적인 운영이 매우 중요하다. 시스템이나 자동화 소프트웨어에 대한 점검 체계를 체계화해 장애가 발생하지 않도록 미연에 방지해야 한다. 특히 관리자가 수행해야 할 업무를 일간, 주간, 월간, 수시로 구분해 운영 점검 항목을 정리했다. 정보보안 관제 및 업무 자동화란? 플레이북 구현부터 이후 안정적 운영을 모두 포함한다. 4장을 통해 보안 관제 자동화 시스템에 대한 운영 관리 프로세스를 이해하는 데 도움이 되길 바란다. 또한 신규 플레이북 개발 및 콘텐츠 관리 방안에 대해서도 함께 설명한다.

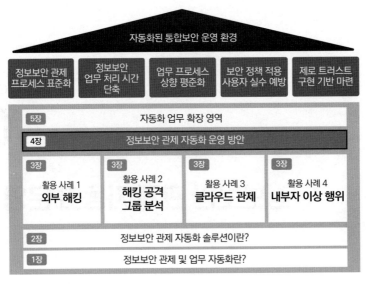

그림 4-1 정보보안 관제 자동화 운영 방안

4.1. SOAR 시스템 운영 관리 프로세스

4.1.1. 보안 관제 자동화 운영 프로세스란?

보안 관제 자동화 시스템은 서버에서 작동하는 소프트웨어이며, 여러 시스템과 연동돼 보안 관제 업무에 활용된다. 해당 시스템이 문제가 발생할 경우 보안 관제 업무에 심각한 영향을 발생시킨다.

일반적으로 보안 관제 업무는 하루도 빠짐없이 24시간 내내 무중단으로 수행된다. 이에 맞춰서 시스템도 이슈나 장애 없이 정상 동작해야 한다. 그러나 보안 관제 자동화 시스템도 소프트웨어 자체적으로 또는 하드웨어의 문제로 인해 이슈나 서비스에 영향이 있을 수 있다. 또한 다른 시스템과 연계돼 정보를 서로 주고받아야 되는데 다른 시스템에 문제가 있을 경우 해당 업무가 정상적으로 처리되지 않을 수 있다. 그래서 보안 관제 자동화 시스템의 정상적인 작동을 유지하기 위해 이슈나 장애 발생 시 신속 정확하게 처리하기 위한 업무 프로세스 정의가 필요하다.

1장에서 살펴본 보안 관제 센터의 일반적인 조직 구성과 업무를 다시 한번 살펴보자. 보안 관제 시스템 관리자라는 역할이 있다. 즉, 보안 관제 센터 업무에 사용되는 인프라에 대한 구성 및 개선을 수행한다. 즉, 보안 관제 센터에서 보안 위협을 탐지 분석 대응하는 인력뿐만 아니라 시스템이 정상적으로 작동되도록 운영을 담당하는 역할이 존재한다.

> SaaS 형태로 자동화 시스템을 사용하는 경우, 운영 관리를 시스템 제조사에서 함께 제공해주기 때문에 관리자의 업무와 운영 프로세스가 대폭 간소화될 수 있다.

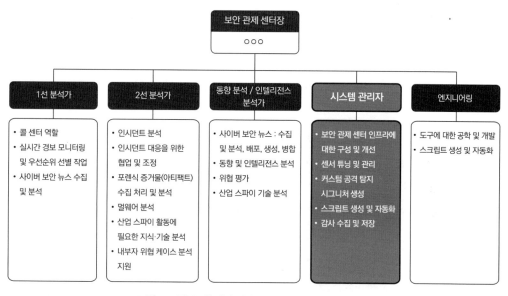

그림 4-2 정보보안 관제 센터의 일반적인 조직 구성 및 업무

4.1.2. 보안 관제 자동화 시스템 운영 절차도

정보보안 관제 센터에서 보안 관제 자동화 시스템 운영 흐름은 그림 4-3과 같다. 보안 관제 시스템 관리자는 SIEM과 SOAR 시스템을 함께 담당해 정상적으로 작동될 수 있도록 지원한다. 물론 조직 규모가 크거나 이벤트와 연동 시스템이 많은 경우 운영 담당자를 추가로 지정해 관리할 수도 있다.

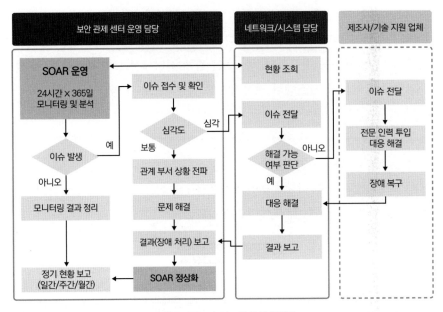

그림 4-3 SOAR 시스템 운영 절차도

SOAR 시스템은 정보보안 관제 센터 업무에서 매우 중요하다. 시스템이 느려지거나 다른 시스템과 연동에 문제가 발생해 정상 동작이 안 되면 그 즉시 관제 업무에 심각한 영향을 초래한다. 그래서 운영 상태가 실시간으로 모니터링되고 경보 형태로 이슈 발생을 탐지한다. 이슈 발생 시 보안 관제 시스템 관리자는 심각도를 기준으로 판단한다. 시스템이 정상적으로 작동하지 않고 보안 관제 자동화 업무에 심각한 영향을 끼칠 수 있는 경우인가? 또는 자동화 업무가 정상 동작하지만, 일부 연동 시스템의 처리 속도가 늦어지는 경우 등에 따라 운영자는 판단해야 한다. '심각'으로 판단되면 즉시 인프라 담당(네트워크/시스템)에 이슈를 전달해, 빠른 시간 내에 원인을 파악하고 해결될 수 있도록 해야 한다. 내부에 케이스 관리 시스템에 등록해 처리될 수 있도록 한다. 네트워크/시스템 담당자는 원인을 파악해 해결하고 처리가 완료된 이후에 내용을 공유해 결과를 기록하고 이후에 유사한 증상이나 문제가 발생했을 때 참고할 수 있도록 한다. 네트워크/시스템 담당자가 원인을 파악하거나 해결하기 어렵다고 판단되거나 사태가 심각하다고 판단되는 경우, 제조사 또는 전문 기술 지원 협력업체에 이슈를 전달하고 현장에 전문 인력을 투입해 원인을 분석하고 조치를 취할 수 있도록 한다. 장애가 발생한 경우에는 장애가 즉시 복구되도록 지원을 받는다. 마찬가지로 조치가 완료된 이후에는 결과를 공유해 기록하고 장애 조치 보고서에 반영한다. 장애의 경우에는 장애의 근본 원인을 파악하고 재발 방지를 위한 RCA[Root Cause Analysis] 보고서를 추가로 작성할 수 있도록 한다.

4.1.3. 자동화 시스템 운영 점검 업무

자동화 시스템의 운영 점검을 위해 관리자가 수행해야 할 업무를 일별, 주별, 월별, 수시로 구분해보면 다음 표와 같다.

표 4-1 자동화 시스템 운영 점검 업무 목록

구분	수행 업무	수행 주기			
		일별	주별	월별	수시
시스템 모니터링	정상 동작 유무 점검 및 이슈 식별 및 전파	○			
	장애 발생 탐지 및 전파 및 대응				○
	장애 예방 업무 수행				○
운영 현황 분석	자동화 시스템 전체 운영 현황(Health) 분석	○	○		
	자동화 시스템 저장 공간(database) 용량 분석	○	○	○	
	플레이북 동작 오류 로그 유무 및 분석	○	○		
	자동화 동작(Action) 오류 로그 유무 및 분석	○	○		
	경보 수집 오류 로그 유무 및 원인 분석	○	○		
	자동화 시스템 성능/용량 현황 조사			○	
	제조사 추가 콘텐츠(플레이북 등) 현황 조사			○	
	제조사 보안 권고문 및 패치 유무 조사			○	○
대책 적용 및 관리	자동화 시스템 운영 정책 점검			○	
	제조사의 패치 버전 및 콘텐츠 적용			○	○
	자동화 시스템 DB 백업(정기 점검 시)	○		○	
	자동화 시스템 대응 절차 점검			○	
	미처리된 자동화 미처리 경보에 대한 기록 및 관리	○			

구분	수행 업무	수행 주기			
		일별	주별	월별	수시
보고	자동화 시스템 운영 점검 일지 작성	○	○	○	
	시스템 용량 분석 보고서 작성			○	
	보안 관제 자동화 처리 결과 보고서	○			
	장애 처리 보고서(장애 발생 시)				○
	자동화 시스템 패치 결과 보고서			○	○

4.1.4. 일별 세부 운영 업무 절차

시스템 모니터링

자동화 시스템에 접속해 시스템의 정상 동작 유무를 점검하고 이슈가 발생하면 관련 유관 부서에 전파해 빨리 조치를 취할 수 있도록 한다. 시스템이 정상적으로 접속되고 시스템의 프로세스가 정상 동작하는지 모니터링한다.

- 정상 동작 유무 점검 및 이슈 식별 및 전파

운영 현황 분석

시스템의 관리 콘솔의 운영 현황 관련 대시보드를 통해 운영 상태와 현황을 모니터링한다. 자동화 솔루션별로 해당하는 운영 현황 분석 모니터링 대시보드를 제공한다. 이를 통해 현황을 파악한다. 그림 4-4는 Splunk SOAR에서 제공하는 자동화 시스템 운영 현황 대시보드의 일부이다.

- 자동화 시스템 전체 운영 현황 분석
- 자동화 시스템 저장 공간 용량 분석
- 플레이북 동작 오류 로그 유무 및 분석

- 자동화 동작 오류 로그 유무 및 분석

- 경보 수집 오류 로그 유무 및 원인 분석

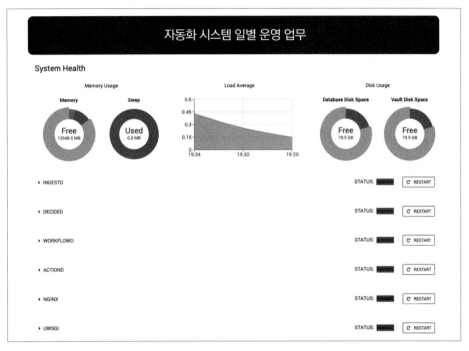

그림 4-4 자동화 시스템 운영 현황 대시보드

대책 적용 및 관리

시스템이 문제가 돼 복구에 대비해 시스템 데이터베이스를 주기적으로 백업 수행한다. 해당 백업이 정상적으로 작동하며, 배치 백업 시 오류는 없었는지 확인한다. 또한 자동화 시스템이 작동하다가 처리하지 못한 경보가 있는지 이력을 확인하고, 조치를 취하며 이력을 기록한다.

- 자동화 시스템 데이터베이스 백업

- 미처리된 자동화 경보에 대한 기록 및 관리

보고

지금까지 알아본 일 단위 점검 내용을 기록하고 관리한다. 보안 관제 자동화 처리 결과 보고서를 작성하고 저장한다.

- 자동화 시스템 운영 점검 일지 작성
- 보안 관제 자동화 처리 결과 보고서

자동화 시스템의 운영 점검 및 관리도 플레이북으로 자동화할 수 있다. 자동화 시스템에 API, CLI 명령어 등으로 수행하고 확인하는 과정을 플레이북을 구현해 매일 자동으로 수행하고 분석해 담당자에게 알림을 전송해 관리자는 처리된 내용만 확인할 수 있도록 한다.

4.1.5. 주별 세부 업무 절차

주별 업무의 상세 수행 방법은 표 4-1 '자동화 시스템 운영 점검 업무 목록'을 참고한다. 시스템 모니터링 부분은 일별 업무로 수행되기 때문에 주별 업무로 별도로 수행하지 않는다. 대신 매일 점검하는 운영 현황 분석 내용을 주 단위로 좀 더 심층적으로 분석할 필요가 있다. 저장 데이터의 주간 증감 추이, 기존에 존재하지 않던 로그 유형이 주 단위로 분석했을 때 증가한다면 이후 예상되는 문제에 대해 인사이트를 얻을 수 있다. 이런 유형을 분석해 조치를 취해야 한다.

운영 현황 분석

- 자동화 시스템 전체 운영 현황 분석 – 이슈 빈도 분석
- 자동화 시스템 저장 공간 용량 분석 – 증감 추이
- 플레이북 동작 오류 로그 유무 및 분석 – 유형별 증감 추이
- 자동화 동작 오류 로그 유무 및 분석 – 액션 유형별 증감 추이
- 경보 수집 오류 로그 유무 및 원인 분석 – 증감 추이

보고

지금까지 알아본 주별 점검 내용을 기록하고 관리한다. 일 단위로 작성하는 운영 점검 일지에 추가해 주별 점검 내용을 추가할 수도 있다.

- 자동화 시스템 운영 점검 일지 작성

4.1.6. 월별 세부 업무 절차

월별 업무의 상세 수행 방법도 표 4-1 '자동화 시스템 운영 점검 업무 목록'을 참고한다. 일반적으로 제조사나 유지 보수 협력사에서 월 단위 정기 점검을 수행한다. 이때 그동안 발생한 점검 내용을 종합적으로 분석하고, 시스템에 대한 패치 버전을 적용하거나 신규 콘텐츠를 사용할 수 있도록 적용한다. 또한 개선이 필요한 운영 정책 항목이 있는지도 점검하고 개선 계획을 수립 및 반영한다.

운영 현황 분석

- 자동화 시스템 저장 공간 용량 분석 – 월간 증감 추이

- 자동화 시스템 성능/용량 현황 조사 – 증감 분석

- 제조사 추가 콘텐츠(플레이북 등) 현황 조사

- 제조사 보안 권고문 및 패치 유무 조사(수시 업무 포함)

대책 적용 및 관리

- 자동화 시스템 운영 정책 점검 – 담당자 인터뷰 등

- 제조사의 패치 버전 및 추가 콘텐츠 적용(수시 업무 포함)

- 자동화 시스템 DB 백업(일별 업무 포함)

- 자동화 시스템 대응 절차 점검

보고

- 자동화 시스템 운영 점검 일지 작성(월간)

- 시스템 용량 분석 보고서 작성

- 자동화 시스템 패치 결과 보고서

4.1.7. 수시 세부 업무 절차

상시적으로 수행하는 수시 업무의 수행 방법도 표 4-1 '자동화 시스템 운영 점검 업무 목록'을 참고한다. 수시 업무는 시스템이 정상적으로 수행될 수 있도록 모니터링하고 장애 대응에 초점이 맞춰져 있다. 또한 시스템 제조사에서 연관된 콘텐츠나 보안상 취약성이 발견되면 취약성의 심각도에 따라 긴급 패치 버전을 제공한다. 즉, 보안상의 취약성을 신속히 제거하고 장애를 탐지하고 대응하는 업무가 핵심이며 이와 연관된 보고서 작성 업무를 수행한다. 하지만 시스템에 패치를 적용하는 경우, 시스템이 재시작되고 일시적으로 중지돼 업무에 영향을 줄 수 있다. 또는 패치 이후 정상 동작이 안될 경우 기존 버전으로 복구해야 한다. 이러한 업무는 계획을 세워서 정기적인 시스템 작업 시간에 수행할 필요가 있다. 그래서 해당 업무는 월별 업무로 진행할 수도 있다.

시스템 모니터링

- 장애 발생 탐지 및 전파 및 대응
- 장애 예방 업무 수행

운영 현황 분석

- 제조사 보안 권고문 및 패치 유무 조사

대책 적용 및 관리

- 제조사의 패치 버전 및 추가 콘텐츠 적용

<u>보고</u>

- 장애 발생 시 장애 처리 보고서

- 자동화 시스템 패치 결과 보고서

이상으로 SOAR 시스템 운영 관리 프로세스에 대해 알아봤다. SOAR 솔루션을 구축하고 안정적으로 운영하기 위해서는 운영 관리 또한 중요한 업무이다. 체계적으로 운영 프로세스를 구성하고 관리하며 개선할 필요가 있다. 기업마다 이미 관리하고 있는 운영 관리 체계에 포함해 관리할 수도 있다. 지금까지 살펴본 운영 업무 항목은 포함해야 한다.

4.2. 신규 플레이북 개발 및 콘텐츠 관리 프로세스

4.2.1. 플레이북 개발 절차

그림 4-5는 2장에서 살펴봤던 SOAR 솔루션 구축 단계별 주요 태스크 구성도이다. 추가로 신규 플레이북 개발하는 절차는 'Phase 3.2 유스 케이스 정의'부터 'Phase 4.4 대시보드/보고서 구현'까지 과정을 적용한다. 기존 플레이북을 개선 변경하는 경우는 'Phase 3.2 유스 케이스 정의' 문서가 이미 작성돼 있기 때문에 개선 항목을 추가해 유스 케이스 문서를 갱신하고 이후 과정은 신규 플레이북 개발 절차와 동일하다. 유스 케이스 정의서는 보안 관제 업무를 정형화하고 프로세스를 표준화하는 문서화 작업이다. 이를 통해 단순 반복 업무 자동화, 의사 결정, 수작업 업무를 분류하고 단계별로 정의한다. 이러한 과정을 통해 전반적인 보안 관제 업무 절차가 표준화되고 개선된다.

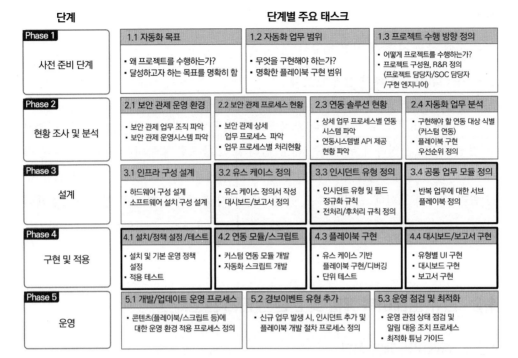

단계	단계별 주요 태스크			
Phase 1 사전 준비 단계	**1.1 자동화 목표** • 왜 프로젝트를 수행하는가? • 달성하고자 하는 목표를 명확히 함	**1.2 자동화 업무 범위** • 무엇을 구현해야 하는가? • 명확한 플레이북 구현 범위	**1.3 프로젝트 수행 방향 정의** • 어떻게 프로젝트를 수행하는가? • 프로젝트 구성원, R&R 정의 (프로젝트 담당자/SOC 담당자 /구현 엔지니어)	
Phase 2 현황 조사 및 분석	**2.1 보안 관제 운영 환경** • 보안 관제 업무 조직 파악 • 보안 관제 운영시스템 파악	**2.2 보안 관제 프로세스 현황** • 보안 관제 상세 업무 프로세스 파악 • 업무 프로세스별 처리현황	**2.3 연동 솔루션 현황** • 상세 업무 프로세스별 연동 시스템 파악 • 연동시스템별 API 제공 현황 파악	**2.4 자동화 업무 분석** • 구현해야 할 연동 대상 식별 (커스텀 연동) • 플레이북 구현 우선순위 정의
Phase 3 설계	**3.1 인프라 구성 설계** • 하드웨어 구성 설계 • 소프트웨어 설치 구성 설계	**3.2 유스 케이스 정의** • 유스 케이스 정의서 작성 • 대시보드/보고서 정의	**3.3 인시던트 유형 정의** • 인시던트 유형 및 필드 정규화 규칙 • 전처리/후처리 규칙 정의	**3.4 공통 업무 모듈 정의** • 반복 업무에 대한 서브 플레이북 정의
Phase 4 구현 및 적용	**4.1 설치/정책 설정 /테스트** • 설치 및 기본 운영 정책 설정 • 적용 테스트	**4.2 연동 모듈/스크립트** • 커스텀 연동 모듈 개발 • 자동화 스크립트 개발	**4.3 플레이북 구현** • 유스 케이스 기반 플레이북 구현/디버깅 • 단위 테스트	**4.4 대시보드/보고서 구현** • 유형별 UI 구현 • 대시보드 구현 • 보고서 구현
Phase 5 운영	**5.1 개발/업데이트 운영 프로세스** • 콘텐츠(플레이북/스크립트 등)에 대한 운영 환경 적용 프로세스 정의	**5.2 경보이벤트 유형 추가** • 신규 업무 발생 시, 인시던트 추가 및 플레이북 개발 절차 프로세스 정의	**5.3 운영 점검 및 최적화** • 운영 관점 상태 점검 및 알림 대응 조치 프로세스 • 최적화 튜닝 가이드	

그림 4-5 SOAR 솔루션 구축 단계별 주요 태스크

그 과정을 좀 더 구체화해 살펴보면 그림 4-6 '신규 플레이북 개발 프로세스'로 요약할 수 있다. 신규로 추가할 보안 관제 업무를 정의한다. 해당 업무 프로세스를 통해 기대하는 목표도 설정하는 것이 좋다. 다음 단계로 'Phase 3.2 유스 케이스 정의' 단계이다. 기존 플레이북을 개선하는 경우는 이미 유스 케이스 정의서가 존재하기 때문에 개선 부분을 추가해 업데이트 한다. 유스 케이스 문서에 버전을 기입해 체계적으로 관리한다. 유스 케이스 정의서는 집을 짓는 건축에 비유하면 건축 설계서에 해당한다고 이야기한 바 있다. 만약 설계서가 없다면 플레이북이나 또는 소스 코드를 직접 보면서 업무 흐름을 파악해야 한다. 결과적으로 필요한 업무를 추가해야 하는데 많은 시간이 소요되며, 유지 보수에 문제가 발생할 수 있다.

다음은 3.2~4.3단계에 해당하는 플레이북 구현을 위한 제반 환경을 구성하는 과정이다. 플레이북에서 사용하는 연동 앱을 구현하고, 해당 플레이북이 처리하는 업무 유형을 정의하고 연관된 서브 플레이북 등 관련 정보를 정의한다. 그리고 자동화 시스템에서 제공하는 플레이북 시각화 편집기를 활용해 플레이북을 작성하고 디버거를 활용해 테스트한다. 플레이북 작동 결과를 정확히 표현하기 위한 대시보드와 보고서도 구현한다.

그림 4-6 신규 플레이북 개발 프로세스

플레이북 유스 케이스 정의서 작성

3장에서 다양한 플레이북 활용 사례를 살펴봤다. 플레이북 유스 케이스 예시를 참고해 정의서를 작성한다. 플레이북 유스 케이스 정의서 양식을 활용해 구체적으로 상세히 작성할 것을 권장한다. 플레이북 설계서의 역할을 하기 때문에 상세할수록 구현할 때 용이하다.

유스 케이스 정의서

보안관제 자동화 플레이 북에서 구현될 사용 사례를 정의하기 위한 템플릿.
사용 사례는 특정 경보 이벤트 유형에 대한 자동화 분석 및 대응 프로세스의 일부로 수행되는 프로세스,
로직 및 작업으로 정의함.

유스 케이스 정의

유스 케이스 이름 유스 케이스 이름으로 경보 유형에 매핑하게 됨	예시: 피싱, 악성코드 관제
트리거 경보 이벤트 발생 방법	
경보이벤트의 구조와 매핑 사고 대응 프로세스의 일부로 필요한 경보 이벤트 필드	
경보 이벤트 대응 프로세스 전반적인 응답 프로세스 및 로직	
강화 (Enrichment) 위협 인텔리전스 또는 내부 소스에서 IOC 강화	
수동 업무 단계 보안 분석가가 수동으로 수행해야 하는 모든 조사 단계	
사용자 상호 작용 조사를 완료하는 데 필요한 최종 사용자와의 대화식 단계	

중복 제거 로직	
경보 이벤트 중복 발생시 처리 로직	

연동 대상 시스템

제품의 유형	제품 이름과 버전	필요한 기능
SIEM	Splunk ES 7.1	
Virus Total		
Email 시스템		

경보 이벤트 구성(사용자 정의 필드)

필드 이름	필드 유형	설명 및 값(Value)
Sender Email	Text	

그림 4-7 플레이북 유스 케이스 정의서 양식

그밖에 플레이북을 구현하고 테스트하는 과정은 기존 플레이북 작성 과정과 동일하다.

4.2.2. 플레이북 관리 방안

일반적으로 자동화 플레이북은 한 번 만들어놓으면 일정 기간 동안은 변동 없이 사용하게 된다. 그러나 다음과 같은 경우 플레이북을 변경해야 하는 경우가 발생한다.

- 연동된 보안 시스템 버전이 변경돼 API 변경이 발생한 경우
- 자동화 플레이북 단계에 분석가의 확인 과정을 추가하는 경우
- 플레이북을 개선해 서브 플레이북으로 모듈화하는 경우

위와 같은 경우 외에도 여러 가지 이유에 의해서 플레이북을 변경하거나 과거 버전으로 복구해야 하는 경우가 발생한다. 가장 간단한 관리 방법은 플레이북에 주석을 입력해 버전과 주요 내용을 저장하는 것이다.

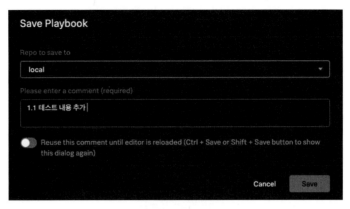

그림 4-8 플레이북 저장

그리고 플레이북을 다운로드받아 저장해놓는 것이다. 즉, 수동으로 파일을 저장하고 관리하는 방법이 가장 간단하지만, 파일이 많아지거나 변경 작업이 많아질수록 관리가 어려워진다. 보안 관제 센터의 규모가 작거나 테스트 서버가 없는 경우는 이와 같은 방법을 많이 사용한다. 하지만 규모가 커지고 운영 시스템에 영향을 최소화하고 체계적으로 관리하기 위해 Git과 같은 버전 관리 시스템을 활용한 플레이북 소스 관리 방안을 권장한다.

깃(Git)이란 2005년 리누스 토발즈(Linus Torvalds)가 소스 코드를 효과적으로 관리하기 위해 개발한 분산형 버전 관리 시스템(Distributed Version Control System)이다. 원래는 리눅스(Linux) 소스 코드를 관리할 목적으로 개발됐다. 깃은 소스 코드가 변경된 이력을 쉽게 확인할 수 있으며 버전 관리, 백업, 협업이라는 핵심 기능을 제공한다.

즉, 개발 서버에서 플레이북을 개발하고 테스트를 수행하고 깃에 저장한다. 깃 브랜치 기능을 사용해 플레이북의 버전을 관리할 수 있다. 그리고 운영 서버는 읽기 전용으로 플레이북을 가져와 운영에 반영한다. 즉, 운영 서버는 테스트가 완료된 안정적인 버전을 적용하고, 운영 서버에서 직접 플레이북을 편집하지 않는 운영 워크플로우를 구성한다. 그림 4-9와 같은 플레이북 관리 워크플로우를 구현할 수 있다.

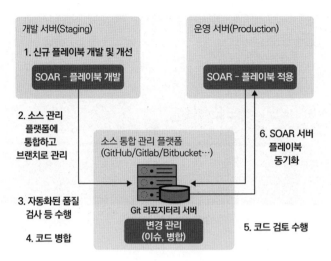

그림 4-9 플레이북 관리 워크플로우

플레이북을 개발하고 저장할 때 로컬에 파일로 저장하는 것이 아니고 소스 코드 관리 시스템을 지정해 저장하면 해당 버전이 Git 리포지터리에 저장된다.

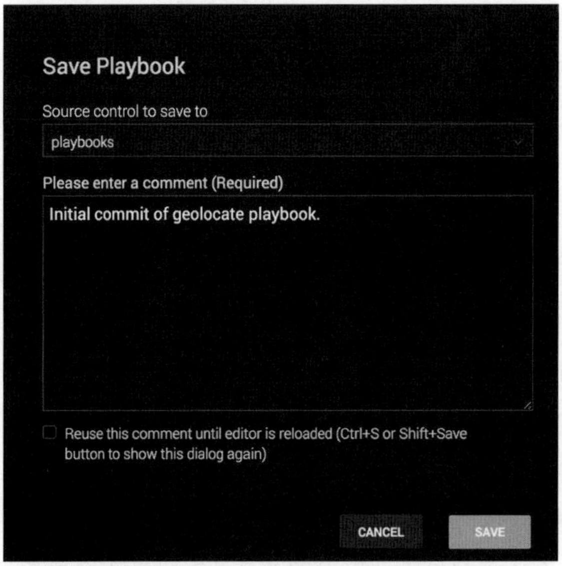

그림 4-10 개발 서버에서 플레이북 저장 시 Git 리포지터리 저장

그리고 변경 사항이 병합되고 난 이후, 운영 서버에서는 Git 리포지터리에서 새로운 버전의 플레이북으로 갱신하게 된다. 이 기능은 플레이북 페이지의 새로 고침 버튼을 클릭해 GUI를 통해 수행할 수 있다.

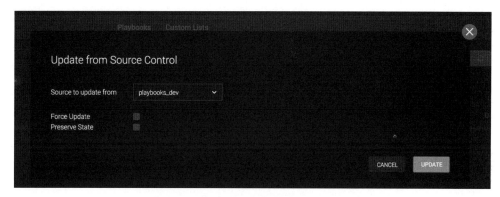

그림 4-11 운영 서버에서 플레이북을 Git에서 갱신받기

SOAR 시스템마다 Git을 통해 플레이북을 관리하는 방법이 조금씩 차이가 있지만, 플레이북 개발 및 테스트 서버와 운영 서버를 구분해 안정적인 플레이북 개발 운영 워크플로우를 구성할 수 있다. 또한 플레이북의 버전 관리, 백업, 협업 기능을 제공한다.

Git의 구성 및 설정은 본 교재의 범위를 넘어서기 때문에 상세한 내용은 다루지 않는다.

CHAPTER

05

자동화 업무 확장 영역

5장은 정보보안 자동화를 향후에 어떻게 확장해 적용할 수 있는지 설명한다. 제로 트러스트^{Zero Trust}라는 새로운 정보보안 패러다임에서 핵심 기반인 오케스트레이션 및 자동화를 제공하고, 정보보안 관제를 넘어서 IT 인프라 장애 대응 자동화로도 확장할 수 있다. 특히 보안 관제 및 운영을 통합하는 단일화된 보안 운영^{Unified Security Operation}의 핵심 엔진 역할을 수행하게 된다. 최근 정보보안 관제 및 분석 업무에 생성형 AI^{Generative AI} 기술이 활발히 활용되고 있다. 이러한 신기술을 프로세스에 통합하고 활용할 때 자동화 기술은 핵심적인 역할을 수행하게 된다.

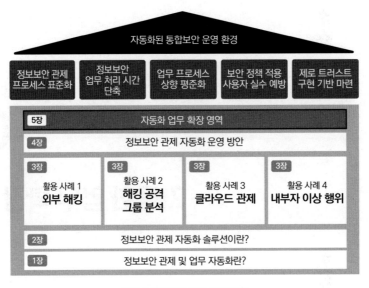

그림 5-1 자동화 업무 확장 영역

제로 트러스트는 현재 사이버 보안 분야에서 가장 뜨거운 트렌드 중 하나이다. 제로 트러스트라는 용어는 2010년 포레스터 리서치^{Forrester Research} 분석가 존 킨더백^{John Kindervag}이 기업 보안에서 접근 통제를 설명하면서 알려지게 됐다. 이후 2014년 Google이 BeyondCorp라는 프로젝트를 통해 제로 트러스트 개념을 내부에 적용했다. 2018년부터 가트너, 포레스터 등 시장 조사 기관에서 시장 전망을 발표하기 시작했고 많은 보안 솔루션 제조사들이 제로 트러스트의 개념을 솔루션에 반영하기 시작했다. 현재는 마케팅 용어로도 적극 활용되고 있다.

5.1. 제로 트러스트 구현 기술로 오케스트레이션과 자동화

5.1.1. 제로 트러스트 정의

먼저 트러스트^{Trust} 즉, 신뢰라는 말을 알아보자. 그동안 정보보안은 암묵적으로 신뢰라는 개념이 기반이 돼 운영됐다. 즉, 내부망에서 접근하는 사용자는 신뢰하고, 외부망에서 접근하는 사용자는 신뢰하지 않는 것이다. 제로 트러스트의 반대말은 절대적 신뢰

Implicit Trust이다. 즉, 사용자가 내부에 있다는 것만으로도 절대적으로 신뢰한다. 그래서 시스템이나 애플리케이션이 내부에 존재하기 때문에 절대적으로 애플리케이션이 안전하다고 신뢰하는 것이다. 제로 트러스트는 이러한 절대적인 신뢰를 제거하는 것이다. 즉, 사용자가 누구든지 물리적으로 어느 위치에 있든지, 어떤 네트워크를 사용하든지, 어떤 애플리케이션을 사용하든지 모두 동일하게 무단 접근을 방지하고 정보보안에서 말하는 최소 권한의 원칙을 적용해 접근을 최대한 세분화해 통제하는 것이다.

2020년 미국 NIST[1]에서 제로 트러스트 도입을 위한 가이드라인을 제공했고 제로 트러스트를 다음과 같이 정의하고 있다. "제로 트러스트는 정보 시스템이나 서비스에 접근을 요청할 때마다 최소 권한으로만 접근하도록 해 불확실성을 최소화한 개념과 아이디어 모음"이다. 제로 트러스트는 이제 사이버 보안에서 반드시 알아야 되는 중요한 개념이 됐다. 제로 트러스트를 구성하는 중요한 세 가지 항목은 ① 명백한 검증Explicit verification ② 최소 권한의 원칙Principle of least privilege ③ "사용자가 침해당했다는 가정"이다. 제로 트러스트에는 제로 트러스트 아키텍처ZTA, Zero Trust Architecture라는 용어가 함께 등장한다. 이것은 사이버 보안에 대한 계획을 수립할 때, 제로 트러스트 개념을 사용해, 구성 요소 간의 관계, 업무 흐름 계획 그리고 접근 통제 정책을 포괄해서 활용하는 개념을 의미한다. "기업이 제로 트러스트를 적용한다"라는 말은 네트워크 인프라 전반에 (물리적 및 가상 환경 모두) 그리고 운영 정책에 제로 트러스트 아키텍처 계획을 반영한다는 것을 의미한다. 제로 트러스트는 단편적인 보안 기술이나 솔루션을 말하는 것이 아니다. 제로 트러스트는 정보보안에 대한 전략, 철학, 개념을 의미한다. 기업에서 제로 트러스트를 반영하기 위해서는 근본적으로 사이버 보안에 대한 조직의 철학과 문화의 변화가 반드시 필요하다. 즉, 단기간에 쉽게 적용하기가 어렵다는 말이기도 하다. 그래서 NIST는 제로 트러스트를 여정journey이라고 말하고 있다.

---

1   NIST는 National Institute of Standards and Technology의 약자로, 미국 국립표준기술연구소이다.

제로 트러스트가 다시 부각되는 이유는?

코로나19 이후부터 원격 근무의 증가와 디지털 전환Digital Transformation[2]의 가속화로 클라우드의 사용이 급속도로 증가하고 있다. 이것은 기업의 전통적인 업무 환경을 급격하게 변화시키고 있다. 원격지에서 사내망에 연결해 근무하고, 퍼블릭 클라우드 및 다양한 SaaS 애플리케이션을 활용하면서, 데이터 센터 중심의 전통적인 네트워크 경계perimeter 보안의 범위를 벗어나게 됐다. 결과적으로 사용자, 데이터, 업무 시스템이 모두 데이터 센터 내부에 존재하는 전통적인 경계 보안과 절대적 신뢰를 기반으로 한 기업 보안 전략은 이제 사이버 위협 대응에 역부족인 상황이 됐다.

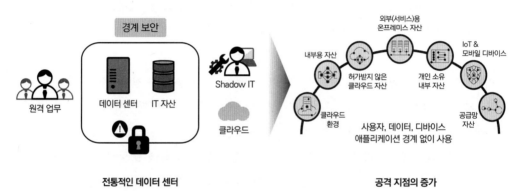

※ Shadow IT: 기업의 IT 부서의 승인 없이 시스템/장치/소프트웨어 등을 사용하는 것

그림 5-2 기업 업무 환경의 변화

데이터 센터 중심의 보안은 지켜야 할 자산, 사용자, 업무 시스템이 모두 경계 내부에 존재하고 중요 정보를 보호하기 위하여 다단계로 보호하는 성곽 모델을 적용하고 있다. 즉, 경계를 중심으로 사고를 예방하는 데 초점을 두고 있다. 네트워크 경계에 설치된 방화벽/침입 탐지 시스템IDS, Intrusion Detection System/침입 방지 시스템IPS, Intrusion Prevention System/가상 사설망 네트워크VPN, Virtual Private Network 등의 보안 시스템들을 모두 통과하면 암묵적 신뢰를 기반으로 하는 기업 내부망에 접근하게 되고, 다양한 서버, 데이터베이스, 저장 장치 등에 쉽게 접속할 수 있었다. 그러나 이제는 경계가 없는 업무

---

2 디지털 전환(Digital Transformation): 기업이나 디지털 기술을 적극적으로 활용해 전체적인 비즈니스 전략과 프로세스를 재구성하는 과정을 말한다.

환경 변화로 인해 보안 통제의 대상이 증가하게 됐고, 공격자들은 취약한 연결 고리를 활용해 공격하고 있다. 이러한 이유로 전통적인 성곽 모델에서 제로 트러스트 모델로 변화가 필요하게 됐다.

제로 트러스트란 사이버 보안 위협이 어디서든 발생할 수 있다는 인식하에 기업 내부의 네트워크나 시스템에 접근할 때, 사용자나 디바이스에 대해 지속적으로 인증하고 세분화된 접근 통제를 수행해 최소 권한을 부여하는 보안 모델 그리고 이를 구현하고 실체화하기 위한 개념이다.

제로 트러스트 개념을 활용해 기업의 정보 자산, 시스템, 네트워크를 보호하기 위해서는 기업 네트워크 구성 요소 간의 인터페이스 정의와 인증, 접근 제어, 통합 모니터링 및 시각화, 보안 정책 및 대응에 대한 자동화가 반드시 필요하다. "아무도 신뢰하지 않는다"는 원칙을 전제로 모든 접근을 잠재적 보안 위협으로 판단하는 개념이다. 과학기술정보통신부가 2023년 발표한 '제로 트러스트 가이드라인 1.0'은 각 기관의 제로 트러스트 개념을 표 5-1과 같이 요약했다.

표 5-1 제로 트러스트 개념

출처(연도)	제로 트러스트 개념
NIST SP 800-207(2020년)	정보 시스템 및 서비스에 대한 접속 요구가 있을 때 네트워크가 이미 침해된 것으로 간주하고, 주어진 권한을 정확하고 최소한으로 부여하며, 이때 불확실성을 최소화하도록 설계된 개념 및 아이디어의 모음 제로 트러스트 아키텍처는 제로 트러스트 개념을 사용해 기업의 사이버 보안 계획을 수립할 때 컴포넌트 간 관계, 워크플로우 설계, 접근 정책이 모두 포함되는 아키텍처를 말함
MIT 링컨 연구소 (2020년)	악의적인 상대에 의해 지속적으로 노출되고 잠재적으로 침해될 수 있는 시스템의 구성 요소, 서비스 및 사용자를 다루는 일련의 원칙

제로 트러스트 보안 모델을 대통령 경호 모델로 비교해 그림 5-3 '대통령 퍼레이드의 세분화된 경호 체계'와 같이 설명할 수 있다. 그림은 전 Forrester의 분석가 존 킨더백이 제로 트러스트 개념을 설명했던 발표 자료에서 참고했다. Youtube에서 발표 영상을 확인할 수 있다.

Implementing Best Practice for Zero Trust(https://www.youtube.com/watch?v=-ld2lfz6ytU)

대통령(중요한 자산)을 보호하기 위해 아래와 같은 요소들로 경호 업무를 수행한다.

1. 도로 외곽에서 차량을 경호하는 인력을 경계 보안Perimeter Security에 비유할 수 있다.

2. 차량과 가까운 거리에서 경호하는 인력들이 근접 제어Control나 통제로 비유하고

3. 차량과 가까운 곳에서 경호원들이 서로간에 거리를 유지하고 이동하면서 보호하는 세분화된 내부의 경계 보호Protect Surface, Micro-Perimeter

4. 무전을 통해 현장 상황 정보를 수집하고 모니터링하고 판단 업무에 비유하는 "모니터링 · 보안 정책 업데이트" 수행Monitoring

5. 마지막으로 차량 내부에서도 경호원이 대통령을 보호하는 것에 비유하는 "엔드포인트 보안"

이처럼 세분화해(마이크로 세그멘테이션) 제로 트러스트 아키텍처를 구현하고 있다. 사전에 잘 정의된 대응 매뉴얼에 따라 오케스트레이션하고 자동화해 분석 및 대응 조치가 즉각적으로 이뤄지게 된다.

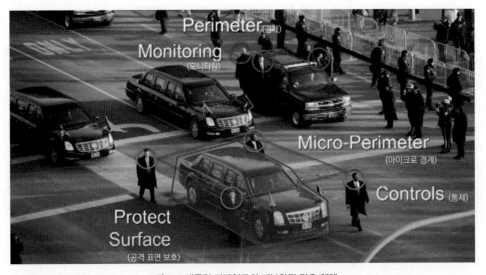

그림 5-3 대통령 퍼레이드의 세분화된 경호 체계

5.1.2. 기존 경계 보안과 제로 트러스트 보안의 비교

전통적인 기업 네트워크는 단순하고 경계가 명확했기 때문에 경계 기반의 보안 모델로 여러 공격에 효과적으로 대응할 수 있었다. 그러나 코로나19로 인해 직원들의 원격 업무와 재택 근무가 확산되면서 외부에서 가상 사설망 등을 통해 내부 시스템에 접속할 수 있게 됐고, 업무의 효율과 생산성 향상을 위해 클라우드 솔루션 활용이 활발해지면서 사용자와 접속 기기, 서비스들이 조직 내부 및 외부에 모두 존재하게 됐다. 즉, 지켜야 할 정보보안의 영역이 모호해지고 공격의 침투 경로 또한 다양해지게 됐다.

IT 환경의 변화로 직원들은 다양한 단말을 이용해 장소에 상관없이 기업 내부망에 접속하고 기업의 데이터는 기업 네트워크 내부에만 존재하는 것이 아니라 클라우드상에도 존재하게 됐다. 해커의 시각에서 공격할 수 있는 접점이 많아졌고, 공격 방식도 정교해지며 내부자를 대상으로 하는 공격 또한 점점 늘어나고 있는 추세이다. 내부자에 의한 정보 유출 사고 또한 증가하고 있다. 기존의 경계 기반의 보안은 다변화된 업무 환경에 더 이상 적합하지 않게 됐다.

경계 기반 보안과 제로 트러스트 개념 비교

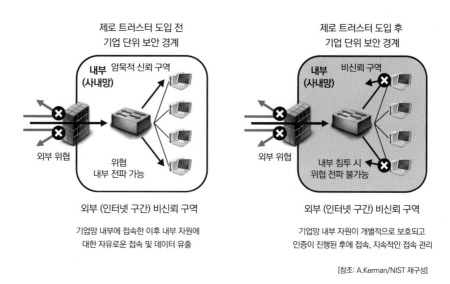

[참조: A.Kerman/NIST 재구성]

그림 5-4 기존 경계 보안과 제로 트러스트 개념 비교(제로 트러스트 가이드라인 1.0 참고)

제로 트러스트는 ① 소프트웨어 정의 경계 ② 마이크로 세그멘테이션 ③ 강화된 신원 거버넌스에 기반을 두며, 각각의 자원에 대한 접속 요구에 동적 인증을 통해 먼저 인증하고 접속, 이후에도 가시성 확보를 통한 지속적인 모니터링으로 보안 수준을 높인다.

제로 트러스트 모델은 "신뢰할 수 있는 네트워크"라는 개념 자체를 배제하며 기업 네트워크 내외부에 언제나 공격자가 존재할 수 있고 모든 사용자, 기기 및 네트워크 트래픽을 신뢰하지 않는다. 네트워크 혹은 물리적 위치, 접속 기기에 상관없이 기본적으로 "비신뢰"에서 출발해 강화된 인증 및 기기 상태 모니터링 등을 통해 계속 검증한 후 신뢰도가 일정 수준을 넘어갈 때, 기업 내부망 혹은 기업 데이터를 접근할 수 있는 권한을 부여하는 것이 제로 트러스트의 원칙이 된다. 기업은 제로 트러스트 패러다임에 적합한 보안 기술을 채택하고 기업 네트워크, 시스템, 데이터 등 리소스를 보호할 수 있어야 한다. 사용자와 단말에 대한 지속적인 인증, 신뢰도 검증, 마이크로 세그멘테이션 등의 기술을 활용하고, 지속적인 모니터링 및 대응이 필요하며, 이를 위해 오케스트레이션 및 대응 자동화 솔루션을 활용해 확장할 수 있다.

5.1.3. 제로 트러스트 아키텍처와 자동화

제로 트러스트 아키텍처ZTA, Zero Trust Architecture는 제로 트러스트 개념을 사용해 기업의 사이버 보안 계획을 수립할 때 컴포넌트 간 관계, 워크플로우 설계, 접근 정책이 모두 포함되는 아키텍처를 말한다. 제로 트러스트 아키텍처 기본 원리로 달성하고자 하는 목표는 정보보안의 기본 원칙과 동일하다. 정상적인 사용자는 서비스를 안전하게 제공받고, 공격자로부터 정보를 탈취당하지 않고 안전하게 보호할 수 있어야 한다. NIST는 2020년에 ZTA 구현을 위한 일곱 가지 기본 원칙을 발표했다. 전제 사항으로 모든 것을 기술이나 솔루션만으로 구현할 수 없다는 내용을 언급하고 있다.

표 5-2 NIST 제로 트러스트 일곱 가지 원칙

번호	제목	설명
1	자원	모든 데이터, 컴퓨팅 자원, 서비스는 자원으로 간주되며 보호해야 할 대상임
2	안전한 통신	모든 통신은 내부망, 외부망에 관계없이 동일한 보안 요구를 충족해야 함
3	세션별 접근 통제	기업의 리소스에 대한 접근은 세션별로 모두 검증한 후 권한을 부여함 - 접근 권한이 부여되기 전에 신뢰가 평가되고, 최소 권한 원칙 부여
4	동적인 정책 적용	리소스에 대한 접근은 클라이언트 ID, 애플리케이션/서비스 및 요청 자산의 동적 정책에 따라 결정함 모든 단말기에 설치된 소프트웨어 버전, 네트워크 위치, 요청 시간 및 날짜, 이전에 관찰한 행동처럼 상세한 정보에 기반을 둠
5	모니터링	기업은 모든 소유 자산 및 관련 자산의 무결성과 보안 상태를 계속 모니터링하고 측정함
6	인증 및 인가	모든 인증과 권한 부여와 승인은 동적으로 수행되며, 접근을 허용하기 전에 엄격하게 수행돼야 함
7	지속적인 개선	기업은 자산, 네트워크 인프라, 현재 통신 상태에 대해 가능한 많은 정보를 수집하고 분석해 보안 태세를 개선하는데 사용해야 함

Forrester는 2018년에 ZTX^{Zero Trust eXtended}를 발표했다. 더 오래 전인 2010년에 제로 트러스트의 개념을 설명할 때는 네트워크에 초점을 뒀으나, 현재는 경계 보안^{Perimeter Security}이 의미가 무색해졌기 때문에 네트워크뿐만 아닌 데이터와 사용자^{Identity} 중심으로 전환해야만 디지털 환경의 비즈니스 요구 사항을 충족시킬 수 있다고 말하고 있다. 더욱이 ZTX로 확산하면서 제로 트러스트 데이터, 제로 트러스트 사람, 제로 트러스트 디바이스, 제로 트러스트 네트워크를 모두 고려하고, 이것을 모두 연결시킬 수 있는 자동화 및 오케스트레이션^{Automation & Orchestration}과 시각화 및 분석^{Visibility and Analytics}도 함께 중요하게 고려해야 한다고 제시하고 있다. 제로 트러스트 아키텍처는 한 가지 기술을 사용해 구현할 수 있는 단순한 네트워크 아키텍처가 아니다. 데이터, 디바이스, 사용자 및 기타 인프라 구성 요소 등 엔터프라이즈 자산을 보호하기 위해 전략적으로 구현해야 하는 다양한 요소가 필요하다. 물론 핵심 요소는 인증 및 접근 통제이다. 즉, 보호 대상인 자원에 대해 작업 수행을 위한 사용자의 인증과 권한이 중요하기 때문이다. 이외 필요한 요소들을 정리하면 다음과 같다.

- 지속적으로 사용자 및 디바이스에 대해 전후 상황(콘텍스트)을 이해하고 지속적으로 인증할 수 있는 체계

- 접근 요청 승인 시, 위험을 인지한 접근 통제 체계

- 데이터 보호를 위한 경량 암호화 체계

- 마이크로 세그멘테이션 및 소프트웨어 정의 경계 기술

- 위협 인텔리전스 활용, 보안 대응 자동화 및 오케스트레이션 기술

- 이기종 보안 장비 및 소스에서 발생하는 많은 데이터를 효과적으로 추론하는 머신러닝 기술

제로 트러스트 모델을 제대로 도입하고 변화하기 위해서는 단편적으로 접근하면 안 된다. 물론 개별 포인트 솔루션을 활용하고 연결하는 방법도 존재하지만 이는 근본적인 제로 트러스트 전략이 아니다. 즉, 제로 트러스트 개념은 근본적으로 간단하면서도, 단순하게 통합하고, 비용 효과적으로 구현하는 것을 의미한다. '제로 트러스트 가이드라인 1.0'은 국내 환경에 맞도록 제로 트러스트 핵심 요소를 잘 설명하고 있다.

지금까지 제로 트러스트 개념과 아키텍처를 통해 제로 트러스트가 왜 필요하고 어떻게 구성돼야 하는지 개념적으로 살펴봤다. 이제 자동화 업무가 제로 트러스트 아키텍처의 어떠한 부분에서 역할을 하고 확장해 사용할 수 있는지 설명한다. 제로 트러스트의 기반이 되는 원칙을 다시 한번 정리해보자.

제로 트러스트 기본 원칙

- 기본 원칙으로 모든 종류의 접근에 대해서 신뢰하지 않음

- 일관된 중앙 집중적인 정책 관리와 접근 제어 결정, 실행이 필요함

- 사용자, 기기에 대해 관리해야 하며 강력한 인증이 필요함

- 자원을 분류하고 세분화해 세밀한 접근 통제 적용(최소 권한 부여의 원칙)

- 논리적인 경계를 구성하고, 세션 단위로 접근을 허용 그리고 통신 보호 기술 적용

- 모든 상태에 대한 모니터링, 로그 및 모니터링으로 신뢰성을 지속적 검증 및 통제

※ 출처: CISA, "Zero Trust Maturity Model"

그림 5-6 제로 트러스트 기반 요소와 자동화 및 통합 부분

핵심 요소 다섯 가지(① 식별자 ② 기기 ③ 네트워크 및 환경 ④ 응용 워크로드 ⑤ 데이터) 그리고 공통 기능으로 시각화와 분석, 자동화와 통합, 거버넌스로 구성된다. 이 책의 주제인 자동화와 통합 부분은 제로 트러스트의 아주 중요한 기반 공통 요소이다.

자동화와 통합은 기존에 수동적으로 적용하던 보안 프로세스를 개선하고 자동화된 정책 기반 보안 프로세스로 구현해 신속하고 정확하게 보안 조치가 가능하도록 한다. SOAR 솔루션을 활용하면 SIEM 및 보안 시스템들을 유기적으로 통합해 자동화된 오케스트레이션과 대응을 구현할 수 있다. 제로 트러스트 환경도 마찬가지이다. 단순 보안 솔루션에 대책 적용을 자동화하는 것을 넘어서 기업 네트워크의 모든 환경에서 정의된 프로세스와 일관된 보안 정책 적용이 가능하고 자동화된 통합보안 대응을 구현할 수 있다.

5.1.4. 자동화 활용 사례

제로 트러스트 아키텍처는 2020년 8월 NIST에서 발행한 「제로 트러스트 아키텍처Zero Trust Architecture(SP 800-207)」에서 설명하고 있다. 그림 5-7은 아키텍처를 단순화해 재구성했다.

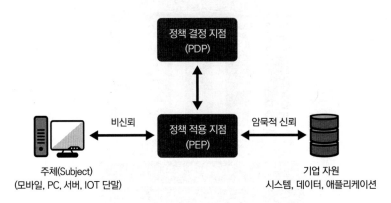

그림 5-7 제로 트러스트 아키텍처

제로 트러스트 아키텍처는 주체Subject가 기업 자원에 제로 트러스트 모델을 사용해 접근하는 과정을 표현하고 있다. 주체는 일반적으로 사용자 기기(모바일, PC 등), 단말 사용자가 될 수 있다. 그리고 기업 자원은 기업 내부에 있는 시스템, 데이터, 애플리케이션 등이 될 수 있다. 주체는 자원에 접근할 때 정책 적용 지점PEP, Policy Enforcement Point을 거치고, 정책 결정 지점PDP, Policy Decision Point에 의해 적용할 정책을 결정한다. 즉, 정책 결정 지점은 관리자가 보안정책을 정의하는 지점이며, 정책 적용 지점은 주체가 자원에 접근할 수 있는 정책을 부여하는 지점을 의미한다. 여기서 주체와 정책 적용 지점 사이를 비신뢰 영역으로 간주한다. 정책 적용 지점과 기업 자원 사이는 암묵적 신뢰 구간으로 간주한다. 정책 적용 지점을 거치게 되면 세분화된 권한으로 자원에 접근할 수 있게 된다. 또한 정책 관리자PA, Policy Administrator는 주체와 자원 간의 구간을 설정하거나 종료하는 역할을 수행한다. 제로 트러스트 아키텍처에 대해서도 표 5-3과 같이 NIST는 보안 위협을 제시하고 해당 위협을 완화할 수 있는 방안도 설명했다. 대부분의 위협은 위협이 발생할 수 있는 부분에 대한 기록, 모니터링, 감사 등을 통해 해결할 수 있으며 시스템 정보 등 주요 데이터 및 정책 관련 논리 구성 요소에 대해서 엄격한 접근 제어를 하거나 더 강력한 보안을 적용하는 것이 바람직하다.

표 5-3에서 각 위협 요소에 대해 자동화 활용 방안을 추가로 정리했다.

표 5-3 제로 트러스트 아키텍처 자동화 활용 방안(「제로 트러스트 가이드라인 1.0」 참고)

위협	위협 및 완화 방안	자동화 활용 방안
제로 트러스트 아키텍처 결정 과정 무력화	• 정책 엔진의 규칙을 설정할 수 있는 기업 관리자가 승인 없이 규칙을 변경하거나 기업 운영에 지장을 주는 실수 • 정책 관리자에 대한 직접적인 침해를 통한 승인되지 않은 접근 허용 **위협 완화 방안** • 정책 엔진 및 정책 관리자를 적절하게 설정•모니터링 • 모든 설정 변경을 반드시 기록•감사	• 보안 시스템에 보안 정책을 적용하기 전에 담당자에게 알리고 확인하는 과정을플레이북에 구현해 자동화(정책 적용 휴먼 에러 방지) • 보안 정책 적용 이후, 로그를 모니터링해 보안 정책이 제대로 작동하는지 점검 자동화(검증 자동화)
DoS 또는 네트워크 장애	• 공격자가 정책 집행 지점, 정책 엔진 또는 정책 관리자에 대한 접근 방해/거부(서비스 거부 공격 혹은 라우팅 가로채기) • 호스팅 제공자에 의해 정책 엔진 또는 정책 관리자 오프라인 장애 • 알 수 없는 이유로 정책 관리자가 기업 리소스에 연결되지 못함 **위협 완화 방안** • 이들 시스템을 적절하게 보호되는 클라우드 환경에서 운영 • 사이버 내성에 관한 지침에 따라 여러 위치에 복제(단, 이러한 공격•장애는 기존 VPN에서도 발생할 수 있으며, 원천 봉쇄는 불가능)	• 서비스 거부 공격은 장시간 모니터링 및 확인을 필요로 하는 작업으로, 적절한 보안 시스템 적용 이후에 SOAR 솔루션에서 모니터링 및 단계별 보호 조치를 할 수 있도록 플레이북을 구현해 적용(장시간 수동 업무 자동화)
인증 수단 도용 및 내부자 위협	• 중요한 계정의 인증 수단을 획득하기 위해 피싱, 사회 공학 등의 공격 **위협 완화 방안** • 컨텍스트 기반 신뢰도 평가 알고리즘을 통해 일반적인 패턴과 다른 리소스 접근 방지	• 적절한 보안 시스템 적용 후, 스코어링 및 평판 정보를 빠르게 수집해 공격 여부를 판단하고 대응할 수 있는 플레이북 적용(위험 점수 기반 경보 대응 플레이북)

위협	위협 및 완화 방안	자동화 활용 방안
네트워크 가시성	• 기업망의 일부 트래픽에 대한 분석의 어려움 (기업 소유가 아닌 접속 자산, 혹은 DPI(Deep Packet Inspection) 수행이 안 되거나 암호화된 트래픽을 조사할 수 없는 경우) **위협 완화 방안** • 내용을 알 수 없더라도 메타데이터(출발지/목적지 IP 주소 등) 등을 활용해 공격자 혹은 악성 코드 탐지 • 머신러닝 기반 트래픽 분석 등	• SOAR 자동화 솔루션을 활용해 판단 및 대응 조치한 결과를 내부에 축적 저장하고, 라벨링해, 머신러닝 기반으로 넷플로우 데이터를 학습하고 공격 여부를 판단할 때 자동화 솔루션 활용(SIEM + SOAR 함께 연계 활용)
시스템/네트워크 정보 저장소	• 모니터링, 네트워크 트래픽, 메타데이터 등 분석용 데이터는 일반적으로 공격자의 타깃이 될 수 있음 **위협 완화 방안** • 중요 기업 데이터는 가장 엄격한 접근 제어 정책 설정	• SOAR 플레이북을 주기적으로 작동해, 접근 제어 정책에 위배돼 발생하는 로그와 경보를 조회하도록 플레이북 활용(지속적인 수동 업무 자동화)
전용 데이터 규격 또는 솔루션에 대한 의존	• 데이터(주체 식별 정보, 자산, 위협 인텔리전스 등) 입력 요소들의 전용 데이터 규격 혹은 솔루션 사용으로 인한 상호 운용성 문제 발생 • 혹은 보안 이슈 및 장애로 인한 막대한 교체 비용 및 시간 소요 **위협 완화 방안** • 데이터 입력 요소를 도입하기 전, 업체의 보안 통제, 교체 비용, 공급망 위험 관리, 성능, 안전성 등을 종합적으로 고려해 평가 후 도입	• SOAR 솔루션에서 다양한 보안 시스템 연동 기능(예: 연동 앱)을 활용해 상호 연결 • API 형식의 데이터/명령 제어 표준화를 쉽게 적용(SIEM+SOAR 솔루션 함께 활용, 데이터 및 명령제어 연동 자동화)
비인간 객체에 의한 제로 트러스트 아키텍처 관리	• 인공지능 혹은 소프트웨어 기반 에이전트의 인증 문제 • 자동화된 기술이 기업의 보안 상태에 영향을 줄 수 있는 오탐과 미탐 가능성 • 공격자가 비인간 객체 접속을 통해 권한이 없는 태스크를 수행하게 함 **위협 완화 방안** • 오탐, 미탐에 대해 정기적인 분석 및 수정·보완 • 비인간 객체의 접근에 대한 모니터링 및 분석	• SOAR 솔루션에서 보안 이벤트와 로그를 플레이북으로 점검해, 자동화 수행업무 점검 및 예외 현황에 대해 탐지 및 알림 생성(지속적이고 반복적인 수동 감사 업무 자동화)

제로 트러스트 아키텍처에 보안 대응 자동화 적용

제로 트러스트 아키텍처에서 발생할 수 있는 위협 요인들은 SOAR 자동화 솔루션을 통해 모니터링하고 검증하고 점검하는 업무를 자동화할 수 있다. 정책 엔진$^{Police Engine}$은 주어진 주체와 자원에 대한 액세스 권한을 부여하는 최종 결정을 담당한다. 정책 엔진은 정책 관리자와 연결돼 정책 승인 시 리소스에 대한 액세스 권한을 승인하거나 거부할 수 있다. 정책엔진은 주체의 속성, 과거 주체의 행동 패턴, 위협 인텔리전스 소스 등과 결합해 접근을 결정하고 평가한다. 정책 엔진이 접근을 결정하고 정책 관리자는 이 결정을 수행하게 되는데, SOAR 솔루션은 제로 트러스트 적용 지점마다 소스들을 연결하고 조정하고 관리하는 부분을 오케스트레이션하고 자동화한다. 그림 5-8과 같이 제로 트러스트 아키텍처에 SOAR를 활용해 확장하면 플레이북으로 자동화하고 전체적인 오케스트레이션을 효율화할 수 있다.

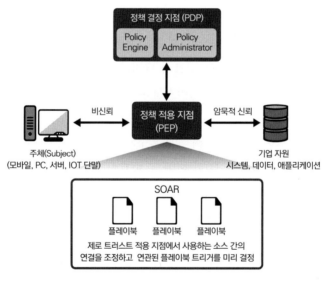

그림 5-8 제로 트러스트 아키텍처와 SOAR

SOAR 솔루션은 향후 제로 트러스트 아키텍처 구현의 중추적 역할을 담당하게 된다. 제로 트러스트 핵심 요소 다섯 가지 (식별자, 기기, 네트워크 및 환경, 응용 워크로드, 데이터)에 대해 연결하고, 최소 권한을 부여하고, 정확히 권한이 부여됐는지 점검하는 반복적인 업무들을 자동화된 플레이북으로 오케스트레이션하게 된다. SOAR 솔루션 제조사는 자동화할 수 있는 플레이북 묶음을 제공하기도 한다. 예시로 '제로 트러스트 플레이북 콘텐츠 팩' 등이 있다.

5.2. IT 운영 및 장애 대응 자동화

5.2.1. IT 운영 및 장애 대응 자동화란?

보안의 영역을 넘어서 좀 더 활용 범위를 넓혀보자. 보안 운영 자동화 업무뿐만 아니라 IT 인프라(서버, 데이터베이스, 네트워크 등) 운영 업무에서 발생하는 장애나 경보 발생 시 원인 분석 후 빠르게 대응할 수 있는 IT 인프라 대응 자동화 확장에도 활용할 수 있다. 보안 관제 센터에도 다양한 IT 인프라를 활용해 보안 분석 및 관제 업무를 수행한다. 다양한 유형의 보안 장비와 소프트웨어, 서버, 네트워크, 데이터베이스, 애플리케이션 들을 사용한다. 일반적으로 IT 운영 부서에서 통합 모니터링 및 장애나 문제 발생 시 조치를 취하며 대응한다. 보안 관제 센터의 보안 위협 탐지 및 대응 업무와 마찬가지로 IT 운영 부서는 IT 인프라의 장애를 빠르게 탐지하고 원인을 분석하고 대응하기 위해 모니터링 시스템을 갖추고 있다. IT 서비스를 제공하는 서버, 데이터베이스, 네트워크, 소프트웨어에 장애가 발생하면 서비스에 직접적인 영향을 주기 때문에 이를 모니터링 하고 원인 파악하는 것도 중요하고, 빠르게 복구하는 것이 매우 중요하다. 모니터링 시스템은 IT 인프라에서 발생하는 로그, 이벤트, 매트릭스 정보들을 수집하고 장애 탐지 상관 분석 룰을 설정해 증상을 빠르게 탐지한다. 이렇듯 장애 감지 및 이상 징후가 탐지되면 빠르게 원인을 분석하고 조치를 취해 복구해야 하는데, 사람이 수동으로 진행하다 보면 많은 시간이 소요된다. 이 책에서 다루는 SOAR 솔루션을 활용해 이러한 대응 업무도 자동화할 수 있고 기업에서 유용하게 활용하는 사례들도 많이 있다. 큰 그림에서 보면 모니터링 구성이 SIEM과 유사하다. 그림 5-9 'IT 인프라 통합 관제 시스템 및 자동화 대응'과 같이 유형별 단위 모니터링 시스템이 존재한다. 단위 모니터링 시스템들을 통합해 분석하는 통합 관제 시스템이 존재한다. 기업에서 활용하는 단위 모니터링 시스템 또는 통합 관제 시스템에서 장애를 탐지한 경보가 발생하면 이에 대한 알림 및 자동 대응으로 업무를 효율화할 수 있고 SOAR를 활용해 구현할 수 있다.

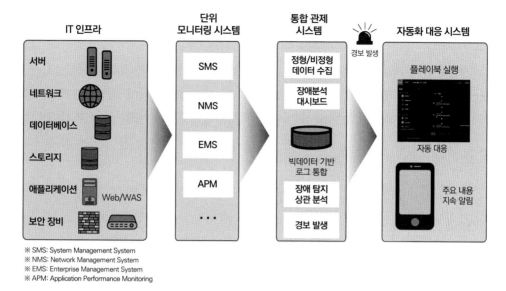

IT 인프라

- 서버
- 네트워크
- 데이터베이스
- 스토리지
- 애플리케이션 Web/WAS
- 보안 장비

단위 모니터링 시스템

- SMS
- NMS
- EMS
- APM
- . . .

통합 관제 시스템

- 정형/비정형 데이터 수집
- 장애분석 대시보드
- 빅데이터 기반 로그 통합
- 장애 탐지 상관 분석
- 경보 발생

경보 발생

자동화 대응 시스템

플레이북 실행

자동 대응

주요 내용 지속 알림

※ SMS: System Management System
※ NMS: Network Management System
※ EMS: Enterprise Management System
※ APM: Application Performance Monitoring

그림 5-9 IT 인프라 통합 관제 시스템 및 자동화 대응

IT 인프라 장애 알림 자동화

IT 인프라 분야의 통합 모니터링도 문자 메시지나 이메일로 알림 기능을 제공한다. 하지만 장애 이상 징후가 보이기 시작하는 시점부터 모니터링 대시보드의 상황을 메신저에 지속적으로 전송한다면 운영 담당자는 상황을 빠르게 감지하고 정확한 판단을 도와줄 수 있다. 자동화 기능으로 비정상적으로 보이는 프로세스를 자동으로 재시작할 수 있도록 플레이북을 구성할 수 있다. 결과적으로 빠른 조치를 취할 수 있고 대형 장애를 사전에 방지할 수 있다.

이상 징후 이벤트의 내용을 자연어 처리 분석 기술을 활용해 자동으로 결과를 응답한다면 빠르게 조치를 취할 수 있을 것이다. 실제 국내 제조 회사 IT 운영 담당자는 자동화 솔루션을 활용해 장애로 예측되는 초기 상황부터 메신저를 통해 상황판을 캡처한 이미지로 인터랙티브하게 확인하며 대응하고 있다. 분석 및 대응 시간을 획기적으로 단축할 수 있었다. 요약하면 IT 인프라 장애 대응에도 자동화를 적용해 기업은 이미 효과를 경험했다.

ChatGPT, Gemini 서비스 연계 가능

Microsoft의 ChatGPT, Google의 Gemini와 같은 생성형 AI^Generative AI 기술을 많은 기업이 도입 및 개발하고 있다. 생성형 AI란 사람이 AI에게 어떤 질문을 하면 그 질문에 맞춰서 결과를 만들어주는 인공지능을 말한다. 특히 IT 기업이 운영하면서 처리했던 내용들을 학습시키고 축적한 이후에 생성형 AI에게 질문해 답을 빠르게 확인할 수 있다. 이때 자동화 솔루션을 연계해 활용하면 쉽게 이러한 서비스를 통합하고 즉시 활용할 수 있다.

IT 인프라 운영 정책 연계 가능

일부 네트워크 보안 솔루션 제조사는 자사의 방화벽 정책 관리를 자사의 자동화 솔루션을 통해 통합 관리할 수 있는 플레이북을 제공하기도 한다. 이처럼 API를 통해서 IT 인프라에 명령을 실행하고 결과를 확인할 수 있기 때문에 서버, 네트워크 장비에 정책을 설정하고 관리할 수 있는 기능까지 확장할 수 있다. 아직까지는 활용 사례가 많지 않지만 활용하게 된다면 운영 자동화로 굉장히 많은 IT 인프라 운영 관리에 시간을 절약하고 휴먼 에러와 같은 장애도 방지할 수 있다.

5.2.2. 옵저버빌리티 대응 자동화로 확장

옵저버빌리티란?

IT 인프라의 종류가 다양해지고 복잡도도 급격히 증가함에 따라 모니터링의 개념도 새롭게 변하고 있다. 즉, 전통적으로 행해지던 모니터링의 범위를 넘어서 옵저버빌리티^Observability라는 개념이 등장했다. 모니터링은 CPU, Memory 사용량 등 IT 인프라 데이터를 수집하고 성능과 동작을 확인하고 시스템에 문제가 있는것으로 추정되면 경보를 생성한다. 즉, '장애가 발생했는가?'라는 관점이다. 반면 옵저버빌리티는 왜 이러한 장애나 문제가 발생했는지 IT 시스템 전체적인 관점에서 확인하고 문제의 근본원인을 파악하는 데 초점이 있다. 옵저버빌리티는 숫자로 표현되는 메트릭^Metric 정보들, 내부의 시스템이나 동작의 호출 순서를 파악할 수 있는 트레이스^Trace, 상세한 로그^Log들을 수집해 분석한다. 전통적인 모니터링에서 특정 웹 서비스에 장애가 발생했다면, 원인을 파악하는 데 많은 시간이 소요되고 파악하기가 쉽지 않다. 옵저버빌리티는 이러한 문제를 해결하고 전체적인 관점에서 근본 원인을 빠르게 파악할 수 있도록 돕는다. 옵저버빌리티라는 단어가 길고 발음하기도 쉽지 않아서 짧게 올리[11]y라고 부르기도 한다. Splunk는 옵저버빌리티 솔루션을 제공하고 있는데, IT 인프라와 서비스의 장애 및 근본 원인을 파악하기 위한 여러 모듈로 구성돼 있다.

그림 5-10 'Splunk 옵저버빌리티 - 인프라스트럭처 모니터링 화면'은 AWS와 같은 클라우드 환경에서 EC2 인스턴스와 같은 인프라의 자원 사용 및 장애를 모니터링할 수 있는 인프라스트럭처 모니터링 기능을 제공한다.

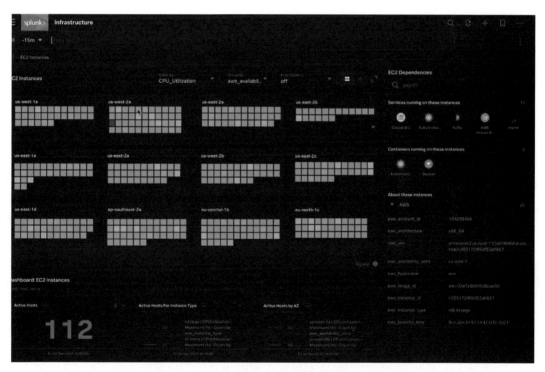

그림 5-10 Splunk 옵저버빌리티 - 인프라스트럭처 모니터링 화면

그림 5-11 'Splunk 옵저버빌리티 - 애플리케이션 성능 관리 모니터링 화면'은 현재 서비스 중인 애플리케이션 성능 현황을 모니터링하고, 지연 및 성능상에 문제가 발생했을 때 어느 부분에서 지연에 영향을 줬는지 추적해 빠르게 근본 원인을 파악하도록 돕는다.

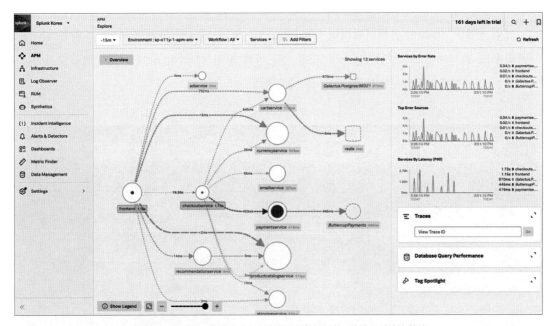

그림 5-11 Splunk 옵저버빌리티 – 애플리케이션 성능 관리 모니터링 화면

IT 인프라 장애 대응 시스템들과 마찬가지로 옵저버빌리티의 탐지 경보가 발생한 이후, 분석과 대응을 자동화하고 효율화하기 위해 SOAR 솔루션을 활용할 수 있다. 다음 그림 5-12 'SOAR 솔루션에서 옵저버빌리티 솔루션에 연동해 자동화할 수 있는 기능 목록' 가운데 그 여섯 가지 예를 보여주고 있다. 즉, 인시던트라고 하는 탐지 경보 내용을 조회하고, 쿼리를 수행해 정보를 읽어오고 처리 상태를 업데이트할 수 있다. IT 인프라에 대한 장애 대응에도 자동화를 적용 확장할 수 있다.

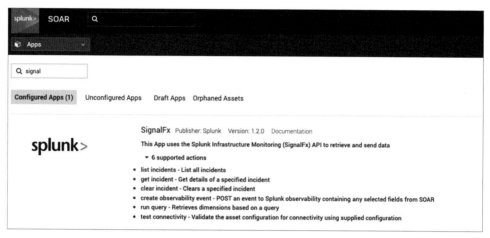

그림 5-12 SOAR 솔루션에서 옵저버빌리티 솔루션에 연동해 자동화할 수 있는 기능 목록

5.3. 통합보안 운영 확장

5.3.1. 통합보안 운영이란?

다시 보안 영역으로 돌아와서, 보안 관제 및 보안 운영의 로드맵 관점으로 살펴보자. 최근에 통합보안 운영Unified Security Operation이란 용어를 많이 사용하고 있다. 배경에 대해서 먼저 알아보자. 지능적이고 고도화된 사이버 위협의 증가, 재택 근무 확대, 클라우드 업무 환경 변화로 인해 오늘날의 보안 관제 및 운영 팀은 사람People, 프로세스Process, 기술Technology 전반에 걸쳐 다양한 도전 과제에 직면해 있다. 현재는 사이버 위협을 탐지하고 침해사고 조사 및 대응 업무에서 활용되는 도구들이 각각 개별로 분리돼 있다. 사용자가 접속해서 분석하는 UI도 분리돼 있어 전체적인 상황을 통합적으로 분석하고 인사이트를 얻기가 매우 어렵다. 그뿐만 아니라 보안 관제 센터의 업무 절차와 관련된 증적 데이터는 분산돼 있고 기본 공격과 지능형 공격을 조사하고 대응할 때 따라야 하는 프로세스 또한 분리돼 있어서 관리하기가 어렵다. 그래서 SOAR 솔루션을 활용해 수동으로 관리하는 프로세스를 자동화해 대응해야 한다. 그러나 SIEM 솔루션이 SOAR 솔루션과 분리돼 있기 때문에 단일화된 UI에서 보안 관제 업무 전반에 대한 통합 관리가 매우 어렵다. 이러한 배경 때문에 가트너 등 리서치 보고서는 향후 통합보안 관제 센터의 방향에 대해 통합된 보안 운영이라는 방향으로 솔루션 및 조직이 운영될 것으로 예측하고 있다.

위협 탐지 및 사고 대응이란?

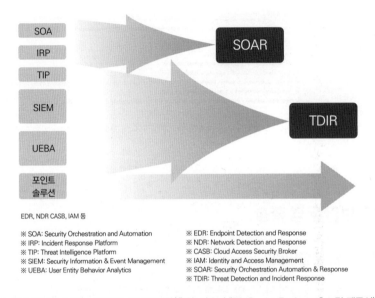

※ SOA: Security Orchestration and Automation
※ IRP: Incident Response Platform
※ TIP: Threat Intelligence Platform
※ SIEM: Security Information & Event Management
※ UEBA: User Entity Behavior Analytics

※ EDR: Endpoint Detection and Response
※ NDR: Network Detection and Response
※ CASB: Cloud Access Security Broker
※ IAM: Identity and Access Management
※ SOAR: Security Orchestration Automation & Response
※ TDIR: Threat Detection and Incident Response

그림 5-13 가트너에서 제시하는 TDIR 진화(출처: 가트너 "TDIR- An Evolution" 그림 재구성)

위와 같은 배경으로 IT 보안 솔루션을 통합하는 방향으로 진화하고 있다. 2022년 말 가트너는 "새로운" 유형의 솔루션인 TDIR^{Threat Detection and Incident Response, 위협 탐지 및 사고} 대응로 구성되고 있는 트렌드를 설명하고 있다. 기술적인 관점에서 TDIR은 현재 가장 널리 사용되는 보안 기술 TIP, SIEM, SOAR, UEBA 및 EDR의 진화라고 볼 수 있다. 개별 솔루션이나 기술에 추가되는 "새로운" 기능을 의미하는 것이 아니고, 사이버 보안을 좀 더 진보된 접근 방식, 즉, 모든 기술이 하나의 "우산" 아래 통합된 생태계로 구성해 새롭게 만드는 것에 대해 설명하고 있다.

통합보안 관제 센터의 보안 분석가에게 기술 접근의 단순성과 활용 용이성이 분석 및 대응 업무를 새로운 수준으로 향상시킬 수 있는 것을 의미한다. 이러한 통합과 긴밀한 상호 연결을 활용하면 포괄적인 보안 관제 및 운영을 더욱 강화할 수 있다. 생태계 내의 "우산"은 단일 관리 콘솔 등으로 설명할 수 있다. 그림 5-13은 가트너에서 제시하고 있는 TDIR 진화에 관한 그림이다. 보안 관제 업무는 다양한 보안 솔루션을 활용해 업무를 수행한다. SOA, IRP, TIP, SIEM 이외에도 단위 보안 솔루션으로 EDR, NDR, CASB, IAM 등이 있다. 자동화 대응 기능, 침해사고 플랫폼IRP, 위협 인텔리전스 플랫폼이 SOAR라는 솔루션으로 통합된 부분이 현재 시점이다. 향후에는 SIEM, UEBA 솔루션과 통합돼 보안 관제 및 운영 업무 전체를 통합하는 형태로 진화할 것으로 내다보고 있다. 그래서 각 보안 솔루션 제조사마다 이러한 방향성에 맞춰 통합된 보안 운영 개념을 구현하고 있다. 그림 5-14 '보안 솔루션 제조사의 통합보안 운영 방향'이 이러한 내용을 말하고 있다. 보안 솔루션 제조사마다 XDR, 차세대 SIEM 등 다양한 이름으로 부르고 있다. 궁극적으로 단일화된 보안 운영을 구현하기 위한 솔루션을 말하지만 현재는 다양한 마케팅 용어들과 함께 TDIR 형태를 제시하고 있다.

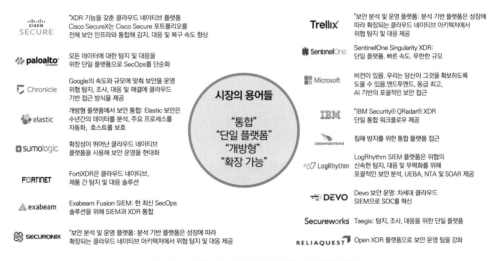

그림 5-14 보안 솔루션 제조사의 통합보안 운영 방향

지금까지 살펴본 보안 관제 및 운영 자동화는 제로 트러스트 아키텍처 구현, 단일화된 통합보안 운영을 위한 중요한 핵심 기술이다. TDIR 구현 예시로서, Splunk라는 보안 솔루션 제조사에서 어떻게 통합보안 운영으로 확장하는지 살펴보자.

5.3.2. 통합 운영 확장 사례

기업마다 다양한 보안 솔루션을 사용하고 있고 개별적으로 운영 및 관리하고 있다. 보안 운영 및 분석가가 통합적인 UI 없이 개별적으로 사용하고 있어서 빠르게 인사이트를 찾기 힘들다. 때문에 탐지 분석부터 대응까지 단일의 UI에서 실행할 수 있는 방향으로 솔루션이 필요하다는 것이다. Splunk는 SIEM이라는 솔루션을 제공하고 있다. 자체개발한 빅데이터 플랫폼이 있고 모든 데이터는 이곳에 저장된다. 또한 Splunk는 UEBA 솔루션도 있지만 결과는 모두 Splunk SIEM에 저장된다. 그리고 TIP는 SaaS 형태로 제공하고 있다. 반면 SOAR는 별도 소프트웨어로 독립적으로 운영되고 있다. 즉, SIEM에 통합된 경보 이벤트들을 수집해 자동화 플레이북으로 운영하고 있었는데 TDIR을 구현하기 위해 플레이북의 수행 및 SOAR의 모든 처리 내용을 Splunk SIEM에 저장하게 됐다. 즉, Splunk의 SIEM과 SOAR 솔루션은 하나의 통합된 저장소에 데이터가 저장되고, Splunk SIEM의 단일화된 UI에서 모든 동작을 수행할 수 있다. 즉, SOAR의 플레이북을 구동할수 있고 전체 내용을 확인할 수 있다. 단일화된 UI Splunk SIEM에서 로그와 이벤트 통합, 탐지, 분석, 대응까지 일원화해 빠르게 인사이트를 얻을 수 있고 관리할 수 있게 됐다. 그림 5-15 'Splunk사의 통합보안 운영 구현 사례'처럼 SIEM, SOAR의 교집합 영역에 있는 부분을 단일 화면으로 구현해 제공한다. 여러 보안 솔루션 제조사들도 방법은 차이가 있으나 이러한 방향으로 솔루션을 개발해 TDIR을 구현하고 확장한다.

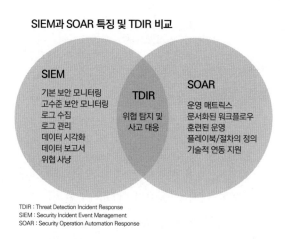

그림 5-15 Splunk사의 통합보안 운영 구현 사례

다음 그림 5-16 '통합보안 운영 화면'은 앞에서 설명한 기능을 구현한 화면이다. Splunk라는 빅데이터 플랫폼 안에 보안 관제 솔루션인 SIEM과 보안 운영 자동화 솔루션 SOAR 기능, 침해사고 처리 플랫폼 IRP, 위협 인텔리전스 플랫폼 TIP가 모두 통합돼 단일화된 UI에서 보안 관제 분석가가 업무를 처리할 수 있도록 제공하는 화면이다.

그림 5-16 통합보안 운영 화면

5.3.3. 생성형 AI 활용 사례

마지막으로 정보보안 업무 자동화에 머신러닝^{Machine Learning}과 인공지능^{Artificial Intelligence} 활용 사례를 살펴보자. 그동안 사이버 보안 분야도 머신러닝을 활용한 탐지 및 분석이 활용되고 있다. 대부분 이상치 탐지에 초점이 맞춰져 있다. 즉 새로운 알려지지 않은 공격을 탐지하기 위해 머신러닝 기술을 활용한다. 최근 생성형 AI 기술이 발전하면서 여러 보안 솔루션 제조사도 이를 적극적으로 활용하려고 시도하고 있다. 이 책의 주제인 보안 관제 및 보안 업무 자동화는 이러한 생성형 AI 기술을 적용하기가 매우 용이하다.

ChatGPT 등의 서비스는 API로 연동할 수 있고 이미 구현 모듈을 쉽게 찾을 수 있어서 보안 분석 업무에 위협 인텔리전스 정보 조회나 연관 정보를 질의에 바로 활용할 수 있다. Splunk 등 여러 보안 솔루션 제조사마다 생성형 AI 기능을 활용해 보안 분석 업무에 활용도를 높이고 있다.

- Splunk는 생성형 AI 기술을 활용해 자연어를 Splunk의 쿼리 언어인 SPL[Search Processing Language]로 변환하는 기능을 제공한다. 보안 분석가가 보안 관제 업무에서 근거로그를 요약하고 새로운 정보를 생성할 때 도움을 받을 수 있는 AI Assistant for Enterprise Security라는 기능을 제공한다.

- Elastic도 생성형 AI 기술을 사용해 사이버 보안 경보를 요약하고 다른 도구의 쿼리를 Elastic 쿼리로 변환할 수 있도록 개발하고 있다.

- Google 클라우드의 Security AI Workbench 솔루션[Google의 Vertex AI Workbench 기반]도 생성형 AI를 사용하여 위협과 경고를 요약, 설명, 맥락화하는 기능을 제공하고 있다.

- 크라우드 스트라이크[CrowdStrike]도 사용자가 생성형 AI를 활용해 취약성과 위협에 대해 자연어로 질문할 수 있도록 하고 있다.

- Microsoft Security Copilot에 악성 스크립트를 리버스 엔지니어링하는 기능이 포함되기도 했다. 즉, 경고를 요약하고 문제 해결 가이드를 제공하는 것 이외에도 다양한 분석 기능을 제공하고 있다.

책을 집필하는 이 순간에도 생성형 AI 기술을 보안 솔루션 강화에 활용하고 있어서 사례는 증가하고 있다.

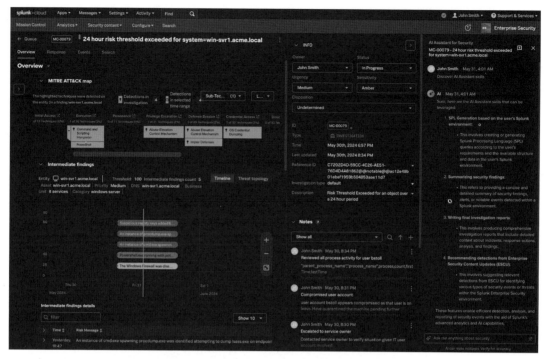

그림 5-17 생성형 AI 기능을 활용한 보안 관제 자동화 솔루션

실제 구현 내용으로 그림 5-17은 보안 관제 분석 화면에 생성형 AI 기능이 탑재된 화면이다. 우측 화면에 사용자가 질문을 하면, AI가 보안 분석가에게 답변을 해준다. 주요 기능으로 네 가지 도움을 받을 수 있다.

첫 번째는 데이터를 검색할 수 있는 검색어를 자동으로 작성한다. 두 번째는 보안 분석 내용을 요약한다, 세 번째는 최종 사고 조사 분석 보고서를 작성한다. 마지막으로 관련 내용을 분석해 적합한 탐지 룰을 추천해준다. 이러한 기능을 보안 분석 및 자동화에 활용한다.

분석가가 위협을 보다 쉽게 식별 및 이해하고 대응해서 사이버 보안 운영을 가속화하고 업무를 간소화할 수 있다. 이러한 기능은 정보를 검색하거나 대응을 계획하는 데 소요되는 시간을 줄이고 경험이 부족한 분석가에게 유용한 정보를 빠르고 쉽게 제공한다. 보안 관제 및 운영 자동화에 이러한 생성형 AI 기술을 연계해 확장한다면 통합보안 운영의 기능 강화와 인사이트를 대폭 확장시킬 수 있다. SOAR 솔루션은 보안 관제 센터에서 SIEM과 더불어 없어서는 안 될 중요한 솔루션이라고 가트너는 말한다. 이뿐만 아니라 새로운 기술과 통합 측면에서 가장 중요한 엔진 역할을 수행하게 된다.

지금까지 정보보안 관제 및 보안 운영 업무의 자동화 활용 사례에 대해 살펴봤다. SOAR 솔루션을 활용해 보안 관제 센터의 업무 프로세스를 자동화하기 위한 프로젝트 절차와 실제 보안 관제 업무에 활용할 수 있는 활용 사례에 대해 살펴봤다. 구체적으로 외부 해킹 공격 탐지 시 자동화하기 위한 활용 사례, 해킹 공격 그룹 탐지 대응 업무 활용 사례, AWS 클라우드 위협 탐지 대응 업무, 내부 정보 유출 이상 징후 탐지 대응 업무 영역에 대해 설명했다. SOAR 프로젝트를 통해 활용 사례를 구현하고, 이후 변경 관리 및 신규 플레이북 개발 등 운영 측면에 대해서도 살펴보고, 제로 트러스트, IT 인프라 장애 대응, 통합보안 운영으로 확장 영역에 대해 살펴봤다.

마지막으로 보안 관제 및 운영 자동화에 대한 실체적인 활용 사례와 전반적인 내용을 쉽게 전달하고자 했다. 하지만 모든 내용을 책에 담을 수는 없었다. 세부적인 플레이북 내용을 설명할 수는 없었고 흐름과 방향성을 이해할 수 있도록 정리했다. 부족하지만 이러한 내용들이 현장에서 응용되고 보안 업무에 새로운 아이디어를 반영하고 활용할 수 있는 좋은 재료가 됐으면 한다. 마지막까지 읽어주셔서 감사하다.

찾아보기

정보보안 관제 및 운영 자동화 실무 가이드

실무에 즉시 적용할 수 있는 플레이북 활용 사례

발　행 | 2024년 9월 30일

지은이 | 최 대 수

펴낸이 | 옥 경 석
편집장 | 황 영 주
편　집 | 김 진 아
　　　　임 지 원
디자인 | 윤 서 빈

에이콘출판주식회사
서울특별시 양천구 국회대로 287 (목동)
전화 02-2653-7600, 팩스 02-2653-0433
www.acornpub.co.kr / editor@acornpub.co.kr